패턴으로 익히고 설계로 완성하는
리액트

패턴으로 익히고 설계로 완성하는 리액트

TDD와 리팩터링으로 만드는 효율적이고 유지보수 가능한 클린 코드

초판 1쇄 발행 2025년 2월 14일

지은이 준타오 추 / **옮긴이** 정재명 / **펴낸이** 전태호
펴낸곳 한빛미디어(주) / **주소** 서울시 서대문구 연희로2길 62 한빛미디어(주) IT출판2부
전화 02-325-5544 / **팩스** 02-336-7124
등록 1999년 6월 24일 제25100-2017-000058호 / **ISBN** 979-11-6921-341-7 93000

총괄 송경석 / **책임편집** 박지영 / **기획 · 편집** 김민경
베타리더 김병규, 김성연, 김이현, 문주영, 박명철, 원종필, 이양구, 이웅모, 이장훈
디자인 표지 조현덕, 박정우 내지 최연희 / **일러스트** 강창효 / **전산편집** 강창효
영업 김형진, 장경환, 조유미 / **마케팅** 박상용, 한종진, 이행은, 김선아, 고광일, 성화정, 김한솔 / **제작** 박성우, 김정우

이 책에 대한 의견이나 오탈자 및 잘못된 내용은 출판사 홈페이지나 아래 이메일로 알려주십시오.
파본은 구매처에서 교환하실 수 있습니다. 책값은 뒤표지에 표시되어 있습니다.

한빛미디어 홈페이지 www.hanbit.co.kr / 이메일 ask@hanbit.co.kr

지금 하지 않으면 할 수 없는 일이 있습니다.
책으로 펴내고 싶은 아이디어나 원고를 메일(writer@hanbit.co.kr)로 보내주세요.
한빛미디어(주)는 여러분의 소중한 경험과 지식을 기다리고 있습니다.

패턴으로 익히고 설계로 완성하는 리액트

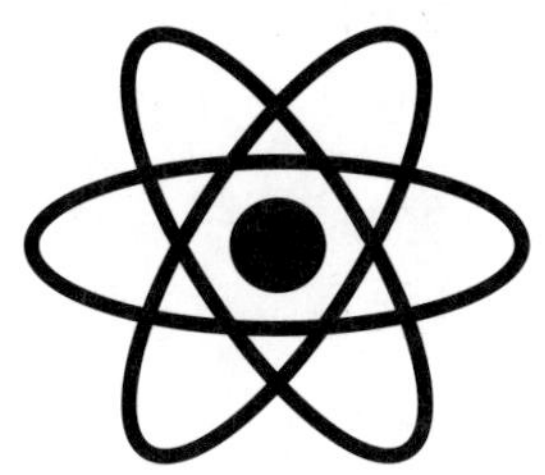

TDD와 리팩터링으로 만드는 효율적이고 유지보수 가능한 클린 코드

준타오 추 지음 | 정재명 옮김

<packt> 한빛미디어
Hanbit Media, Inc.

▶▶ 지은이 · 옮긴이 소개

지은이 **준타오 추** Juntao Qiu

15년 이상 업계에서 경력을 쌓은 소프트웨어 개발자입니다. 개발자들이 더 나은 코드를 작성할 수 있도록 돕는 것을 목표로 합니다. 그는 유지보수하기 쉬운 코드를 향한 열정으로 이 분야에서 믿고 따를 수 있는 전문가가 되었습니다. 『Maintainable React』(2022), 『Test-Driven Development with React and TypeScript』(Apress, 2023) 등 집필 활동을 통해 자신의 전문 지식을 꾸준히 공유하고 있습니다.

또한 예제 코드, 도식화한 그림 등을 활용하고 복잡한 개념을 전후 비교를 통해 풀어내며 동료 개발자들이 쉽게 이해할 수 있도록 돕고 있습니다. 블로그 포스트(*https://juntao.substack.com*)와 유튜브(*https://www.youtube.com/@icodeit.juntao*)를 통해 개발자 커뮤니티에 기여하는 그의 활동을 볼 수 있습니다.

옮긴이 **정재명** chat5@naver.com

브라우저에서 즉각적으로 결과를 확인할 수 있는 자바스크립트의 매력에 이끌려 프런트엔드 개발자의 길을 걷게 되었습니다. 특히 자바스크립트의 함수형 프로그래밍 패러다임을 통해 새로운 관점의 프로그래밍을 발견하게 되었고, 이를 깊이 있게 탐구하며 개발자로서의 역량을 넓혀가고 있습니다.

검토자 **데니스 페르손** Dennis Persson

스웨덴의 풀스택 웹 및 모바일 개발자로 10년 이상의 실무 경력과 컴퓨터공학 석사 학위를 보유하고 있습니다. 린셰핑 대학교에서 최신 기술에 대한 이론 및 실무 적용을 아우르는 다양한 수업을 가르쳤습니다. 애플리케이션 개발자로서의 커리어와 더불어 기술 블로그를 운영하며 진화하는 기술 환경에 대한 통찰력을 보여주고 있습니다. 학문적 깊이와 실무적인 전문성을 두루 갖추고 이를 가르치는 그의 역할은 교육과 산업 혁신의 교차점에서 중요한 원동력이 될 것입니다.

검토자 **크리슈난 라가반** Krishnan Raghavan

소프트웨어 개발 영역에서 20년 넘게 경력을 쌓고 있으며 C++, 자바, 파이썬부터 앵귤러, Go, 데이터 웨어하우스까지 다양한 영역을 아우르는 IT 전문가입니다. 일을 하지 않을 땐 가족과 함께 시간을 보내며, 기술서뿐만 아니라 문학, 비문학 등 다양한 영역의 독서를 즐기고, 해커톤에 참여하기도 합니다. 인도 푸네 GDG 자원봉사 그룹 활동에 참여하며, 지역사회에 기여하기 위해 힘쓰고 있습니다.

이 책은 리액트의 기본기를 익힌 개발자들이 한 단계 더 성장할 수 있도록 돕습니다. 소프트웨어 설계 방법을 리액트에 적용하여 견고한 애플리케이션 구조를 만드는 방법을 상세히 다룹니다. TDD, 테스팅 기법, 객체지향 설계 원칙 등 이 책에서 얻을 수 있는 지식은 리액트를 넘어 다양한 프로그래밍 영역에서 활용 가능합니다. 저자는 실제 개발 과정에서 마주칠 수 있는 설계 문제와 이를 개선하는 리팩터링 과정을 통해 효과적으로 설계의 중요성을 전달합니다. 리액트 프로젝트의 구조와 설계에 대해 고민하는 개발자들에게 이 책은 실무에 적용할 수 있는 귀중한 인사이트를 제공할 것입니다.

김병규, 아이스크림에듀 AI 연구소 개발자

이 책은 리액트의 기본 원리와 자바스크립트에 대한 기초 지식을 갖춘 독자들에게 추천합니다. 리액트 입문자보다는 기본기를 다진 후 더 높은 수준의 개발 역량을 키우고자 하는 개발자들에게 특히 유용할 것입니다. 실무에서 마주하는 다양한 문제들을 효과적으로 해결하고 싶은 분들에게 큰 도움이 될 겁니다. 이 책을 통해 리액트 개발의 심화된 기술과 방법론을 배우며, 더 나은 코드 설계와 문제 해결 능력을 갖출 수 있으리라 확신합니다.

김성연, 풀스택 개발자

신입 프런트엔드 개발자인 저에게는 조금 어렵게 느껴졌지만, 실무에 꼭 필요한 내용을 담고 있어 매우 유익했습니다. 프로젝트가 커질수록 구조와 관리의 중요성을 깨닫게 되었고, 이 책을 통해 프로젝트를 안정적으로 유지하게 하는 핵심은 패턴임을 알게 되었습니다. 단순한 이론이 아니라 실질적인 예제와 접근법으로 실무에 필요한 내용을 체계적으로 배울 수 있어, 리액트를 공부하거나 실무를 준비 중인 분들께 추천드립니다.

김이현, 프런트엔드 개발자

리액트를 기본적으로 사용할 줄 아는 분이라면, 이 책을 통해 리액트를 더욱 유용하게 활용할 수 있을 것입니다. 기피해야 할 실수와 활용해야 할 패턴을 명확히 제시해, 리액트를 효과적으로 사용할 수 있는 길을 안내합니다. 리액트에 대한 깊은 이해와 실질적인 활용법을 배우고자 하는 모든 분께 이 책을 자신 있게 추천합니다.

문주영, 프런트엔드 개발자

이 책은 심도 있는 설계 기법과 패턴을 예제 코드를 통해 실습하며 빠르게 이해할 수 있도록 도와줍니다. 내용이 쉽지만은 않지만, 소프트웨어 공학을 한층 더 깊게 공부하는 값진 경험을 제공합니다. 그동안 코딩에만 집중했던 개발자라면 많은 전문 용어를 접하고 배울 수 있는 좋은 기회가 될 것입니다. 특히 많은 개발자들이 어려워하는 테스팅, 리팩터링, TDD에 대해 깊이 있는 설명을 제공하고 있어, 이 부분에 관심 있는 리액트 개발자에게 적극 추천합니다.

박명철, 오토플러스 개발자

리액트의 기본 규칙만 지켜도 프로젝트를 완성할 수 있지만, 시간이 지날수록 더 나은 코드 작성과 구조 개선에 대한 고민이 생깁니다. 이 책은 바로 그 고민에 대해 명확한 답을 제시합니다. 해야 할 것과 하지 말아야 할 것을 깔끔하게 구분하며, 복잡하지 않으면서도 실질적인 가이드를 제공합니다. 이 책을 통해 리액트 코드 작성과 컴포넌트 구조에 대한 개념이 머릿속에 정리되는 느낌을 받을 수 있을 것입니다. 리액트 프로젝트와 구조에 대해 고민 중이라면 이 책을 추천합니다.

원종필, 프런트엔드 개발자

리액트 입문과 초급을 넘어서고 싶다면 이 책을 추천합니다. 패턴, TDD, 리팩터링 등 어렵게만 느껴졌던 개념들을 왜 알아야 하는지, 왜 많은 개발자가 사용하는지 쉽게 설명합니다. 안티 패턴 코드가 개선되는 과정을 통해 패턴과 테스트의 중요성을 자연스럽게 이해할 수 있습니다.

또한, 오픈 소스의 코드 구조를 이해하는 데 큰 도움이 됩니다. 이 책은 더 나은 코드에 대해 고민하기 시작한 당신에게, 그리고 중급 리액트 강의를 준비하는 개발자에게 꼭 필요한 첫 단추가 될 것입니다.

이양구, 프런트엔드 개발자

이 책을 한 줄로 정리하자면 '리액트와 소프트웨어 설계 원칙의 조화로운 만남'이라고 표현할 수 있습니다. 이 책은 리액트의 기본 사용법을 넘어 소프트웨어 설계 원칙을 깊이 있게 탐구하며, 이를 리액트 개발에 적용하는 방법까지 상세히 다룹니다. 유지보수성과 확장성이 뛰어난 애플리케이션 구축 과정을 체계적으로 안내하고, 설계 원칙 기반의 리팩터링 기법과 TDD 방법론을 실용적으로 소개합니다. 리액트 개발에서 간과되기 쉬운 설계 원칙의 중요성을 강조하고, 테스트를 통한 신뢰성 높은 코드 작성법을 설명합니다. 이 책은 리액트 개발자들의 코드 품질 향상을 위한 필수적인 길잡이가 될 것입니다.

이웅모, 퓨처포인트 개발자

리액트로 개발하는 사람에게 추천할 만한 책입니다. 기초적인 내용을 다루기보다는, 실제 개발 과정에서 신경 써야 할 부분과 중요한 개념들을 다루고 있어서, 현업에서 리액트를 사용하는 개발자들이 자신의 코드를 점검하고 개선하는 데 도움이 될 것입니다. 특히 컴포넌트 설계, TDD, 리팩터링 같은 주제와 함께 날씨 API를 활용한 예제가 포함되어 있어서 애플리케이션 설계 구조를 잡는 데 많은 참고가 되었습니다. 리액트로 작업 중인 저에게도 유익한 책이었습니다.

이장훈, DevOps 엔지니어

리액트의 핵심 매력인 '선언형 UI 프로그래밍'은 '필요한 것을 알려주면, 구현은 내가 알아서 하겠다'는 단순한 개념에서 출발합니다. 이러한 접근 방식으로 리액트는 불안정하다고 여겨지던 자바스크립트로도 복잡한 프런트엔드 UI를 안정적으로 개발할 수 있게 만들었습니다.

리액트의 기본 개념은 공식 문서의 튜토리얼만으로도 쉽게 이해할 수 있습니다. 하지만 실제 프로젝트에 적용할 때는 많은 의문이 생깁니다. 파일 구조나 매개변수 전달 방식 같은 실무적인 내용은 공식 문서만으로는 충분하지 않기 때문입니다. 주니어 개발자들은 실전 프로젝트에서 파일 위치부터 컴포넌트 크기와 내용까지 모든 것이 고민거리입니다. 인터넷이나 다른 프로젝트를 참고해도 명확한 정답을 찾기는 어려워서, 상황에 맞는 해결책을 찾아야 합니다.

이 책은 리액트로 대규모 애플리케이션을 구축하는 방법의 전체적인 그림을 제시합니다. 현업에서의 코드 구성 방식과 수십 년간 발전해 온 디자인 패턴, 설계 원칙들을 소개합니다. 특히 리액트의 핵심 개념인 '합성'을 자세히 다룹니다. 고등학교 수학의 함수 합성$(f \circ g)$과 비슷한 이 개념을 통해 컴포넌트의 기능을 분리하고 재조합하는 방법을 배우게 되며, 이는 복잡한 로직을 정리하고 재사용 가능한 코드를 만드는 데 도움이 됩니다.

이 책은 실무 리액트 프로젝트를 간접적으로 경험할 수 있게 해주며, 소프트웨어 개발에 필요한 설계 패턴과 원칙도 자연스럽게 익힐 수 있게 합니다. 책의 내용이 절대적인 정답은 아니지만, 오랜 경험과 고민으로 다듬어진 '정답에 가까운' 방법들을 담고 있습니다. 독자들이 이를 바탕으로 자신만의 개발 철학을 만들어 가길 기대합니다.

정재명

▶▶ 지은이의 말

아틀라시안^{Atlassian} 팀 동료들인 알렉스 리어던, 다니엘 델 코어, 마이클 두걸, 그리고 많은 이에게 진심으로 감사드립니다. 이 책에 설명된 디자인 패턴은 대부분 Atlassian Design System 컴포넌트에 몰두 중이었던 우리의 집단 지성에서 시작되었습니다. 특히 내부 시스템을 개발하며 뜻깊은 시간을 함께한 톰 개슨에게 감사를 표합니다. 리액트 컨텍스트에 대한 우리의 대화는 큰 깨달음을 줬습니다.

현 모노레포^{monorepo}에서의 TDD에 대한 뜻깊은 논의를 함께 한 제임스 싱클레어와 제이슨 쉬히에게도 감사의 인사를 전합니다. 최근 저의 신규 인사 교육에 큰 도움을 준 바네사 고아, 미렐라 토미식도 빠뜨릴 수 없지요. 적극적으로 저의 질의에 응해주고 무수히 많은 문서와 관행을 명료하게 이해시켜 준 이들 덕분에 신규 프로젝트에 수월하게 적응할 수 있었고, 이 책에서 다룬 아이디어들의 원천이 된 코드베이스에 깔린 패턴에 대해 이해할 수 있었습니다.

소트웍스^{ThoughtWorks}에서 함께 했던 동료들에게도 감사를 표합니다. 저에게 독자 중심의 글쓰기를 가르쳐주고 초점을 맞추는 데에 훌륭한 가이드가 되어 준 마틴 파울러. 멜버른의 쌀쌀한 교외에서 평화롭게 산책하며 설계에 대해 흥미롭게 논의했던 샤오준 렌. 기술적 뉘앙스와 언어적 개선에 꼼꼼한 리뷰와 통찰력 있는 제안을 해 준 앤디 막스와 캠 잭슨. 소트웍스의 자문과 조언을 아끼지 않는 분위기는 다양한 팀과 개인이 교류하는 토대가 되어 주었고, 이는 저에게 아주 소중한 경험이었습니다.

편집자 헤이든 에드워즈의 방향 제시는 이 책의 흐름을 잡는 데 아주 중요한 역할을 했습니다. 이 원고가 책으로 출판되기까지 물밑에서 중추적인 역할을 해 준 당신과 팀의 기여를 잊지 않을 것입니다. 이 책에 생기를 불어넣어 준 당신의 전문성과 헌신에 깊이 감사드립니다.

준타오 추

프런트엔드 애플리케이션 구축은 까다로운 일입니다. 그 규모가 클수록 적절한 지침이 없으면 난이도는 배로 증가합니다. 안타깝게도 많은 리액트 기반 애플리케이션이 라이브러리의 UI 중심적인 특성 때문에 이러한 어려움을 겪게 되고, 개발자는 프런트엔드 개발의 다른 복합적인 문제들을 스스로 해결해야 하는 상황에 직면합니다. 비동기 네트워크 요청, 접근성, 성능, 상태 관리 등 프런트엔드 애플리케이션의 복잡성을 가중시키는 요소들까지 고려해야 합니다. 애플리케이션의 규모가 커질수록 코드 유지보수는 점점 더 어려워집니다. 새로운 기능을 추가하는 데 생각보다 훨씬 많은 시간이 필요하며, 결함을 찾아내고 수정하는 것 또한 쉽지 않습니다.

하지만 이러한 문제들은 충분히 극복할 수 있습니다. 문제의 원인인 안티패턴^{anti-pattern}을 찾아내고, 확립된 패턴과 설계 원칙을 적용하여 해결할 수 있습니다. 단일 책임 원칙^{single responsibility principle}, 의존관계 역전 원칙^{dependency inversion principle}, 중복 배제^{Don't Repeat Yourself} 등 기본적인 설계 원칙은 특히 중요합니다. 이러한 기본 원칙들은 1970년대의 유닉스 시스템, 1990년대의 자바 스윙 애플리케이션 구축의 토대가 되었으며 오늘날까지도 유효한 지침입니다. 그리고 앞으로의 프레임워크와 라이브러리 구축에도 중요한 토대가 될 것입니다.

이 책에서는 대규모 애플리케이션 개발 과정에서 발생하는 문제점을 확립된 패턴과 사례를 통해 어떻게 완화시킬 수 있는지 살펴보고자 합니다. 설계 원칙과 패턴이 설계를 단순화하여 장기적으로 코드를 이해하기 쉽게 만들고, 수정과 유지보수를 쉽게 하는 과정을 알아볼 것입니다. 이 책을 읽는 독자들은 리액트 프런트엔드 개발의 복잡한 이면을 더 깊이 이해하고, 애플리케이션을 더욱 견고하고 유지보수하기 쉽게 구축할 수 있을 것입니다.

대상 독자

이 책은 코드의 유지보수성과 효율성을 높이는 데 관심이 많은 리액트 개발자들을 위한 내용을 포함하고 있습니다. 독자의 경험치와 상관없이 분명 도움이 되는 내용이 있을 것입니다. 리액트에 대한 배경지식이 있다면 물론 도움이 되겠지만, 이 책은 개념을 명확하게 직접적으로 설명합니다.

이 책은 일반적인 안티패턴을 정의하고, 확립된 설계 원칙과 패턴으로 이를 다루는 것에 중점을 둡니다. 실용적인 예제와 단계별 접근을 통해, 이해하기 쉽고 수정이 용이하며 장기적으로 유지보수가 가능하도록 코드를 단순화하는 방법을 배우게 될 것입니다.

다루는 내용

이 책은 리액트를 이해하고 실무에 활용할 수 있도록 총 4개의 파트로 구성되어 있습니다.

1부 리액트 기본 개념

리액트의 기본 개념과 애플리케이션 구조화 방법을 배우며, 학습의 기초를 다집니다.

1장 리액트 안티패턴 소개에서는 사용자 인터페이스 구축의 어려움, 상태 관리, '예외 흐름 unhappy path' 다루기, 일반적인 안티패턴에 대해 살펴봅니다.

2장 리액트 필수 개념 이해에서는 정적 컴포넌트, prop, UI 나누기, 상태 관리, 렌더링 과정, 일반적인 리액트 훅hook 등 리액트의 기초 내용을 탄탄하게 다져봅니다.

3장 리액트 애플리케이션 구조에서는 리액트의 다양한 프로젝트 구조 유형에 대해 알아보고, 각 유형별 장단점과 실제 적용 사례를 알아봅니다.

4장 리액트 컴포넌트 설계하기에서는 일반적인 안티패턴을 알아보고 단일 책임 원칙, 중복 배제 등 기본적인 설계 원칙을 통해 컴포넌트 구조를 개선하는 법을 배워봅니다.

2부 테스팅 기법

테스트의 중요성을 알아보고, 애플리케이션의 안정성과 유지보수성을 높이는 테스트와 리팩터링 기법을 살펴봅니다.

5장 리액트 테스팅에서는 소프트웨어 테스트의 중요성을 배우고, 단위 테스트, 통합 테스트,

E2E$^{\text{end-to-end}}$ 테스트 등 다양한 유형의 테스트를 알아봅니다. Cypress, Jest와 같은 유용한 테스트 도구를 익혀서 복잡한 테스트 상황에 대비할 수 있도록 합니다.

6장 일반적인 리팩터링 기법 살펴보기에서는 리팩터링의 본질을 배우고 변수 이름 바꾸기, 변수 추출하기, 파이프라인으로 반복문 대체 등 다양한 리팩터링 기법을 알아봅니다.

7장 리액트에서의 테스트 주도 개발에서는 온라인 피자 가게 메뉴 페이지의 다양한 기능을 만들어 보는 예제를 통해 테스트 주도 개발의 핵심 원칙을 살펴봅니다.

3부 비즈니스 로직과 디자인 패턴 알아보기

비즈니스 로직과 디자인 패턴을 통해 상태 관리 문제를 해결하고, 효율적인 코드 작성 원칙을 소개합니다.

8장 리액트 데이터 관리에서는 비즈니스 로직 누수나 Prop Drilling 같은 리액트에서의 상태 관리의 어려움을 알아봅니다. ACL$^{\text{Anti-Corruption Layer}}$(오류 방지 계층)을 이용하고 리액트 Context API를 활용한 해결책을 살펴봅니다.

9장 리액트 설계 원칙 적용에서는 단일 책임 원칙, 의존관계 역전 원칙을 다시 살펴보고, 리액트에서 명령과 조회 책임 분리 원칙$^{\text{Command and Query Responsibility Segregation}}$을 적용하는 법을 이해해 봅니다.

10장 합성 패턴에서는 고차 컴포넌트와 사용자 정의 훅을 통해 합성을 집중적으로 알아보고, 헤드리스^{headless} 컴포넌트 패턴을 다룹니다. 확장과 유지보수가 쉬운 사용자 친화적인 리액트 UI를 만들기 위한 합성 기술을 터득할 수 있습니다.

4부 실무에서의 구현

앞서 배운 내용을 실무에 적용하며, 계층화된 아키텍처와 E2E 프로젝트 구현을 다룹니다.

11장 리액트 계층 구조 애플리케이션에서는 계층화된 아키텍처를 알아봅니다. 데이터 모델을 정의하고 예제를 통해 전략 패턴을 배우며, 대규모의 애플리케이션에서 계층 구조가 얼마나 중요한지 이해할 수 있습니다.

12장 E2E 프로젝트 구현하기에서는 날씨 애플리케이션을 개발하는 전체 과정을 상세히 살펴봅니다. 요구사항에 대한 이해부터 도시 검색, 즐겨찾기 등의 기능까지 구현하며 유지보수 하기 편하고, 읽기 쉬우며 확장하기 편한 코드를 만들어봅니다.

13장 리액트 안티패턴 원칙 돌아보기에서는 일반적인 안티패턴, 리액트 디자인 패턴, 그리고 기본 원칙들을 돌아보고, 앞서 다룬 기법과 예제들을 요약해봅니다.

일러두기

비주얼 스튜디오 코드 또는 Vim 등의 문서 편집기는 필수입니다. 또한 WebStorm 또는 인텔리제이와 같은 통합 개발 환경integrated development environment이 효율성을 높여줄 수 있습니다.

명령줄 인터페이스도 있어야 합니다. 맥이나 리눅스 사용자와 달리, 윈도우 사용자들은 윈도우 터미널 같은 새로운 프로그램을 설치해야 합니다. 다음과 같은 준비를 해두면 이 책을 활용하는 데 문제없을 것입니다.

책에서 다루는 소프트웨어/하드웨어	필요한 운영체제(OS)
React 16+	Windows, macOS, Linux
TypeScript 4.9.5	Windows, macOS, Linux
Visual Studio Code 또는 WebStorm	Windows, macOS, Linux
Terminal/Window Terminal (윈도우 사용자용)	Windows

예제 코드

이 책의 예제 코드는 다음 링크에서 다운로드할 수 있습니다. 코드 내용이 업데이트될 경우 깃 허브 저장소에서 확인할 수 있습니다.

– 번역서: *https://github.com/jm-chong/react-design-pattern*

– 원서: *https://github.com/PacktPublishing/React-Anti-Patterns*

지은이 · 옮긴이 소개 ·· 4

검토자 소개 ··· 5

베타리더 후기 ·· 6

옮긴이의 말 ··· 9

지은이의 말 ··· 10

이 책에 대하여 ·· 11

PART 1 리액트 기본 개념

CHAPTER 1 리액트 안티패턴 소개

1.1 UI 구축의 어려움에 대한 이해 ·· 27

1.2 상태 관리의 이해 ·· 29

1.3 예외 흐름 탐색하기 ··· 34

    1.3.1 다른 컴포넌트에서 발생한 오류 ·· 34

    1.3.2 예측하지 못한 사용자 행동 ·· 36

1.4 리액트의 일반적인 안티패턴 살펴보기 ·································· 38

    1.4.1 Prop Drilling ·· 38

    1.4.2 컴포넌트 내 데이터 변환 ··· 40

    1.4.3 뷰 영역의 복잡한 로직 ·· 41

    1.4.4 테스트 부족 ·· 42

    1.4.5 중복된 코드 ·· 44

    1.4.6 너무 많은 기능을 가진 컴포넌트 ································· 45

    1.4.7 안티패턴을 없애기 위한 접근 방식 ······················· 46

    요약 ··· 47

CHAPTER **2**   **리액트 필수 개념 이해**

2.1 리액트 정적 컴포넌트 **49**

2.2 prop이 있는 컴포넌트 만들기 **50**

2.3 UI를 여러 컴포넌트로 나누기 **52**

2.4 리액트 내부 상태 관리 **55**

2.5 렌더링 과정 이해하기 **57**

2.6 많이 사용되는 리액트 훅 **58**

    2.6.1 useState **58**

    2.6.2 useEffect **60**

    2.6.3 useCallback **65**

    2.6.4 리액트 Context API **67**

    요약 **71**

CHAPTER **3**   **리액트 애플리케이션 구조**

3.1 구조화되지 않은 프로젝트의 문제점 **73**

3.2 프런트엔드 애플리케이션의 복잡함에 대한 이해 **74**

3.3 일반적인 리액트 애플리케이션 구조 **76**

    3.3.1 기능 기반 구조 **77**

    3.3.2 컴포넌트 기반 구조 **78**

    3.3.3 아토믹 디자인 구조 **80**

    3.3.4 MVVM 구조 **82**

3.4 프로젝트 구조를 체계적으로 유지하기 **84**

    3.4.1 초기 설계 구현하기 **85**

    3.4.2 중복 제거를 위한 계층 추가 **85**

    3.4.3 파일 이름 짓기 **87**

    3.4.4 사용자 설정 구조 살펴보기 **89**

    요약 **91**

CHAPTER 4   리액트 컴포넌트 설계하기

4.1 단일 책임 원칙 · **93**

4.2 중복 배제 원칙 · **96**

4.3 합성 활용하기 · **101**

4.4 컴포넌트 설계 원칙의 결합 · · · · · · · · · · · · · · · **105**

요약 · **113**

PART 2   테스팅 기법

CHAPTER 5   리액트 테스팅

5.1 테스트가 필요한 이유 · · · · · · · · · · · · · · · · · · · **117**

5.2 여러 종류의 테스트 알아보기 · · · · · · · · · · · · · · · **118**

5.3 Jest로 하는 개별 단위 테스팅 · · · · · · · · · · · · · · **120**

    5.3.1 첫 테스트 작성하기 · · · · · · · · · · · · · · · · · · · **121**

    5.3.2 테스트 그룹 묶기 · · · · · · · · · · · · · · · · · · · **122**

    5.3.3 리액트 컴포넌트 테스트 · · · · · · · · · · · · · · · **124**

5.4 통합 테스트 · **126**

5.5 Cypress를 이용한 E2E 테스트 · · · · · · · · · · · · · **130**

    5.5.1 Cypress 설치 · **131**

    5.5.2 첫 E2E 테스트 실행하기 · · · · · · · · · · · · · · **133**

    5.5.3 네트워크 요청 가로채기 · · · · · · · · · · · · · · · **135**

요약 · **137**

CHAPTER **6**　　**일반적인 리팩터링 기법 살펴보기**

6.1 리팩터링 이해하기 ··· **142**

　6.1.1 리팩터링 중 흔히 저지르는 실수 ······················· **143**

6.2 리팩터링 전 테스트 추가하기 ·· **144**

　6.2.1 변수 이름 바꾸기 ··· **147**

6.3 변수 추출하기 ··· **148**

6.4 반복문을 파이프라인으로 바꾸기 ··································· **149**

6.5 함수 추출하기 ··· **150**

6.6 매개변수 객체 도입 ··· **152**

6.7 조건문 분해하기 ··· **153**

6.8 함수 이동하기 ··· **154**

　요약 ··· **155**

CHAPTER **7**　　**리액트에서의 테스트 주도 개발**

7.1 TDD 이해하기 ··· **158**

　7.1.1 여러 종류의 TDD ··· **160**

　7.1.2 사용자 가치에 집중하기 ······································ **162**

7.2 태스킹 이해하기 ··· **163**

7.3 온라인 피자 가게 애플리케이션 ····································· **165**

7.4 애플리케이션 요구사항 세분화 ······································· **166**

7.5 애플리케이션 헤드라인 구현 ··· **169**

7.6 메뉴 목록 구현 ··· **172**

7.7 장바구니 만들기 ··· **175**

7.8 장바구니에 아이템 담기 ··· **177**

7.9 애플리케이션 리팩터링 ··· **181**

　요약 ··· **185**

PART 3   비즈니스 로직과 디자인 패턴 알아보기

CHAPTER 8   리액트 데이터 관리

8.1 비즈니스 로직 누수 현상 ·· **189**

8.2 ACL(오류 방지 계층) ··· **192**

    8.2.1 일반적인 ACL 사용법 ··· **193**

    8.2.2 예외 상황 대응 또는 기본값 ··· **196**

8.3 Prop Drilling 문제 살펴보기 ··· **198**

8.4 Context API를 통한 Prop Drilling 문제 해결 ················ **205**

  요약 ··· **208**

CHAPTER 9   리액트 설계 원칙 적용

9.1 단일 책임 원칙 ··· **211**

    9.1.1 render prop 패턴을 통한 단일 책임 원칙 적용 ················· **211**

    9.1.2 합성을 통한 단일 책임 원칙 적용 ····································· **214**

9.2 의존관계 역전 원칙 ··· **217**

    9.2.1 의존관계 역전 원칙의 원리 ··· **217**

    9.2.2 버튼 클릭 로그 수집에 의존관계 역전 원칙 적용하기 ········ **220**

9.3 명령과 조회 책임 분리 원칙 ··· **224**

    9.3.1 useReducer 훅 ··· **227**

    9.3.2 컨텍스트 안에서 reducer 함수 사용하기 ························· **229**

  요약 ··· **232**

CHAPTER **10** 합성 패턴

10.1 고차 컴포넌트를 통한 합성의 이해 ·········· **235**

    10.1.1 고차 함수 ·········· **235**

    10.1.2 고차 컴포넌트 ·········· **237**

    10.1.3 ExpandablePanel 컴포넌트 구현하기 ·········· **238**

10.2 리액트 훅 ·········· **243**

    10.2.1 원격 데이터 가져오기 ·········· **246**

    10.2.2 깔끔하고 재사용성을 높이는 리팩터링 ·········· **248**

10.3 드롭다운 목록 컴포넌트 만들기 ·········· **249**

    10.3.1 키보드 탐색 구현하기 ·········· **254**

    10.3.2 드롭다운 컴포넌트의 단순한 구조 유지하기 ·········· **258**

10.4 헤드리스 컴포넌트 패턴 ·········· **260**

    10.4.1 헤드리스 컴포넌트 패턴의 장단점 ·········· **261**

    10.4.2 지원하는 라이브러리와 추가로 알아볼 내용 ·········· **262**

    요약 ·········· **263**

PART **4** 실무에서의 구현

CHAPTER **11** 리액트 계층 구조 애플리케이션

11.1 리액트 애플리케이션의 진화 ·········· **267**

    11.1.1 단일 컴포넌트 애플리케이션 ·········· **268**

    11.1.2 복합 컴포넌트 애플리케이션 ·········· **269**

    11.1.3 훅을 이용한 상태 관리 ·········· **270**

    11.1.4 비즈니스 모델 분리 ·········· **271**

    11.1.5 계층화된 프런트엔드 애플리케이션 ·········· **272**

11.2 코드 오븐 애플리케이션 개선하기 ·········· **273**

11.2.1 사용자 정의 훅을 통한 MenuList 리팩터링 ·········· **278**

11.2.2 클래스 기반의 모델로 변환 ·········· **280**

11.3 장바구니 컴포넌트 구현 ·········· **282**

11.3.1 아이템별 할인 적용하기 ·········· **284**

11.3.2 전략 패턴 알아보기 ·········· **289**

11.4 계층 구조 알아보기 ·········· **294**

11.4.1 애플리케이션 계층 구조 ·········· **295**

11.4.2 계층 구조의 유리한 점 ·········· **297**

요약 ·········· **298**

CHAPTER 12 E2E 프로젝트 구현하기

12.1 날씨 애플리케이션에 필요한 요구사항 확인 ·········· **302**

12.2 초기 승인 테스트 작성 ·········· **303**

12.3 도시 검색 기능 구현 ·········· **304**

12.3.1 OpenWeatherMap API 소개 ·········· **304**

12.3.2 검색 결과를 대신 처리 ·········· **306**

12.3.3 검색 결과 목록 개선하기 ·········· **309**

12.4 ACL 구현 ·········· **312**

12.5 즐겨찾기 추가 기능 구현 ·········· **316**

12.5.1 날씨 데이터 모델링 ·········· **322**

12.5.2 현재 구현된 내용 리팩터링하기 ·········· **326**

12.5.3 즐겨 찾는 도시 목록에 여러 도시 추가하기 ·········· **332**

12.5.4 날씨 목록 리팩터링 ·········· **336**

12.6 애플리케이션 재실행 시 이전 날씨 데이터 불러오기 ·········· **337**

요약 ·········· **341**

13.1 일반적인 안티패턴 돌아보기 **344**

    13.1.1 Prop Drilling **344**

    13.1.2 긴 prop 목록과 너무 많은 기능을 가진 컴포넌트 **345**

    13.1.3 비즈니스 로직 누수 **345**

    13.1.4 뷰 영역의 복잡한 로직 **345**

    13.1.5 단계별 테스트 부족 **346**

    13.1.6 중복된 코드 **346**

13.2 디자인 패턴 훑어보기 **346**

    13.2.1 고차 컴포넌트 **347**

    13.2.2 render prop **347**

    13.2.3 헤드리스 컴포넌트 **347**

    13.2.4 데이터 모델링 **347**

    13.2.5 계층화된 아키텍처 **347**

    13.2.6 인터페이스로서의 컨텍스트 **348**

13.3 기본 설계 원칙 복습하기 **349**

    13.3.1 단일 책임 원칙(SRP) **349**

    13.3.2 의존관계 역전 원칙(DIP) **349**

    13.3.3 중복 배제 원칙(DRY) **350**

    13.3.4 ACL(오류 방지 계층) **350**

    13.3.5 합성 **350**

13.4 기법과 실무 예제 정리 **351**

    13.4.1 사용자 승인 테스트 **351**

    13.4.2 TDD **352**

    13.4.3 리팩터링과 코드 스멜 **352**

13.5 추가 자료 **353**

    요약 **354**

찾아보기 **355**

PART 1

리액트 기본 개념

PART 1에서는 리액트의 기본 내용을 살펴보고 애플리케이션을 효과적으로 구조화하는 방법을 이해하는 것으로 리액트 학습의 첫발을 떼 봅시다. 여기에서 소개하는 개념들은 앞으로 나올 내용을 위한 탄탄한 기반이 되어줄 것입니다.

▶▶▶ **CHAPTER 1**
리액트 안티패턴 소개

▶▶▶ **CHAPTER 2**
리액트 필수 개념 이해

▶▶▶ **CHAPTER 3**
리액트 애플리케이션 구조

▶▶▶ **CHAPTER 4**
리액트 컴포넌트 설계하기

리액트 안티패턴 소개

이 책은 리액트 안티패턴을 깊이 있게 다룹니다. 안티패턴은 명백한 기술적 오류는 아니기 때문에 처음에는 코드가 문제없이 올바르게 동작합니다. 하지만 코드의 기능이 늘어날수록 안티패턴은 문제를 일으킵니다.

이 책에서는 오류로 이어지기 쉬운 여러 가지 잘못 작성된 예제 코드들을 살펴볼 것입니다. 어떤 코드는 마치 암호처럼 해독하기 어려울 수도 있고, 어떤 코드는 수정하거나 기능을 확장하기 까다로운 경우도 있습니다. 단순한 기능을 수행하기에 충분한 코드라도, 그 역할이 늘어날수록 불안정해지기도 합니다. 이와 같은 불완전한 코드에 오랜 시간 검증된 패턴과 원칙을 자연스럽게 담아낼 것입니다.

또한, 이 책은 실용성을 강조합니다. 예제 코드는 장바구니, 사용자 프로필과 같은 자주 접하는 사례 또는 필자의 과거 프로젝트를 사례로 들어, 전문용어 이해의 진입장벽을 낮추었습니다. 전체적인 관점에서 이해를 돕고자 마지막 장에서는 E2E$^{end\text{-}to\text{-}end}$ 예제 프로젝트를 상세하게 보여주어, 체계적으로 몰입할 수 있도록 구성하였습니다.

이번 장에서는 복잡한 상태 관리와 비동기 작업이 코드의 가독성을 얼마나 저해하는지 보여주며, 고급 리액트 애플리케이션 개발에 발생하는 복잡한 문제를 다룹니다. 일반적인 안티패턴을 살펴보고, 이를 어떻게 해결하는지 책의 후반부에서 자세히 설명하도록 하겠습니다.

이 장에서는 다음 주제를 다룹니다.

- UI 구축의 어려움에 대한 이해

- 상태 관리의 이해

- 예외 흐름 살펴보기

- 리액트의 일반적인 안티패턴 살펴보기

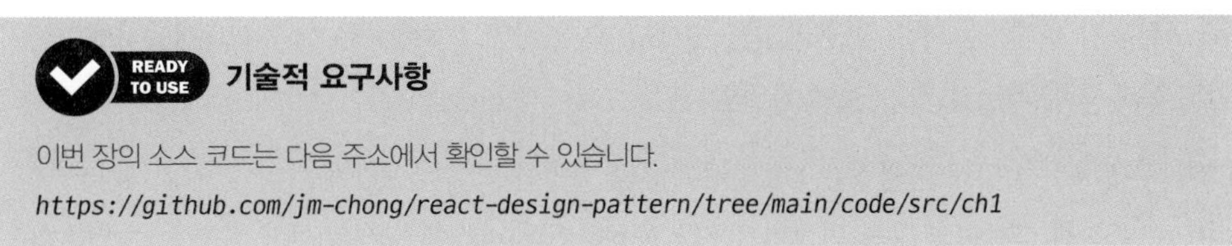

이번 장의 소스 코드는 다음 주소에서 확인할 수 있습니다.
https://github.com/jm-chong/react-design-pattern/tree/main/code/src/ch1

1.1 UI 구축의 어려움에 대한 이해

단순한 문서형 웹페이지가 아닌, 검색창이나 Modal과 같은 복잡한 UI 요소를 포함한 웹사이트를 브라우저에서 기본으로 제공하는 웹 언어만으로는 구현할 수 없습니다. [그림 1.1]은 HTML^{Hyper Text Markup Language}을 이용한 웹사이트의 예입니다.

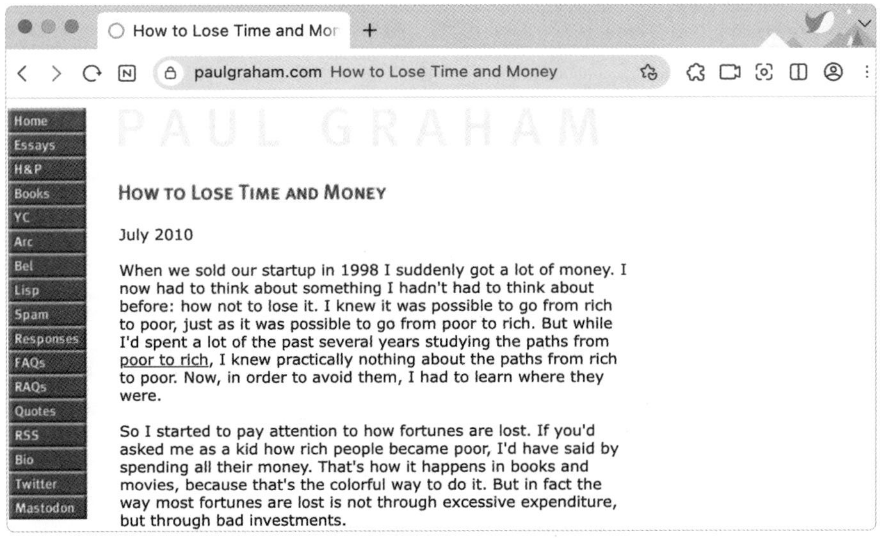

그림 1.1 간단한 HTML 문서 웹사이트

그러나 대부분의 애플리케이션은 실제로 더 복잡하고, 웹 언어가 제공하는 요소보다 더 많은 기능을 포함합니다.

웹 언어와 사람들이 접하는 UI 경험 사이에는 상당한 격차가 존재합니다. 티켓 예매 플랫폼, 프로젝트 관리 도구, 이미지 갤러리 등의 최신 웹 UI는 복잡해서 기본 제공되는 웹 언어만으로는 이런 기능을 쉽게 구현할 수 없습니다. 아코디언, 토글 스위치, 대화형 카드와 같은 UI 요소를 구현하기 위해서는 추가적인 작업을 수행할 수 있지만, 그 바탕은 실제 UI 애플리케이션이 아닌 문서 위에 작업을 하는 것에 불과합니다.

UI를 구축하는 이상적인 환경은 UI 디자이너의 작업환경과 비슷해야 합니다. C++빌더, 델파이Delphi나 최신 디자인 도구인 피그마Figma를 사용하여 캔버스에 드래그 앤 드롭drag and drop하듯이 컴포넌트들을 자유롭게 화면에 배치할 수 있으면 좋겠지만, 실제 웹 개발에서 이렇게 할 수는 없습니다. 예를 들어 사용자 정의 검색 입력창을 만들기 위해서는 추가 요소로 감싸고, 색상과 간격 및 글꼴을 조정하고, 사용자 안내를 위해 아이콘을 추가해야 할 수 있습니다. 검색창 하단에 자동 추천 목록을 만들고 너비를 완벽하게 일치시키는 작업은 생각보다 손이 많이 갑니다.

[그림 1.2]에서 보듯 웹페이지는 매우 복잡하고 웹 문서처럼 보이지 않지만, 페이지의 구성 요소는 여전히 순수한 HTML입니다.

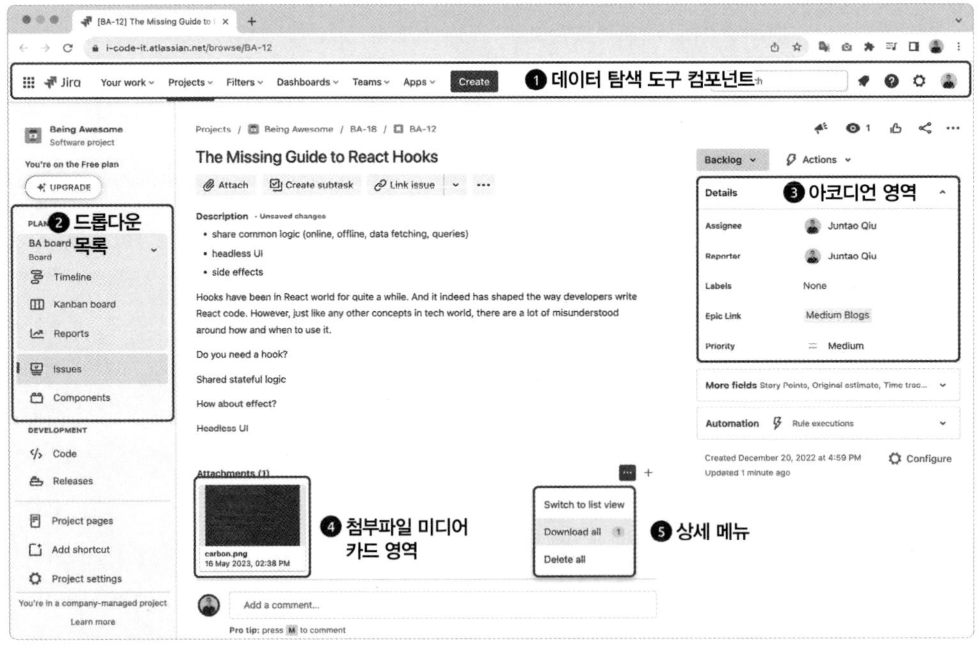

그림 1.2 Jira 이슈 보기

[그림 1.2]는 Jira의 이슈 보기 화면입니다. Jira는 작업과 프로젝트를 추적하고 우선순위를 조정하는 인기 있는 웹 기반 프로젝트 관리 도구입니다. 이슈 보기는 이슈 제목, 설명, 첨부파일, 댓글, 연결된 다른 이슈 등의 세부 사항을 포함합니다. 그리고 [나에게 할당하기] 버튼, 이슈의 우선순위 조정, 댓글 남기기 등 사용자와 상호작용할 수 있는 많은 요소가 있습니다.

이러한 UI에는 데이터 탐색 컴포넌트, 드롭다운 목록, 아코디언과 같은 요소가 있을 거라고 생각할 수도 있습니다. [그림 1.2]처럼 화면에 이러한 요소들이 나타나기 때문입니다. 하지만 이는 실제 컴포넌트가 아니라 개발자들이 HTML, CSS, 자바스크립트를 이용하여 흉내 낸 것에 불과합니다.

여기까지 웹 UI 개발의 언어 불일치 문제를 간략히 살펴보았습니다. 이제 프런트엔드 애플리케이션에서 다양한 상태를 관리하는 방법에 대해 알아봅시다. 이를 통해 앞으로 겪게 될 다양한 문제를 미리 살펴보고, 그 해결책으로 패턴을 도입하는 것이 왜 중요한지 알 수 있을 것입니다.

1.2 상태 관리의 이해

프런트엔드 개발에서 상태 관리는 복잡합니다. 대부분의 애플리케이션은 네트워크를 통해 원격 서버에서 데이터를 가져오는데, 이 데이터를 서버 상태라 부릅니다. 서버 상태는 일반적으로 백엔드 서버 또는 API와 같은 외부 소스에서 가져옵니다. 이는 전적으로 프런트엔드 애플리케이션 내에서 생성되고 관리되는 로컬 상태와는 다릅니다.

서버 상태는 주의하여 다루지 않으면 프런트엔드 개발을 어렵게 만들 수 있습니다. 몇 가지 주의해야 할 사항들을 소개합니다.

- **비동기 특성**: 원격 소스에서 데이터를 가져오는 것은 일반적으로 비동기 작업입니다. 특히 여러 원격 데이터를 동기화할 때 시간의 순서가 중요합니다.
- **오류 처리**: 원격 소스 연결은 때로는 실패하거나, 서버에서 오류를 응답할 수 있습니다.
- **로딩 상태**: 원격 소스에서 데이터가 도착하기를 기다리는 동안 애플리케이션은 '로딩 중' 상태를 효과적으로 다뤄야 합니다. 일반적으로 로딩 표시기 또는 실패 시 fallback UI를 표시합니다.
- **일관성**: 프런트엔드 상태를 백엔드와 동기화하는 것을 의미합니다. 실시간 애플리케이션이나 여러 사용

자가 동일한 데이터를 변경하는 애플리케이션의 경우 특히 다루기 어렵습니다.

- **캐싱**caching : 일부 서버 상태를 로컬에 저장하면 성능을 향상시킬 수 있지만, 데이터 불일치와 무효화 같은 문제가 생길 수 있습니다. 예를 들어 원격의 데이터가 다른 사용자에 의해 변경되면 로컬 상태를 업데이트 하거나 갱신을 위해 다시 호출하는 동작이 필요하며, 이를 구현하기 위해서는 코드의 복잡도가 증가합니다.

- **업데이트 및 낙관적 UI**Optimistic UI : 사용자가 상태를 변경하면 서버 호출이 성공했을 때 UI를 응답이 오기 전에 미리 업데이트하여 더 나은 사용자 경험을 제공할 수 있습니다. 하지만 서버 응답은 실패할 수 있으므로 프런트엔드에서 성공 이전의 상태로 되돌릴 수 있는 방법이 필요합니다.

이러한 사항들은 서버 상태를 관리하면서 겪게 될 어려움의 일부에 불과합니다.

프런트엔드에서 데이터를 즉시 저장하고 접근할 수 있다면, 개발자는 순차적인 사고를 할 수 있습니다. 즉 작업의 흐름에 따라 데이터에 접근하고 조작하므로 명확하고 순차적인 논리의 흐름으로 이어집니다. 이러한 사고는 동기적인 코드의 흐름과 유사하며, 개발 과정을 직관적으로 따라가기 쉽게 합니다.

정적인 데이터에 원격 데이터를 추가로 렌더링할 때 코드가 얼마나 더 필요한지 비교해보겠습니다. 명언 목록을 표시해주는 애플리케이션을 만든다고 가정해봅시다.

전달된 명언 목록을 렌더링하기 위해서는 데이터를 JSX 요소로 매핑하면 됩니다.

```
function Quotes({ quotes }: { quotes: string[] })
  return (
    <ul>
      {quotes.map((quote, index) => <li key={index}>{quote}</li>)}
    </ul>
  );
}
```

> ⚠️ 이 예제에서는 **index**를 키로 사용합니다. 정적인 데이터를 다룰 때는 큰 문제가 없지만, 실제 애플리케이션에서 동적인 목록을 렌더링할 때는 문제를 일으킬 수 있어 권장하지 않습니다.

명언 목록이 원격 서버에서 제공된다면, 코드는 다음처럼 바뀝니다.

```jsx
import React, { useState, useEffect } from 'react';

function Quotes() {
  const [quotes, setQuotes] = useState<string[]>([]);

  useEffect(() => {
    fetch("https://dummyjson.com/quotes")
      .then((response) => response.json())
      .then((data) => {
        setQuotes(data.quotes.map((quote) => quote.quote));
      });
  }, []);

  return (
    <ul>
      {quotes.map((quote, index) => (
        <li key={index}>{quote}</li>
      ))}
    </ul>
  );
}

export default Quotes;
```

이 리액트 컴포넌트에서는 useState를 사용하여 초깃값으로 빈 배열을 가지는 명언 목록 상태를 생성합니다. 컴포넌트가 브라우저 DOM에 마운트 된 이후 useEffect 혹은 비동기로 원격 서버에서 명언 목록을 가져옵니다. 그 다음 명언 목록 상태를 가져온 데이터로 업데이트합니다. 마지막으로 컴포넌트는 배열을 순회하면서 명언 목록을 렌더링합니다.

지금까지 언급한 세부 사항이 다소 복잡하게 느껴지더라도 걱정하지 않아도 됩니다. 다음 장에서 자세히 살펴볼 것입니다.

앞의 코드 예제는 이상적인 시나리오를 보여주지만, 실제로 비동기 호출은 예외 상황을 처리해주어야 합니다. 데이터를 가져오는 동안 무엇을 표시할지, 네트워크 문제나 리소스를 사용할 수 없는 상황과 같은 다양한 오류 시나리오를 어떻게 처리할지 고민해야 합니다. 이를 위해 코드가 추가되면 코드의 복잡도는 증가하고 이해하기 어려워집니다.

예를 들어, 데이터를 가져오는 동안에는 로딩 상태로 전환하고 문제가 발생하면 오류 상태로 전환해야 합니다.

```tsx
import React, { useEffect, useState } from "react";

function Quotes() {
  const [quotes, setQuotes] = useState<string[]>([]);
  const [isLoading, setIsLoading] = useState<boolean>(false);
  const [error, setError] = useState<Error | null>(null);

  useEffect(() => {
    setIsLoading(true);

    fetch("https://dummyjson.com/quotes")
      .then((response) => {
        if (!response.ok) {
          throw new Error("Failed to fetch quotes");
        }
        return response.json();
      })
      .then((data) => {
        setQuotes(data.quotes.map((quote) => quote.quote));
      })
      .catch((err) => {
        setError(err.message);
      })
      .finally(() => {
        setIsLoading(false);
      });
  }, []);

  return (
    <div>
      {isLoading && <p>Loading...</p>}
      {error && <p>Error: {error.message}</p>}
      <ul>
        {quotes.map((quote, index) => (
          <li key={index}>{quote}</li>
        ))}
      </ul>
    </div>
  );
}

export default Quotes;
```

이 코드는 useState를 사용하여 명언 목록을 저장하기 위한 quotes, 로딩 상태를 추적하는 isLoading, 오류를 관리하는 error와 같은 3개의 상태를 관리합니다.

useEffect 혹은 데이터 fetch 작업을 수행합니다. fetch 작업이 성공하면 명언 목록이 표시되며 isLoading 상태가 false로 설정됩니다. 오류가 발생하면 오류 메시지가 표시되고 isLoading 상태는 마찬가지로 false로 설정됩니다.

보다시피 컴포넌트에서 실제 렌더링을 담당하는 코드는 JSX를 반환하는 영역과 같은 일부분에 불과합니다. 반면에, 상태 관리를 위한 코드는 함수 본문에서 거의 대부분을 차지합니다.

하지만 이는 상태 관리의 한 측면에 불과합니다. 컴포넌트 안쪽에서 상태를 유지해야 하는 로컬 상태 관리 문제도 있습니다. 예를 들어, [그림 1.3]에 표시된 아코디언 컴포넌트는 헤더의 삼각형 영역을 클릭하면 목록 패널을 접거나 펼칠 수 있으며 이러한 상태 또한 관리해야 합니다.

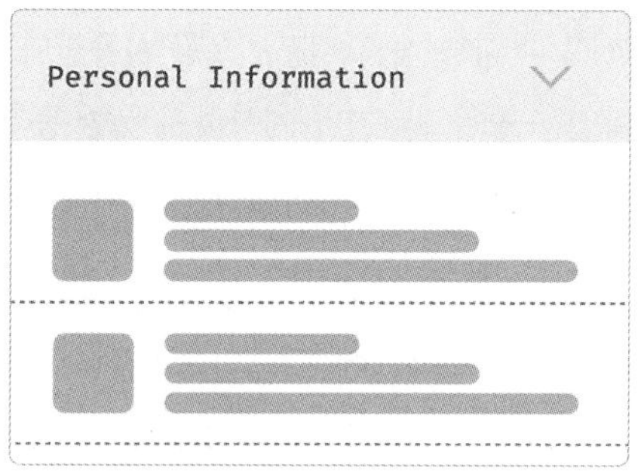

그림 1.3 펼칠 수 있는 영역 컴포넌트

애플리케이션이 복잡해져서 상태를 관리하기 힘든 수준이 된다면, Redux나 Mobx와 같은 서드파티third-party[1] 상태 관리 라이브러리를 사용하는 것이 도움될 수 있습니다. 하지만 이는 특정 라이브러리에 대한 추가적인 학습이 필요하고, 모범 사례best-practice를 익혀야 합니다. 또한 코드 변환을 위한 부가적인 작업이 필요하므로 신중하게 고려해야 합니다. 따라서 많은 개발자가 리액트에서 기본으로 제공하는 Context API를 이용한 상태 관리를 더 선호합니다.

---

1 옮긴이_ 리액트 라이브러리를 퍼스트 파티라 할 때 리액트와 직접적인 관계가 없는 제3의 소프트웨어 라이브러리를 의미합니다. 참고: *https://ko.wikipedia.org/wiki/서드_파티_개발자*

프런트엔드의 복잡도를 높이는 또 다른 요인으로 예외 흐름^{unhappy path}이 있습니다. 많은 개발자가 이 흐름으로 빠지는 것을 스스로 눈치채지 못하기 때문에 깊이 있게 살펴봐야 합니다.

1.3 예외 흐름 탐색하기

UI를 개발할 때 모든 것이 계획한 대로 최적의 사용자 경험을 제공하는 '정상 흐름^{happy path}'을 우선 고려합니다. 하지만 '예외 흐름'을 무시하고 개발한 UI 컴포넌트는 생각보다 힘든 상황을 불러올 수 있습니다. 예외 흐름으로 이어지는 몇 가지 복잡한 UI 개발 사례를 소개합니다.

1.3.1 다른 컴포넌트에서 발생한 오류

애플리케이션을 개발할 때, 서드 파티^{third-party} 컴포넌트를 사용한다고 가정합니다. 이 컴포넌트에서 오류가 발생하면, UI 화면을 망가뜨리거나 예상하지 못한 동작이 일어날 수 있습니다. 이를 처리하기 위해 조건문을 추가하거나 에러 바운더리^{error boundary}를 추가해야 하므로 처음에 예상했던 것보다 UI 코드가 더 복잡해질 수 있습니다.

예를 들어, 아이템 정보를 표시하는 `MenuItem` 컴포넌트에서 전달받은 prop에 존재하지 않는 속성값인 `item.something.doesnt.exist`으로 접근할 때 어떤 일이 발생하는지 살펴보겠습니다.

```
const MenuItem = ({
  item,
  onItemClick,
}: {
  item: MenuItemType;
  onItemClick: (item: MenuItemType) => void;
}) => {
  const information = item.something.doesnt.exist;

  return (
    <li key={item.name}>
      <h3>{item.name}</h3>
      <p>{item.description}</p>
```

```
      <button onClick={() => onItemClick(item)}>Add to Cart</button>
    </li>
  );
};
```

MenuItem 컴포넌트는 **item** 객체와 **onItemClick** 함수를 prop으로 전달받습니다. 아이템의 이름과 설명을 보여주며 [Add to Cart] 버튼도 함께 보여줍니다. 버튼을 클릭하면, 선택한 아이템을 인자argument로 하여 **onItemClick** 함수를 호출합니다.

이 코드는 백엔드 서비스 응답에 존재하지 않는 속성인 **item.something.doesnt.exist**에 접근하여 런타임 오류를 발생시킵니다. [그림 1.4]에서 볼 수 있듯이 백엔드 서비스가 예상하지 못한 데이터를 반환하면서 애플리케이션 동작이 멈췄습니다.

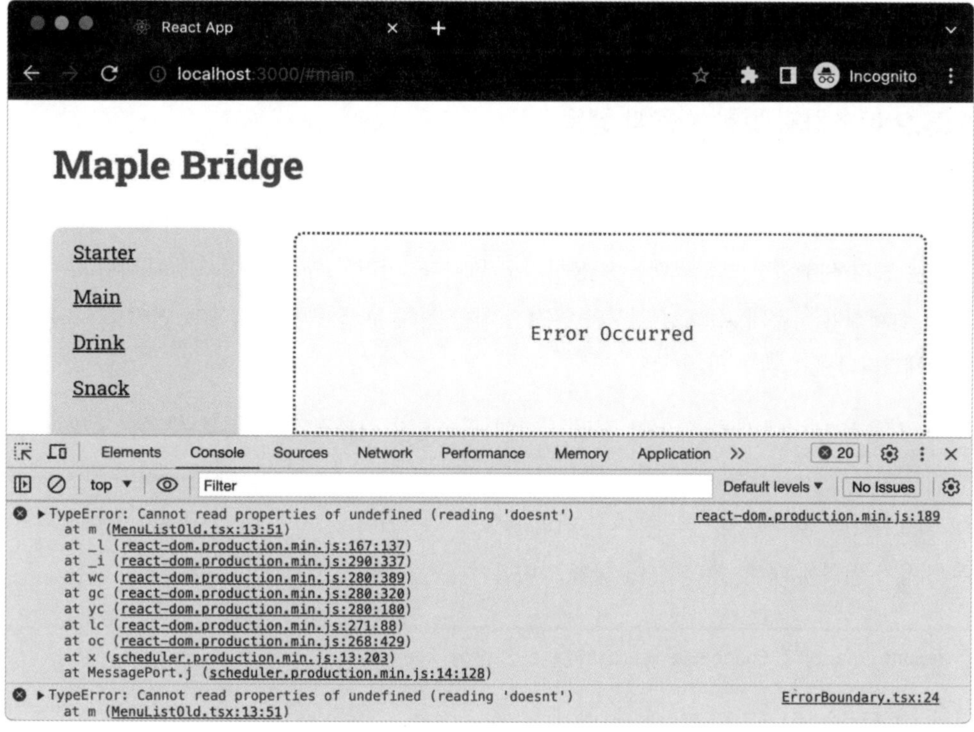

그림 1.4 렌더링 중에 컴포넌트에서 발생한 예외

만약 오류를 에러 바운더리error boundary로 격리시키지 않는다면, 전체 애플리케이션 충돌crash로

이어질 수 있습니다. [그림 1.4]에서 볼 수 있듯이 메뉴는 표시되지 않지만 (가운데 좌측의 회색 박스 영역인) 카테고리와 페이지 제목인 Maple Bridge는 정상적으로 표시되고 동작합니다. 점선으로 표시된 상자 영역은 메뉴가 표시되어야 할 영역이지만, 리액트의 에러 바운더리 기능은 자식 컴포넌트child component의 자바스크립트 오류를 잡아서 로그를 기록하고 애플리케이션 전체가 충돌하지 않도록 fallback UI를 표시합니다. 에러 바운더리는 렌더링 과정, 생명주기 메서드, 하위 트리 컴포넌트 생성자에서 발생하는 에러를 포착합니다.

실제 프로젝트에서 UI는 다양한 마이크로 서비스나 API에서 데이터를 가져오게 됩니다. 이 시스템들이 다운된다면, UI에서도 이에 대해 준비되어 있어야 합니다. 대체 디자인, 로딩 표시기, 오류가 발생했을 때 안내 표시와 사용자를 위한 안내 문구 등이 필요합니다. 이러한 시나리오들을 효과적으로 처리하기 위해서는 프런트엔드뿐만 아니라 백엔드 로직까지도 수정해야 할 수 있으므로 UI 개발은 더 복잡해집니다.

1.3.2 예측하지 못한 사용자 행동

아무리 UI를 완벽하게 설계하더라도 사용자는 항상 예상하지 못한 방식으로 시스템을 사용합니다. 텍스트 필드에 특수문자를 입력하거나, 양식을 너무 빨리 제출하거나, 사이트 탐색을 방해하는 브라우저 확장 프로그램을 사용하기도 합니다. 이러한 엣지 케이스에 대비할 수 있는 UI를 설계해야 하는데, 유효성 검사와 안전 장치를 위해 추가 구현을 하다 보면 UI 코드는 더 복잡해집니다.

이제, 사용자 입력에 대해 어떠한 고려 사항이 필요한지 기본적인 폼 컴포넌트Form Component를 통해 알아보겠습니다. 이 단일 필드 양식의 경우 handleChange 메서드에 부가적인 기능 구현이 필요합니다. 대부분의 양식은 여러 개의 필드로 구성되어 있으며, 이는 예측하기 어려운 많은 사용자 입력에 대해 준비되어야 함을 의미합니다.

```javascript
import React, { ChangeEvent, useState } from "react";

const Form = () => {
  const [value, setValue] = useState<string>("");

  const handleChange = (event: ChangeEvent<HTMLInputElement>) => {
    const inputValue = event.target.value;
```

```jsx
    const sanitizedValue = inputValue.replace(/[^\w\s]/gi, "");
    setValue(sanitizedValue);
  };

  return (
    <div>
      <form>
        <label>
          Input without special characters:
          <input type="text" value={value} onChange={handleChange} />
        </label>
      </form>
    </div>
  );
};

export default Form;
```

이 폼 컴포넌트는 영숫자와 스페이스만 입력할 수 있도록 제한된 단일 텍스트 입력 필드로 되어 있습니다. value 상태를 사용하여 입력 필드값을 관리합니다. handleChange 함수는 입력이 변경될 때마다 호출되고 영숫자가 아닌 입력에 대해서는 모두 제거한 다음에 상태를 업데이트합니다.

'예외 흐름'에 대한 이해와 적절한 처리는 견고하고 유연하며 사용자 친화적인 인터페이스를 만드는 데 매우 중요합니다. 보다 신뢰할 수 있는 애플리케이션을 만들 수 있으며, 좀 더 세심한 사용자 경험을 제공할 수 있습니다.

이제 리액트로 최신 프런트엔드 애플리케이션을 구축하는 데 따르는 어려움이 무엇인지 명확히 이해했을 것입니다. 리액트는 어떤 식으로 접근 방식을 채택해야 하는지, 코드를 어떻게 구조화하고 상태를 관리해야 하는지, 어떻게 코드의 가독성을 높이고 유지보수성을 높일 수 있는지, 기존에 많이 쓰이는 패턴이 어떻게 도움이 될 수 있는지 등 문제 해결을 위해 명확한 가이드를 주지 않습니다. 따라서 당장 눈앞의 문제만 해결하다 보면 결국 안티패턴으로 가득 채우는 코드를 만들게 됩니다.

1.4 리액트의 일반적인 안티패턴 살펴보기

소프트웨어 개발 영역에서는 언뜻 보기에 특정 문제에 대한 유익한 해결책처럼 보이는 관행과 접근 방식을 자주 접하게 됩니다. 안티패턴이라 불리는 이러한 관행들은 문제를 빠르게 해결해 주는 것 같지만 사실 근본적인 문제를 이면에 숨기는 경우가 많습니다. 안티패턴에 의존할수록 코드는 더 복잡해지고 효율이 떨어지며, 심지어 해결된 줄 알았던 문제가 더 커지기도 합니다.

이러한 안티패턴을 이해하고 인식하면 개발자가 마주할 수 있는 함정을 미리 예상하고 장기적으로 생산성을 저해하는 솔루션을 피할 수 있습니다. 다음은 예제를 통해 일반적인 안티패턴에 대해 알아보겠습니다. 각각의 안티패턴을 살펴보고 잠재적인 해결책을 간략하게 설명하겠습니다. 보다 깊이 있는 내용은 이 책의 여러 장을 통해 자세히 다룰 예정입니다.

1.4.1 Prop Drilling

복잡한 리액트 애플리케이션에서 모든 컴포넌트가 필요한 데이터에 접근할 수 있도록 상태를 관리하는 것은 어려울 수 있습니다. prop이 부모 컴포넌트^{parent component}에서 자식 컴포넌트로 전달될 때 여러 개의 중간 컴포넌트를 거쳐서 전달하게 되는 Prop Drilling 현상이 나타나기 때문입니다.

예를 들어 SearchableList, List와 ListItem의 계층 구조에 대해 살펴보면 Searchable List 컴포넌트는 List 컴포넌트를 포함하며, List 컴포넌트는 여러 개의 ListItem을 가지고 있습니다.

```
type Item = { id: string, name: string };

function SearchableList({
  items,
  onItemClick,
}: {
  items: Item[];
  onItemClick: (id: string) => void;
}) {
  return (
    <div className="searchable-list">
      {/* TODO: 검색기능 구현 */}
```

```tsx
      <List items={items} onItemClick={onItemClick} />
    </div>
  );
}

function List({
  items,
  onItemClick,
}: {
  items: Item[];
  onItemClick: (id: string) => void;
}) {
  return (
    <ul className="list">
      {items.map((item) => (
        <ListItem key={item.id} data={item} onItemClick={onItemClick} />
      ))}
    </ul>
  );
}

function ListItem({
  data,
  onItemClick,
}: {
  data: Item;
  onItemClick: (id: string) => void;
}) {
  return (
    <li className="list-item" onClick={() => onItemClick(data.id)}>
      {data.name}
    </li>
  );
}
```

이 설정에서 onItemClick prop은 SearchableList에서 List를 거쳐 최종적으로 ListItem에 전달됩니다. List 컴포넌트는 이 prop을 사용하지 않지만 ListItem에 전달해야 합니다.

이러한 방식은 복잡도를 높이고 유지보수성을 떨어뜨립니다. 여러 개의 prop이 여러 컴포넌트를 통해 전달되면 데이터 흐름에 대한 이해를 방해하고 디버깅하기 어려워질 수 있습니다.

이에 대한 잠재적인 해결책은 리액트에서 제공하는 Context API를 활용하는 것입니다.

Context API는 컴포넌트 트리의 모든 단계마다 prop을 명시적으로 전달할 필요 없이, 컴포넌트 간에 직접 데이터와 함수를 공유하는 방법을 제공합니다.

1.4.2 컴포넌트 내 데이터 변환

리액트에서 컴포넌트 중심의 접근 방식은 작업과 문제를 다루기 쉬운 단위로 나눠서 유지보수성을 높여줍니다. 그러나 흔히 반복되는 실수 중 하나는 컴포넌트 내부에 복잡한 데이터 변환 로직을 직접 작성하는 것입니다.

특히 외부 API나 백엔드에서 전달받은 데이터는 프런트엔드에 적합하지 않은 형태인 경우가 많습니다. 이러한 데이터를 고차 컴포넌트 또는 유틸리티 함수를 통해 처리하기보다는 컴포넌트 안에서 변환 작업을 수행하는 경우가 많습니다.

다음의 시나리오를 살펴보겠습니다.

```
function UserProfile({ userId }: { userId: string }) {
  const [user, setUser] = useState<User | null>(null);

  useEffect(() => {
    fetch(`/api/users/${userId}`)
      .then((response) => response.json())
      .then((data: RemoteUser) => {
        // 컴포넌트 안에서 데이터 변환
        const transformedUser = {
          name: `${data.firstName} ${data.lastName}`,
          age: data.age,
          address: `${data.addressLine1}, ${data.city}, ${data.country}`,
        };
        setUser(transformedUser);
      });
  }, [userId]);

  return (
    <div>
      {user && (
        <>
          <p>Name: {user.name}</p>
          <p>Age: {user.age}</p>
          <p>Address: {user.address}</p>
```

```
        </>
      )}
    </div>
  );
}
```

UserProfile 컴포넌트는 전달받은 userId prop에 해당하는 사용자의 프로필 정보를 가져옵니다. fetch를 통해 가져온 원격 데이터는 컴포넌트 내에서 변환되어 구조화된 사용자 프로필을 만듭니다. 변환된 데이터는 사용자의 이름(성과 이름의 조합), 나이, 그리고 형식이 지정된 주소로 이루어져 있습니다.

이러한 변환 작업을 컴포넌트 내부에 직접 구현하면 다음과 같은 문제가 발생합니다.

- **명확하지 않음**: 데이터 가져오기와 변환, 렌더링 작업이 하나의 컴포넌트 안에서 이루어지므로 이 컴포넌트가 어떤 역할을 하는지 알기 어렵습니다.
- **재사용성이 떨어짐**: 다른 컴포넌트에서 유사한 변환이 필요한 경우, 로직의 중복이 발생합니다.
- **테스트하기 어려움**: 테스트를 하려면 변환 로직을 고려해야 하므로 테스트 코드가 더 복잡해집니다.

이러한 안티패턴을 방지하려면 데이터 변환 로직을 컴포넌트와 분리하는 것이 좋습니다. 이는 유틸리티 함수나 사용자 정의 훅Hook을 이용하여 보다 명확하고 모듈화 된 구조로 바꿔줍니다. 변환 로직을 컴포넌트 외부로 분리하면, 컴포넌트는 렌더링과 비즈니스 로직에 집중할 수 있으므로 더욱 유지보수하기 쉬운 코드베이스를 만들 수 있습니다.

1.4.3 뷰 영역의 복잡한 로직

리액트와 같은 최신 프런트엔드 프레임워크의 장점 중 하나는 관심사를 명확하게 분리할 수 있게 해준다는 점입니다. 설계상 컴포넌트는 비즈니스 로직을 신경 쓰지 않고 프레젠테이션에 집중해야 합니다. 그러나 개발자들은 뷰 컴포넌트 안에서 비즈니스 로직을 다루는 함정에 종종 빠지기 쉽습니다. 이는 깔끔한 관심사 분리를 방해할 뿐만 아니라, 컴포넌트가 크고 복잡해져서 테스트와 재사용을 어렵게 합니다.

간단한 예를 들어보겠습니다. API로부터 아이템 목록을 가져와 표시하는 컴포넌트가 있다고 생각해봅니다. 아이템마다 가격이 다르지만, 여기서는 일정 가격보다 비싼 항목만 표시합니다.

```tsx
function PriceListView({ items }: { items: Item[] }) {
  // 뷰 내부의 비즈니스 로직
  const filterExpensiveItems = (items: Item[]) => {
    return items.filter((item) => item.price > 100);
  };

  const expensiveItems = filterExpensiveItems(items);

  return (
    <div>
      {expensiveItems.map((item) => (
        <div key={item.id}>
          {item.name}: ${item.price}
        </div>
      ))}
    </div>
  );
}
```

여기서 `filterExpensiveItems` 함수는 비즈니스 로직의 일부이며, 뷰 컴포넌트 안에 위치합니다. 이 컴포넌트는 데이터를 표시하는 것뿐만 아니라 가공하는 작업도 수행하는데, 다음과 같은 문제가 있습니다.

- **재사용성**: 다른 컴포넌트에서 유사한 필터가 필요할 경우, 로직이 중복됩니다.
- **테스팅**: 렌더링뿐만 아니라 비즈니스 로직도 테스트해야 하므로 단위 테스트가 복잡해집니다.
- **유지보수성**: 애플리케이션이 커지면서 더 많은 로직이 추가되기 때문에 유지보수하기 어려워집니다.

컴포넌트를 재사용 가능하고 유지보수하기 쉽게 만들기 위해서는 관심사 분리 원칙을 지키는 것이 좋습니다. 이 원칙은 각각의 모듈 또는 함수가 애플리케이션의 하나의 기능에 대한 책임만 가져야 한다는 것입니다. 계층화된 아키텍처를 통해 비즈니스 로직과 프레젠테이션 계층을 분리하면, 코드의 각 부분이 명확한 책임을 맡게 되어 보다 모듈화되고 관리하기 쉬운 코드베이스를 구축할 수 있습니다.

1.4.4 테스트 부족

온라인 쇼핑의 장바구니를 만든다고 가정해봅시다. 장바구니는 아이템을 담거나 삭제하고 총 결제 금액을 계산하므로 매우 중요하며, 계속해서 변화하는 영역과 여러 개발 로직으로 교차하는 부분을 잘 구현해 주어야 합니다. 테스트가 없다면 가격의 불일치, 아이템이 제대로 담기지 않거나 삭제되지 않는 상황, 심지어 보안 취약성 문제가 발생할 수도 있습니다.

간소화된 버전의 장바구니 컴포넌트 코드를 살펴봅니다.

```
function ShoppingCart() {
  const [items, setItems] = useState<Item[]>([]);

  const addItem = (item: Item) => {
    setItems([...items, item]);
  };

  const removeItem = (itemId: string) => {
    setItems(items.filter((item) => item.id !== itemId));
  };

  const calculateTotal = () => {
    return items.reduce((total, item) => total + item.price, 0);
  };

  return (
    <div>
      {/* TODO: 아이템을 표시하고 추가/삭제 버튼을 추가한다 */}
      <p>Total: ${calculateTotal()}</p>
    </div>
  );
}
```

이 장바구니의 로직은 단순하게 보이지만 잠재적인 문제가 숨어있습니다. 가령 아이템이 잘못 추가되거나, 가격이 계속 변하거나 또는 할인 가격이 적용되면 어떻게 될까요? 테스트 코드가 없다면 사용자가 직접 확인하기 전까지 이러한 상황을 알 수 없으며, 이는 온라인 쇼핑 사업에 치명적일 수 있습니다.

따라서 테스트 주도 개발^{Test-Driven Development}(TDD)을 시작해야 합니다. TDD는 테스트 코드를 먼저 작성하고, 실제 컴포넌트 로직을 나중에 작성하는 것을 권장합니다. 장바구니의 경우 아이템이 올바르게 추가 또는 제거되는지, 총 결제 금액이 적절하게 바뀌는지, 할인 적용과 같은 특별한 경우도 잘 대응하는지 등을 확인하는 테스트를 수행합니다. 이러한 테스트 코드 작성을 완료한 후에 실제 컴포넌트 로직을 구현합니다.

TDD는 오류를 조기에 발견하는 것에 그치지 않고 잘 구조화되고 유지보수 가능한 코드 작성을 가능하게 합니다. 애플리케이션이 커지더라도 TDD 테스트 코드가 있다면 구현 코드 수정이나 기능 추가에도 정확성을 보장합니다.

1.4.5 중복된 코드

코드베이스에서 유사하거나 동일한 코드 조각이 애플리케이션의 여러 부분에 흩어져 있는 것은 흔하게 볼 수 있습니다. 중복 코드는 코드베이스를 부풀릴 뿐만 아니라, 잠재적인 문제를 가져올 수 있습니다. 버그가 발견되거나 개선이 필요할 때, 각각의 중복된 코드 모두를 변경해야 하므로 오류가 발생할 가능성이 높아집니다.

동일한 필터링 로직이 반복되는 두 컴포넌트를 살펴보겠습니다.

```
function AdminList(props: { users: { isAdmin: boolean; name: string }[] }) {
  const filteredUsers = props.users.filter((user) => user.isAdmin);
  return <List items={filteredUsers} />;
}

function ActiveList(props: { users: { isActive: boolean; name: string }[] }) {
  const filteredUsers = props.users.filter((user) => user.isActive);
  return <List items={filteredUsers} />;
}
```

여기서 중복 배제^{Don't repeat yourself} 원칙이 도움이 됩니다. 공통 로직을 유틸리티 함수나 고차 컴포넌트^{higher-order components}로 모아서 관리하면, 유지보수하기 편하고 가독성이 높은 코드가 되며 오류 발생 가능성이 줄어듭니다. 이 예제에서 필터링 로직을 추출, 재사용하여 단일 진실 공급원[2]으로 만들어 쉬운 변경을 가능하게 할 수 있습니다.

---

2 옮긴이_ 단일 진실 공급원(Single Source of Truth)은 모든 정보(데이터, 스키마, 로직)요소를 오직 하나의 출처에서만 공급하는 것을 의미합니다. 데이터 요소를 한곳에서만 업데이트 하고 참조하는 모든 요소에 전파함으로써 효율성과 생산성을 향상하고 데이터 불일치 문제에서 자유로울 수 있습니다.

1.4.6 너무 많은 기능을 가진 컴포넌트

리액트는 재사용 가능한 모듈형 컴포넌트를 만들도록 권장합니다. 그러나 기능이 늘어나면 컴포넌트는 맡게 되는 책임이 늘어나면서 다루기 힘든 거대한 덩어리로 변할 수 있습니다. 다양한 기능을 가진 컴포넌트는 이해하기도, 유지보수하기도, 테스트하기도 어렵습니다.

거대한 prop 목록이 있어서 다양한 기능을 담당하는 것으로 보이는 OrderContainer 컴포넌트를 살펴봅니다.

```
const OrderContainer = ({
  testID,
  orderData,
  basketError,
  addCoupon,
  voucherSelected,
  validationErrors,
  clearErrors,
  removeLine,
  editLine,
  hideOrderButton,
  hideEditButton,
  loading,
}: OrderContainerProps) => {
  //..
};
```

이 컴포넌트는 하나의 구성 요소가 하나의 기능만을 수행해야 한다는 단일 책임 원칙Single-Responsibility Principle에 위배됩니다. 여러 개의 역할을 수행하면 더 복잡해지고 유지보수하기 힘들어집니다. OrderContainer의 핵심 기능을 분석하고 부가적인 지원 로직들을 더 작고 집중된 컴포넌트나 훅Hooks으로 분리해야 합니다.

> ⚠️ 안티패턴은 다양한 변형이 있으며, 그에 맞는 해결책은 앞으로 논의할 것입니다. 그 외에도 이 책에서는 일반적인 설계 원칙과 디자인 패턴, 그리고 리팩터링과 TDD와 같은 검증된 엔지니어링 방법론에 대해서도 다룰 예정입니다.

1.4.7 안티패턴을 없애기 위한 접근 방식

널리 퍼져 있는 안티패턴을 해결하기 위해서는 다양한 디자인 패턴을 활용해야 합니다. render prop, 고차 컴포넌트Higher-order component, 훅과 같은 기술은 컴포넌트가 기본적인 역할에서 벗어나지 않으면서도 그 기능을 강화할 수 있게 합니다. 계층화된 아키텍처와 관심사의 분리처럼 뼈대가 되는 패턴을 활용하면 로직과 데이터, 프레젠테이션을 일관된 방식으로 나누어 코드베이스를 간소화할 수 있습니다. 이러한 방법론은 리액트 애플리케이션의 지속가능성을 높일 뿐만 아니라 개발자들의 효과적인 팀워크를 위한 기반을 마련합니다.

인터페이스 지향 프로그래밍interface-oriented programming은 주로 인터페이스를 통해 소프트웨어 모듈 간에 발생하는 상호작용을 중심으로 소프트웨어를 구성하는 데 중점을 둡니다. 이러한 모듈화된 운영 방식은 소프트웨어 모듈을 쉽게 변경하면서 동시에 일관성을 유지할 수 있게 해줍니다. 반면에 헤드리스 컴포넌트headless-component 패러다임은 직접적인 렌더링 역할은 없지만 상태 또는 로직을 관리하는 컴포넌트를 구현합니다. 이 패러다임은 사용하는 컴포넌트에 UI 렌더링의 역할을 넘겨주므로 다양한 곳에 적용할 수 있어 재사용하기 편리합니다.

디자인 패턴을 확실하게 이해하고 적용함으로써 흔한 실수를 예방하여 리액트 애플리케이션의 품질을 높일 수 있습니다.

또한 TDD와 지속적인 리팩터링refactoring은 코드 품질을 높이는 강력한 도구입니다. TDD는 잠재적인 불일치에 대한 즉각적인 피드백 루프를 제공하고, 지속적인 리팩터링은 코드를 계속해서 최적화하고 개선시킵니다. 이러한 방법론은 코드 품질의 우수성을 보장하며, 미래의 코드 변경에 유연하게 대응할 수 있게 합니다.

리팩터링 영역을 공부할 때는 이러한 기술의 본질을 파악하고 가장 효과적인 지점을 찾아 적용하는 것이 중요합니다. 리팩터링 방법을 활용하여 코드의 명확성, 지속 가능성 및 전반적인 효율성을 강화할 수 있습니다.

요약

이 장에서는 UI 개발의 복잡성부터 상태 관리까지 다양한 상황에 대해 살펴봤습니다. 그리고 이러한 특성으로 인해 나타나는 일반적인 안티패턴을 논의하고 모범 사례와 효과적인 테스팅 전략을 결합한 접근 방식을 간략하게 소개하였습니다. 이를 통해 보다 효율적이고 견고한 프런트엔드 개발을 위한 토대를 마련했습니다.

다음 장에서는 리액트 필수 요소에 대해 깊이 있게 살펴볼 것입니다.

CHAPTER **2**

리액트 필수 개념 이해

이 장에서는 리액트의 기본 개념을 탐구하고, 프로젝트를 시작하는 데 필요한 핵심 지식을 다룹니다. 특히 컴포넌트 단위로 사고하는 방법을 배우게 될 것입니다. UI를 모듈로 분리하면 재사용성을 높일 수 있습니다. 이를 통해 애플리케이션을 더 작은 단위 컴포넌트로 나누고, 확장하기 쉽고, 유지보수하기 편한 코드를 만들 수 있습니다. 기본 개념에 대한 이해를 바탕으로 견고하고 유연한 리액트 애플리케이션을 설계할 수 있게 됩니다.

또한 useState, useEffect와 같은 리액트에서 가장 많이 사용하는 훅에 대해 소개할 것입니다. 훅은 상태를 관리하고 부수 효과를 다루거나 함수형 컴포넌트에서 리액트 생명주기를 활용하게 합니다. 이를 통해 역동적이고 상호작용하는 UI를 쉽게 만들 수 있습니다.

이 장에서는 다음 주제를 다룹니다.

- 리액트 정적 컴포넌트
- prop이 있는 컴포넌트 만들기
- UI를 여러 컴포넌트로 나누기
- 리액트 내부 상태 관리
- 렌더링 과정 이해하기
- 많이 쓰이는 리액트 훅

이 주제들은 실전 프로젝트에서 겪게 되는 문제들을 살펴보기 위한 탄탄한 토대가 될 것입니다.

이번 장의 소스 코드는 다음 주소에서 확인할 수 있습니다.

https://github.com/jm-chong/react-design-pattern/tree/main/code/src/ch2

2.1 리액트 정적 컴포넌트

리액트 애플리케이션은 컴포넌트를 기반으로 만듭니다. 컴포넌트에는 HTML 코드 조각을 반환하는 단순한 함수부터 네트워크 요청을 보내며 서버와 상호작용하는 복잡한 컴포넌트, 동적으로 HTML 태그를 생성하는 컴포넌트, 최신 서버 데이터가 자동 반영되는 것까지 다양합니다.

가장 기본이 되는 정적 컴포넌트부터 살펴보겠습니다. 리액트에서 정적 컴포넌트란 상태가 없고 외부 데이터 또는 이벤트에 반응하지 않는 컴포넌트입니다. 프레젠테이션 컴포넌트 또는 더미 컴포넌트라고도 합니다. 단순하게 prop을 전달받아 그에 맞게 UI를 렌더링하는 컴포넌트입니다. 다음 예제를 살펴봅니다.

```jsx
const StaticArticle = () => {
  return (
    <article>
      <h3>Think in components</h3>
      <p>It's important to change your mindset when coding with React</p>
    </article>
  );
};
```

이 정적 컴포넌트는 `<article>` HTML 태그를 사용하여 제목과 단락으로 콘텐츠를 구성한 HTML 코드조각과 비슷합니다.

```html
<article>
    <h3>Think in components</h3>
    <p>It's important to change your midset when coding with React</p>
</article>
```

정적 HTML 코드를 감싸 만든 컴포넌트는 쓸 만하지만, 여러 가지 내용을 표현할 수 있는 컴포넌트가 더 유용할 것입니다. 함수에 인자를 전달하여 더욱 다양한 기능을 가질 수 있는 것처럼, 컴포넌트에도 인자를 전달하면 여러 맥락에서 더 유용하게 사용할 수 있습니다.

2.2 prop이 있는 컴포넌트 만들기

리액트에서 컴포넌트는 prop이라 불리는 속성으로 입력값을 받을 수 있습니다. 부모 컴포넌트는 자식 컴포넌트에게 prop을 통해 데이터를 전달할 수 있고, 자식 컴포넌트는 다양한 형태의 prop을 정의하여 전달받을 수 있습니다. 이를 통해 컴포넌트의 동작과 렌더링 형태를 다양하게 할 수 있고, 자식 컴포넌트의 재사용성을 높이며, 여러 컴포넌트를 조합하여 사용할 수 있습니다.

prop은 자바스크립트 객체이며 키^{key} 와 값^{value}으로 구성되어 있습니다. 키는 prop의 이름을 의미하고 값은 이름에 대응하는 데이터입니다. prop에는 자바스크립트에서 값으로 표현할 수 있는 문자, 숫자, 불리언^{boolean}, 함수까지 다양한 유형의 데이터를 담을 수 있습니다.

prop을 컴포넌트에 전달하면, 컴포넌트의 렌더링과 동작을 제어할 수 있습니다. 이를 통해 유연하고 합성하기 쉬운 컴포넌트를 만들 수 있습니다. 그리고 이들을 조합하여 보다 복잡한 UI를 구성할 수도 있습니다.

이제 prop을 사용하여 어떻게 다양한 기능을 가진 범용 컴포넌트를 만드는지 살펴봅니다. 제목과 요약 내용이 있는 블로그 포스트 목록 화면을 만든다고 가정해보겠습니다. 수동으로 HTML 코드를 작성하여 만들 수도 있겠지만, 리액트 컴포넌트를 이용하면 자바스크립트를 사용하여 반복되는 HTML 코드를 동적으로 생성할 수 있습니다.

먼저 기본 구조부터 작성해보겠습니다.

```
type ArticleType = { heading: string, summary: string };

const Article = ({ heading, summary }: ArticleType) => {
  return (
    <article>
      <h3>{heading}</h3>
```

```jsx
      <p>{summary}</p>
    </article>
  );
};
```

다음에는 원하는 heading과 summary를 Article 컴포넌트에 전달합니다.

```jsx
<Article
  heading="Think in components"
  summary="It's important to change your mindset when coding with React."
/>
```

또 다른 Article 컴포넌트를 만들 수 있습니다.

```jsx
<Article
  heading="Define custom hooks"
  summary="Hooks are a great way to share state logic."
/>
```

Article 컴포넌트를 사용할 때 prop을 통해 heading과 summary 값을 컴포넌트에 전달할 수 있습니다. 제공하는 prop을 통해 여러 개의 각기 다른 제목과 요약 내용을 가진 블로그 포스트 목록을 나타낼 수 있기 때문에, 하나의 컴포넌트를 재사용할 수 있습니다.

prop은 리액트의 기본 개념으로, 다양한 데이터 또는 요구사항을 전달하여 컴포넌트를 사용자가 원하는 대로 구성할 수 있도록 도와줍니다.

컴포넌트 prop은 자바스크립트 객체이므로 속성 개수의 기술적인 제한은 없습니다. 하지만 관리하기 쉬운 컴포넌트를 만들고자 한다면 prop 속성은 가능하면 5, 6개를 넘지 않는 것이 좋습니다. prop 속성의 수가 적을수록 컴포넌트 코드를 유지보수하기 쉽고 이해하기 쉽게 작성할 수 있습니다. 너무 많은 prop 속성은 컴포넌트 로직을 이해하기 어렵게 만들고, 추가 기능 구현을 까다롭게 합니다.

2.3 UI를 여러 컴포넌트로 나누기

복잡한 UI를 여러 개의 작은 컴포넌트로 나누어 기능을 구현해보겠습니다. 날씨 애플리케이션을 예로 들겠습니다.

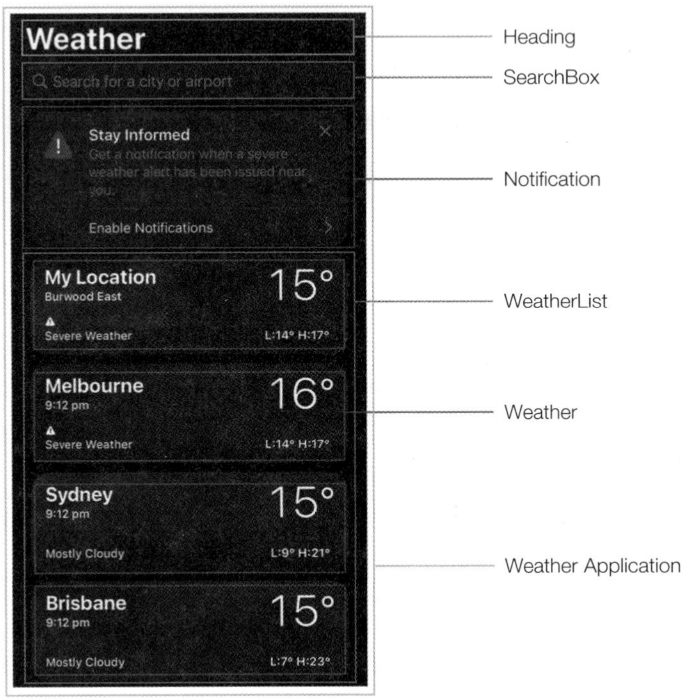

그림 2.1 날씨 애플리케이션

전체 애플리케이션은 `WeatherApplication` 컴포넌트로 정의하고, 여러 개의 하위 컴포넌트로 구성합니다.

```
const WeatherApplication = () => {
    return (
        <>
            <Heading title="weather" />
            <SearchBox />
            <Notification />
            <WeatherList />
        </>
```

```
    );
};
```

각각의 하위 컴포넌트들은 원격 서버에서 데이터를 가져오거나, 조건에 따라 드롭다운 목록을 표시하거나, 주기적으로 원격 데이터를 가져와 갱신하는 역할을 수행합니다.

예를 들어 **SearchBox** 컴포넌트는 다음과 같은 구조입니다.

```
const SearchBox = () => {
    return (
        <div className="search-box">
            <input type="text" />
            <button>Search</button>
            <div className="search-results" />
        </div>
    );
};
```

search-results 영역은 검색어 데이터를 원격에서 성공적으로 가져왔을 때만 보입니다.

반면에 **Weather** 컴포넌트는 전달된 prop을 그대로 노출합니다.

```
type WeatherType = {
  cityName: string;
  temperature: number;
  weather: string;
};

const Weather = ({ cityName, temperature, weather }: WeatherType) => {
  return (
    <div>
      <span>{cityName}</span>
      <span>{temperature}</span>
      <span>{weather}</span>
    </div>
  );
};
```

예제와 다르게 실전 프로젝트에서 컴포넌트를 구현할 때는 CSS 스타일을 세세하게 다듬고 HTML 구조를 정교하게 만드는 것이 중요합니다. 그리고 렌더링 중 사용자 반응성을 높이고 일관된 데이터를 보여주기 위해 상태 관리에도 신경 써야 합니다.

리액트에서 컴포넌트에 대한 개념과 구조를 파악하면, 애플리케이션의 전반적인 기능성과 구성을 향상시키는 동적이고 재사용성 높은 UI 요소를 만들 수 있습니다.

리액트 개발에 익숙해질수록 스타일링을 통해 시각적인 품질을 높이고, 효율적인 상태 관리를 통해 컴포넌트의 성능과 상호작용성을 높이는 것이 중요합니다.

완성된 Weather 컴포넌트 코드입니다.

```tsx
type Weather = {
  main: string;
  temperature: number;
};

type WeatherType = {
  name: string;
  weather: Weather;
};

export function WeatherCard({ name, weather }: WeatherType) {
  return (
    <div className={`weather-container ${weather.main}`}>
      <h3>{name}</h3>
      <div className="details">
        <p className="temperature">{weather.temperature}</p>
        <div className="weather">
          <span className="weather-category">{weather.main}</span>
        </div>
      </div>
    </div>
  );
}
```

예제에서는 Weather와 WeatherType 2가지 타입을 정의합니다. Weather 타입은 main 속성을 문자열로 정의하고, temperature 속성을 숫자로 정의합니다. WeatherType 타입은 특정 위치의 날씨 데이터 구조를 나타내는데, name 속성은 지역 이름을 문자열로 표시하고 weather 속성은 날씨 정보를 위에 정의했던 Weather 타입으로 표시합니다.

WeatherCard 컴포넌트는 WeatherType 타입의 name과 weather 속성을 prop으로 전달받습

니다. 컴포넌트 안에서는 div 컨테이너와 weather.main 값에 따라 변하는 동적인 CSS 클래스명을 렌더링합니다.

복잡한 UI를 만들기 위해서는 컴포넌트를 다루기 쉬운 작은 단위로 나누는 것이 중요합니다. 각각의 컴포넌트는 서로 다른 기능을 표시하고, JSX[Javascript Syntax eXtension]를 통해 컴포넌트들을 조합하여 구성합니다. prop은 컴포넌트 사이에 데이터를 전달하기에 유용하지만, 컴포넌트 내부에서 데이터를 유지해야 하는 상황도 있습니다. 이때 컴포넌트 내부에 데이터를 관리해 주고 업데이트해 주는 상태[state]가 필요합니다.

2.4 리액트 내부 상태 관리

리액트는 상태를 통해 컴포넌트 내부 데이터를 보관하고 관리할 수 있습니다. 컴포넌트는 상태에 정보를 저장하고 업데이트하여 사용자와 상호작용하는 동적인 UI를 표현할 수 있습니다. 상태는 리액트가 사용자 액션에 반응하는 애플리케이션을 만들도록 해주는 필수 요소입니다.

애플리케이션은 다양한 상태를 정의할 수 있는데 토글을 나타내는 불리언 상태, 네트워크 요청을 표시하는 로딩 상태, 사용자가 입력한 질의를 표현하는 문자열 등의 상태가 있습니다. 여기서는 컴포넌트 리렌더링이 발생하더라도 내부의 상태를 유지할 수 있게 하는 useState 훅을 살펴볼 것입니다. 리액트 훅은 리액트 16.8 버전부터 소개된 기능으로, 함수형 컴포넌트에서도 상태를 관리하고 컴포넌트 생명주기를 다룰 수 있습니다.

간단한 훅 사용 예제를 통해 어떻게 컴포넌트 내부 데이터를 보관하고 관리하는지 알아보겠습니다. SearchBox 컴포넌트는 다음과 같이 구현할 수 있습니다.

```tsx
const SearchBox = () => {
  const [query, setQuery] = useState<string>("");
  const handleChange = (e: ChangeEvent<HTMLInputElement>) => {
    const value = e.target.value;
    setQuery(value);
  };

  return (
    <div className="search-box">
      <input type="text" value={query} onChange={handleChange} />
```

```
      <button>Search</button>
      <div className="search-results">{query}</div>
    </div>
  );
};
```

이 코드 조각에서 SearchBox는 입력 필드, 검색 버튼, 검색 결과 표시 영역으로 구성되어 있습니다. useState 훅을 사용하여 문자열 타입의 초깃값이 빈 query 상태 변수를 만들었습니다. handleChange 함수는 사용자 입력을 받고 query 상태를 업데이트합니다. 이후에 component는 현재의 query 값에 따라 사용자 입력 필드, 검색 버튼, 검색 결과 표시 div 태그 영역을 렌더링합니다.

useState 훅은 SearchBox 컴포넌트 내에서 상태를 관리하는 데 사용합니다.

```
const [query, setQuery] = useState<string>("");
```

이제 이 코드를 좀 더 자세히 살펴봅시다.

- useState<string>(""): query라는 상태를 저장하는 변수를 선언하고, 빈 문자열("")을 초깃값으로 합니다.
- const [query, setQuery]: 이 문법은 자바스크립트의 배열 구조분해할당destructuring을 사용하여 상태는 query와 변수에, 업데이트 함수는 setQuery에 할당합니다.

이제 상태와 상태를 변경하는 함수를 입력창과 연결해보겠습니다. 입력창에 도시 이름을 입력하면, 입력된 값이 검색 결과 영역에 업데이트되어 표시됩니다. 입력 과정에서 타이핑이 일어날 때마다 리렌더링이 발생하지만, 이 과정에서 컴포넌트 내의 상탯값은 항상 유지됩니다.

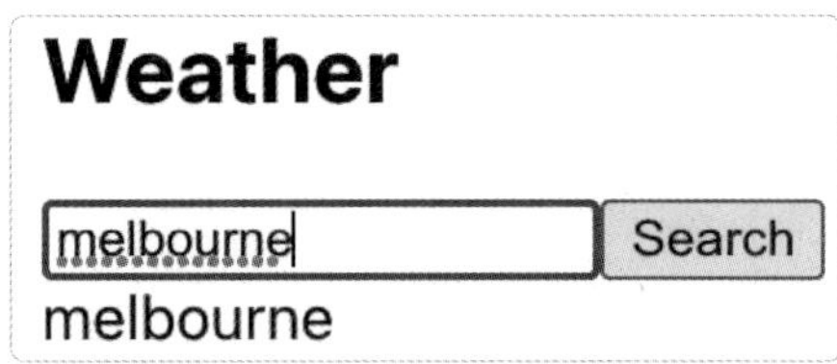

그림 2.2 useState를 사용한 상태 관리

useState 훅은 컴포넌트 내부 상태를 관리하기에 좋습니다. 실전 프로젝트에서는 종종 여러 개의 상태를 관리해야 하는 경우가 있습니다. 애플리케이션이 커질수록 부모 컴포넌트에서 자식 컴포넌트로 prop을 통해 데이터를 전달하는 것과 유사하게, 전역 레벨의 데이터를 여러 하위 컴포넌트와 공유할 수 있어야 합니다. 전역 레벨의 상태를 관리하는 또 다른 방법에 대해서는 이후에 다루도록 하겠습니다.

여기까지 prop과 상태를 통해 동적인 컴포넌트를 만드는 법을 배웠습니다. 데이터의 변화가 리액트 렌더링 과정에 어떠한 영향을 주는지 이해해야 합니다. 렌더링 과정의 이해를 통해 보다 효과적이고 성능 최적화된 리액트 컴포넌트를 만들 수 있습니다.

2.5 렌더링 과정 이해하기

prop이나 상탯값 등 컴포넌트가 참조하는 데이터가 바뀌면, 변경 사항을 반영하기 위해 리액트는 UI를 업데이트해야 합니다. 이 과정을 렌더링이라 하며 다음과 같은 단계를 거칩니다.

- **초기 렌더링**: 함수 컴포넌트가 처음 렌더링 된 이후에, 컴포넌트의 UI를 표현하는 가상의 객체를 생성합니다. 이 가상 객체는 UI 요소의 구조와 내용을 담고 있습니다.
- **상태와 prop의 변화**: 컴포넌트의 상태와 prop이 변경되면, 리액트는 함수 컴포넌트를 다시 호출합니다. 이 과정에서 리액트는 변경 전 함수의 실행 결과와 현재의 실행 결과를 비교diffing하는 알고리즘을 수행합니다.

> ⚠️ 리액트는 내부에 있는 비교(diffing) 알고리즘을 통해 데이터 변경 전후의 가상 DOM(Document Object Model)의 표현 객체를 비교하여, 실제 DOM 변경을 최소화하는 방법을 찾습니다.

- **재조정**reconciliation: 리액트는 비교 과정을 통해 어떤 UI 요소의 업데이트가 필요한지 결정합니다. 변화가 필요한 부분의 UI만을 업데이트하며, 그 외 요소는 변하지 않습니다.
- **리렌더링**: 리액트는 가상UI 요소를 업데이트하는 방식으로 리렌더링을 수행합니다. 함수의 실행 결과에 따라 이전의 가상 DOM을 새로운 가상 DOM으로 바꿉니다.
- **DOM 업데이트**: 리액트는 실제 DOM에 효율적으로 가상 DOM의 변경 사항을 반영합니다. 추가, 삭제, 요소element 업데이트와 같은 DOM 조작을 통해 상태와 UI에 prop과 상태 변경 사항을 반영합니다.

이 과정은 UI가 컴포넌트의 현재 상태 및 prop과 동기화하여 데이터 변경에 동적으로 반응할 수 있도록 합니다. 리액트의 효율적인 렌더링 방식은 불필요한 DOM 변경을 최소화하여 함수 컴포넌트가 빠르게 렌더링 될 수 있게 합니다.

이 책을 통해 변경되지 않는 부분은 유지하면서 필요한 부분만 다시 렌더링하는 성능 효율적인 코드 작성법을 살펴볼 것입니다. 이를 위해서는 훅과 다양한 기술을 활용하여 렌더링을 최적화해야 합니다.

애플리케이션 내에서 데이터 관리는 필수이며, 네트워크 요청이나 DOM 이벤트와 같은 부수 효과, 컴포넌트들 간에 데이터를 공유해야 하는 상황들을 다룰 수 있어야 합니다. 이를 위해 리액트는 강력한 도구인 다양한 훅을 제공합니다. 애플리케이션 개발 과정에서 훅의 유용성에 대해 알아봅시다.

2.6 많이 사용되는 리액트 훅

2.4 절에서 훅에 대해 간단히 알아보았습니다. 훅은 관심사 분리와 로직 모듈화를 통해 코드의 재사용성과 가독성을 높여주고, 컴포넌트를 쉽게 테스트할 수 있게 해줍니다.

이제 널리 쓰이는 몇 가지 훅에 대해 알아봅시다. 이 장에서는 가장 많이 쓰이는 리액트 훅에 집중하고, 이후에 몇몇 고급 응용 사례에 대해 다룰 것입니다. 이 절의 마지막에서는 useContext 훅에 대한 기본적인 사용법에 대해 소개합니다. 이후 장에서 useContext를 다루는 복잡한 시나리오를 통해 실전 사용법을 익힐 수 있습니다.

2.6.1 useState

이전 장에서 useState 훅에 대한 기본적인 사용법을 살펴보았습니다. 하나의 컴포넌트 안에서 필요한 만큼의 상태를 정의할 수 있는데, 실제 프로젝트에서도 이러한 사례는 꽤 흔합니다. 예를 들어 로그인 폼에는 사용자 이름과 비밀번호, 사용자 기억하기(Remember Me)와 같은 요소가 있습니다. 모든 상태는 사용자가 로그인 버튼을 누를 때 기억하고 있어야 합니다.

그림 2.3 로그인 폼

이 UI는 사용자 이름, 비밀번호와 Remember Me 불리언 값 등 3개의 서로 다른 상태가 필요
합니다.

```tsx
const Login = () => {
  const [username, setUsername] = useState<string>("");
  const [password, setPassword] = useState<string>("");
  const [rememberMe, setRememberMe] = useState<boolean>(false);

  return (
    <div className="login-form">
      <div className="field">
        <input
          type="text"
          value={username}
          onChange={(event) => setUsername(event.target.value)}
          placeholder="Username"
        />
      </div>

      <div className="field">
        <input
          type="password"
          value={password}
          onChange={(event) => setPassword(event.target.value)}
          placeholder="Password"
        />
      </div>

      <div className="field">
```

```jsx
      <label>
        <input
          type="checkbox"
          checked={rememberMe}
          onChange={(event) => setRememberMe(event.target.checked)}
        />
        Remember Me
      </label>
    </div>

    <div className="field">
      <button>Login</button>
    </div>
  </div>
  );
};
```

예제 코드에서는 3개 필드에 대해 별도의 상태 관리가 필요합니다. useState 훅을 사용해 username, password, rememberMe 필드를 관리합니다. 컴포넌트는 사용자 이름과 비밀번호 입력 필드, 사용자 기억하기를 위한 체크박스, 로그인 버튼을 렌더링합니다. 사용자가 값을 입력하면 상태를 업데이트하고 폼 데이터를 가져올 수 있습니다.

2.6.2 useEffect

리액트에서 부수 효과는 컴포넌트 렌더링과 직접 관련되진 않지만, 컴포넌트 바깥 스코프^{scope}에 영향을 주는 코드를 말합니다. 부수 효과는 API 요청, (리액트의 가상 DOM과는 다른) DOM 수정, 이벤트 리스너^{event listener} 구독, 타이머 사용 등 외부 리소스와의 상호작용과 관련이 있습니다.

리액트는 기본으로 제공되는 useEffect 훅을 통해 함수 컴포넌트 내의 부수 효과를 관리합니다. useEffect 훅은 컴포넌트가 렌더링된 이후나 지정된 의존성이 변경될 때 부수 효과를 실행합니다.

useEffect 훅을 통해 부수 효과가 컴포넌트 생명주기에서 적절한 횟수만큼 실행될 수 있도록 합니다. 이런 특성으로 부수 효과와 주요 렌더링 로직을 분리할 수 있으며 애플리케이션의 일관성과 무결성을 유지해줍니다.

일반적인 useEffect 사례를 살펴봅니다. 2.2절에서 Article 컴포넌트를 만들어 봤으니 이제 블로그 포스트 목록을 만들어봅시다. 보통 목록은 API 호출을 통해 JSON 형태로 받아옵니다.

useEffect 훅을 사용하여 요청을 보내고 API 호출에서 응답이 반환되면 상태를 설정할 수 있습니다.

```
const ArticleList = () => {
  const [articles, setArticles] = useState<ArticleType[]>([]);

  useEffect(() => {
    const fetchArticles = async () => {
      fetch("/api/articles")
        .then((res) => res.json())
        .then((data) => setArticles(data));
    };

    fetchArticles();
  }, []);

  return (
    <div>
      {articles.map((article) => (
        <Article heading={article.heading} summary={article.summary} />
      ))}
    </div>
  );
};
```

예제 코드는 리액트 함수 컴포넌트에서 useEffect 훅을 사용하고 있습니다. 코드 단위로 자세히 살펴보겠습니다.

- useEffect(() => { … }, []);: useEffect 훅을 선언하고 2개의 인자arguments를 전달합니다. 첫 번째 인자는 부수 효과를 발생시키는 콜백 함수입니다. 두 번째 인자는 부수 효과를 발생시킬지 결정하는 의존성 변수 배열입니다. []로 표기한 빈 배열은 부수 효과가 초기 렌더링 과정에서 한 번만 실행되어야 함을 의미합니다.

- const fetchArticles = async () => { ... }: fetchArticles 비동기 함수를 정의합니다. 함수 안에서 /api/articles로 API를 호출하여 데이터를 가져옵니다.

- fetch("/api/articles")...: fetch 함수를 사용하여 특정 API 경로에서 GET 요청을 수행합니다.

이후 응답값은 자바스크립트 Promise의 **then** 함수를 사용하여 JSON 데이터를 추출하는 가공 과정을 거칩니다.

- setArticles(data) : setArticles 함수를 통해 가져온 데이터로 컴포넌트의 포스트 목록 상태 변수를 업데이트합니다. 변경된 상태 데이터는 컴포넌트의 리렌더링을 발생시킵니다.
- fetchArticles() : API 호출 작업과 목록 상태를 업데이트하는 fetchArticles 함수를 호출합니다.

목록 데이터를 가져온 후에 자바스크립트 **Array.prototype.map** API를 통해 포스트 목록을 생성합니다.

개발 환경에서 리액트의 strict-mode를 사용하면, 리액트는 실제 설정 이전에 설정과 정리를 한 번 더 실행합니다. 실전에서는 전체 애플리케이션을 리액트에서 기본 제공하는 **StrictMode** 컴포넌트로 감싸는 방식으로 적용할 수 있으며, 리렌더링을 수행하여 순수하지 않은 렌더링[1]에서 발생할 수 있는 버그를 사전에 확인할 수 있습니다.

그리고 **useEffect**의 두 번째 매개변수는 매우 중요합니다. 예제에서는 부수 효과를 매번 발생하지 않게 하고자 빈 배열을 사용하였습니다. 하지만 의존하는 변수값이 변하면 부수 효과가 발생하게 해야 하는 경우가 있습니다.

예를 들어 **ArticleDetail** 컴포넌트는 포스트 **id** prop값이 바뀌면, 데이터를 다시 가져와 리렌더링해야 합니다.

```
const ArticleDetail = ({ id }: { id: string }) => {
  const [article, setArticle] = useState<ArticleType>();

  useEffect(() => {
    const fetchArticleDetail = async (id: string) => {
      fetch(`/api/articles/${id}`)
        .then((res) => res.json())
        .then((data) => setArticle(data));
    };

    fetchArticleDetail(id);
  }, [id]);
```

---

1 옮긴이_ 원문에서는 'impure rendering'으로 표기. 리액트의 함수 컴포넌트는 동일한 prop값에 대해서 여러 번 수행하여도 항상 동일한 UI 결과가 나와야 하는데, 그렇지 못한 렌더링을 의미합니다.

```jsx
    return (
      <div>
        {article && (
          <Article heading={article.heading} summary={article.summary} />
        )}
      </div>
    );
  };
```

useEffect 훅 안에 정의된 `fetchArticleDetail` 함수는 API 호출을 다룹니다. 상세 포스트 내용을 id prop값에 따라 가져오며, 응답을 JSON으로 변환하고, `setArticle`을 이용하여 포스트 상태를 업데이트합니다.

id prop이 바뀌면 부수 효과가 실행됩니다. 포스트 데이터를 성공적으로 가져오면 포스트 상태 객체의 `heading`, `summary` 속성을 사용하여 렌더링을 합니다.

useEffect 훅의 부수 효과 처리를 위한 핵심 기능은 정리 함수 동작 방식입니다. useEffect 를 사용할 때는 컴포넌트가 마운트 해제될 때 리액트가 호출할 정리 함수를 반환하는 것이 좋습니다. 예를 들어 `useEffect` 안에서 타이머를 설정했다면, 이 타이머를 해제하는 함수를 반환값으로 제공해야 합니다. 이렇게 함으로써 적절한 리소스 관리와 애플리케이션의 메모리 누수의 위험을 예방할 수 있습니다.

예를 들어 초기 렌더링 1초 후에 실행해야 할 컴포넌트가 필요하다고 가정합니다.

```jsx
const Timer = () => {
  useEffect(() => {
    const timerId = setTimeout(() => {
      console.log("time is up")
    }, 1000);
    return () => {
      clearTimeout(timerId);
    };
  }, [])
  return <div>Hello timer</div>;
};
```

Timer 컴포넌트 안에서 useEffect 훅은 부수 효과를 다룹니다. 컴포넌트가 마운트되면, `setTimeout` 함수는 `time is up` 로그 메시지를 1000ms 후에 남기도록 설정됩니다. useEffect

혹은 이후 정리 함수를 반환하여 메모리 누수를 방지합니다. 이 정리 함수는 clearTimeout을 사용하여 컴포넌트 마운트가 해제될 때 timerId에 해당하는 타이머를 삭제합니다.

다음은 정리 함수를 포함한 완성된 버전의 ArticleDetail 예제 코드입니다.

```
useEffect(() => {
  const controller = new AbortController();
  const signal = controller.signal;
  const fetchArticleDetail = async (id: string) => {
    fetch(`/api/articles/${id}`, { signal })
      .then((res) => res.json())
      .then((data) => setArticle(data));
  };

  fetchArticleDetail(id);

  return () => {
    controller.abort();
  };
}, [id]);
```

예제에서 useEffect 훅 안에서 네트워크 요청에 대한 생명주기 관리를 위해 AbortControl ler가 사용되었습니다. 컴포넌트가 마운트되면 useEffect 훅을 통해 AbortController 인 스턴스가 생성되고 signal을 참조합니다. 이 signal은 fetch 함수에 전달되고, 컨트롤러의 요청과 연결됩니다.

만약 네트워크 요청 완료 이전에 컴포넌트가 언마운트되면, 컨트롤러의 abort 메서드를 사용 하여 수행 중인 네트워크 요청을 취소하는 정리 함수가 호출됩니다. 이를 통해 언마운트된 컴 포넌트의 상태를 업데이트하는 등의 잠재적인 이슈를 방지하고, 메모리 누수를 예방하며 더 나 은 성능을 보장합니다.

이제 리렌더링 시 불필요한 함수 생성을 방지하여 성능을 개선하는 또 다른 중요한 훅인 useCallback에 대해 알아봅시다.

2.6.3 useCallback

리액트에서 useCallback 혹은 콜백 함수의 참조를 메모이제이션[2]하고 최적화할 때 사용합니다. 특히 콜백 함수를 자식 컴포넌트에 전달하거나, 콜백을 다른 훅의 의존성 목록으로 지정할 때 유용합니다. 다음의 형태로 사용합니다.

```
const memoizedCallback = useCallback(callback, dependencies);
```

useCallback은 2개의 인자를 전달받습니다.

- callback: 메모이제이션 대상이 되는 함수. 인라인 함수 또는 함수 참조(변수)가 올 수 있습니다.
- dependencies: 메모이제이션하려는 콜백 함수의 의존성 배열. 의존성 배열에 명시된 값이 변화하면, 콜백을 다시 생성합니다.

실제 예제를 통해 살펴봅시다. 본문의 요약 내용을 수정하는 에디터 컴포넌트가 필요합니다. 사용자가 글자를 입력할 때마다 본문에 업데이트가 필요하며, 이는 리렌더링을 발생시킵니다. 그러나 리렌더링할 때마다 새로운 함수가 생성되며 이는 성능에 영향을 미치게 됩니다. useCallback 훅을 통해 불필요한 함수 재생성을 방지하여 렌더링 과정을 최적화합니다.

```
const ArticleEditor = ({ id }: { id: string }) => {
  const submitChange = useCallback(
    async (summary: string) => {
      try {
        await fetch(`/api/articles/${id}`, {
          method: "POST",
          body: JSON.stringify({ id, summary }),
          headers: {
            "Content-Type": "application/json",
          },
        });
      } catch (error) {
        // handling errors
      }
    },
```

---

2 옮긴이_ 원문에서 'memoize'로 표현되어 있으나 함수형 프로그래밍에서 사용하는 '메모이제이션'으로 번역하였습니다. 메모이제이션이란 값비싼 함수 호출의 결과를 캐싱하고 동일한 입력이 다시 발생할 때 불필요하게 다시 계산하는 대신 캐싱된 결과를 반환하는 프로그래밍 기술(*https://d2.naver.com/helloworld/9223303*)을 뜻합니다.

```
      [id]
    );

    return (
      <div>
        <ArticleForm onSubmit={submitChange} />
      </div>
    );
  };
```

ArticleEditor 컴포넌트에서 useCallback은 비동기 POST 요청을 통해 본문을 업데이트하는 submitChange 함수를 메모이제이션하고 있습니다. useCallback을 사용하여 submitChange가 id prop이 바뀔 때만 다시 생성되도록 하여 불필요한 재계산을 줄여 성능을 최적화했습니다.

컴포넌트는 이후 ArticleForm을 렌더링할 때 양식 제출 동작을 처리하는 submitChange를 prop으로 전달합니다.

```
  const ArticleForm = ({ onSubmit }: { onSubmit: (summary: string) => void }) => {
    const [summary, setSummary] = useState<string>('');

    const handleSubmit = (e: FormEvent) => {
      e.preventDefault();
      onSubmit(summary);
    };

    const handleSummaryChange = useCallback(
      (event: ChangeEvent<HTMLTextAreaElement>) => {
        setSummary(event.target.value);
      },
      [],
    );

    return (
      <form onSubmit={handleSubmit}>
        <h2>Edit Article</h2>
        <textarea value={summary} onChange={handleSummaryChange} />
        <button type="submit">Save</button>
      </form>
    );
  };
```

ArticleForm은 useState 혹을 사용하여 본문 요약 상태(summary)를 관리합니다. 폼을 제출할 때 handleSubmit은 브라우저의 폼 제출 기본 동작방식을 중단하고 현재의 본문 상태를 onSubmit 함수의 인자로 전달하여 호출합니다. useCallback 함수로 최적화된 handleSummaryChange 함수는 textarea에 입력된 본문 요약 상태를 업데이트합니다. useCallback을 이용하면 함수는 렌더링이 발생하더라도 매번 다시 생성되지 않으므로 성능이 개선됩니다.

2.6.4 리액트 Context API

리액트 Context API는 데이터를 계층마다 일일이 prop을 통해 수동으로 전달하지 않고 컴포넌트 하위 트리에 직접 전달할 수 있도록 해주는 기능입니다. 애플리케이션에 많은 자식 컴포넌트들과 공유해야 하는 전역 데이터가 있거나, 중간 컴포넌트들이 데이터가 필요하지 않고 하위 컴포넌트에 전달만 하는 경우에 유용합니다.

예를 들어 현재 시간을 기준으로 사용자에게 다크 또는 라이트 테마를 보여주는 애플리케이션을 만든다고 합시다. 최상위 루트 레벨에서 테마값의 설정이 필요합니다.

먼저 ThemeContextType을 정의하고, 이 타입을 다루는 ThemeContext 인스턴스를 만듭니다.

```typescript
import React from "react";

export type ThemeContextType = {
  theme: "light" | "dark";
};

export const ThemeContext = React.createContext<ThemeContextType | undefined>(
  undefined
);
```

그 다음에 현재 테마값을 리액트 상태로 관리하는 ThemeProvider 컴포넌트를 만듭니다.

```typescript
import React, { useState } from "react";
import { ThemeContext, ThemeContextType } from "./ThemeContext";

export const ThemeProvider = ({ children }) => {
  const [theme, setTheme] = useState<"light" | "dark">("light");
  const value: ThemeContextType = { theme };
```

```
  return (
    <ThemeContext.Provider value={value}>{children}</ThemeContext.
Provider>
  );
```

마지막으로, 애플리케이션에 **ThemeProvider** 컴포넌트를 사용합니다.

```
import React from "react";
import { ThemeProvider } from "./ThemeProvider";
import App from "./App";

const Root = () => {
  return (
    <ThemeProvider>
      <App />
    </ThemeProvider>
  );
};

export default Root;
```

이제 애플리케이션의 모든 컴포넌트에서 현재 테마값에 접근할 수 있습니다.

```
import React, { useContext } from "react";
import { ThemeContext } from "./ThemeContext";

const ThemedComponent = () => {
  const context = useContext(ThemeContext);
  const { theme } = context;

  return <div className={theme}>Current Theme: {theme}</div>;
};

export default ThemedComponent;
```

여기서 **ThemeContext**는 트리 하위의 모든 컴포넌트들에게 현재의 테마값을 제공합니다. 테마는 최상위 루트 컴포넌트에 **ThemeProvider** 컴포넌트 상탯값으로 저장되어 있습니다.

제공되는 코드는 테마를 변경할 수 없다면 쓰임새가 많지 않을 것입니다. 하지만 Context API 를 활용하여 하위 자식 노드에서 상태를 바꿀 수 있습니다. 이 방식은 데이터 공유에 효율적이어서 꽤 쓸만한 도구입니다. 컨텍스트 인터페이스를 조금 수정해보겠습니다.

```
type Theme = {
  theme: "light" | "dark";
  toggleTheme: () => void;
};

const ThemeContext = React.createContext<Theme>({
  theme: "light",
  toggleTheme: () => {},
});
```

toggleTheme 함수를 컨텍스트에 추가하였습니다. 이제 컴포넌트에서 theme값을 필요할 때 수정할 수 있습니다.

Provider를 구현하려면, useState 훅을 통해 내부 상태로 테마를 관리합니다. setter 함수를 외부로 노출함으로써, 자식 컴포넌트가 테마값을 업데이트하는 데 사용할 수 있게 됩니다.

```
const ThemeProvider = ({ children }: { children: ReactNode }) => {
  // 기본 테마는 라이트 모드
  const [theme, setTheme] = useState<"light" | "dark">("light");
  const toggleTheme = useCallback(() => {
    setTheme((prevTheme) => (prevTheme === "light" ? "dark" :
"light"));
  }, []);

  return (
    <ThemeContext.Provider value={{ theme, toggleTheme }}>
      {children}
    </ThemeContext.Provider>
  );
};
```

사용할 때는 useContext 훅을 통해 context에 접근합니다.

```
const Article = ({ heading, summary }: ArticleType) => {
  const { theme, toggleTheme } = useContext(ThemeContext);

  return (
    <article className={theme}>
      <h3>{heading}</h3>
      <p>{summary}</p>
```

```jsx
      <button onClick={toggleTheme}>Toggle</button>
    </article>
  );
};
```

[Toggle] 버튼을 누를 때마다 테마가 변경되고 리렌더링이 발생합니다.

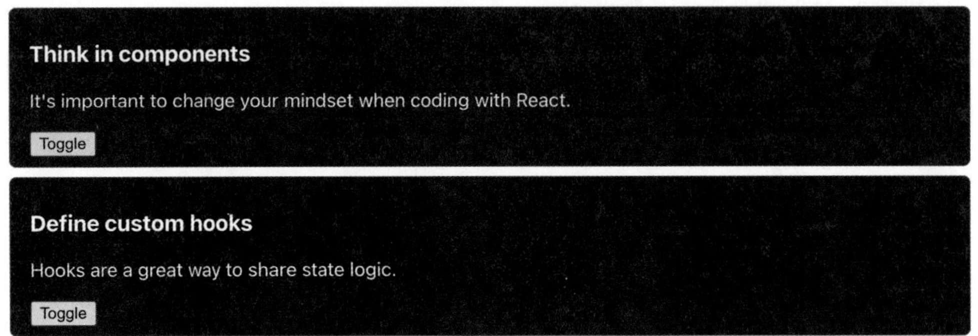

그림 2.4 테마 컨텍스트 사용

리액트에서 Context API는 애플리케이션의 컴포넌트에서 접근 가능한 전역 상태를 만들고 관리합니다. 이 특성은 각기 다른 관점의 상태를 관리하는 여러 컨텍스트 프로바이더^{Context Provider}를 조합하여 애플리케이션에 제공할 수 있습니다.

보안, 로깅 또는 그 외의 관심사로 각각 컨텍스트 프로바이더를 분리하여 사용하면, 관련된 데이터와 기능을 효율적으로 구성할 수 있습니다. 각각의 컨텍스트 프로바이더는 관심사별로 캡슐화^{encapsulate}하여 애플리케이션의 다른 부분에 영향을 주지 않고 상태를 업데이트하거나 관리할 수 있습니다.

```jsx
import InteractionContext from "./interaction-context";
import SecurityContext from "./security-context";
import LoggingContext from "./logging-context";

const Application = ({ children }) => {
  const context = {}; // ... define values for context
  //... define securityContext
  //... define loggingContext

  return (
```

```jsx
      <InteractionContext.Provider value={context}>
        <SecurityContext.Provider value={securityContext}>
          <LoggingContext.Provider value={loggingContext}>
            {children}
          </LoggingContext.Provider>
        </SecurityContext.Provider>
      </InteractionContext.Provider>
    );
  };
```

이 예제는 리액트 Context API를 통해 애플리케이션 컴포넌트 안에서 여러 개의 컨텍스트 제공자를 조합하여 사용하였습니다. `InteractionContext.Provider`, `SecurityContext.Provider`와 `LoggingContext.Provider`는 자식 컴포넌트를 감싸고 각각의 컨텍스트값을 제공합니다.

이외에도 리액트에는 널리 사용하지는 않지만 유용한 여러 가지 기본 제공 훅도 있습니다. 이후에는 장의 주제와 연관된 훅을 소개할 것입니다.

요약

이 장에서는 리액트 개발에 기초가 될 개념에 대해 다루었습니다. 컴포넌트로 사고하는 방법과 애플리케이션을 재사용 가능한 모듈 단위로 나누는 것의 중요성을 짚어봤습니다. 이런 사고에 익숙해지면 유지보수하기 쉽고 확장 가능한 코드베이스를 만들 수 있습니다. 그리고 컴포넌트 안에서 상태를 관리하고 부수 효과를 다루는 도구로 가장 많이 사용되는 `useState`와 `useEffect` 훅에 대해 소개했습니다. 리액트 훅은 동적이고 상호작용하는 UI를 만드는 데에 큰 도움이 될 것입니다.

리액트의 기본 원칙을 이해하고 컴포넌트로 사고하는 방법에 익숙해지면, 깊이 있는 리액트 개발을 위한 준비가 된 것입니다. 이어서 나올 더욱 심화된 주제와 실전 문제를 다루면 리액트 개발에 더욱 능숙해질 것입니다.

리액트는 모던 웹 애플리케이션을 만들 수 있는 강력한 도구입니다. 이후에는 코드 설계를 더 작은 단위로 나누는 과정을 살펴보고, 이런 컴포넌트를 구성하기 위한 효과적인 전략을 살펴봅니다.

CHAPTER 3

리액트 애플리케이션 구조

이번 장에서는 리액트 프로젝트 구조를 잡는 다양한 전략에 관해 소개합니다. 이제 코드를 벗어나 애플리케이션 아키텍처와 리액트 프로젝트 구조화 전략을 살펴볼 것입니다. 기능 기반의 구조, 컴포넌트 기반의 구조, 아토믹 디자인 구조, MVVM[Model-View-ViewModel](모델-뷰-뷰모델) 구조 등 각각의 장단점을 비교하여 소개합니다. 그리고 실전 예제를 살펴보며 상황에 따라 어떤 적절한 구조를 사용해야 하는지 알아보고 상황을 결정할 때마다 따르는 트레이드오프에 대해서도 논의해봅니다.

그런데 애초에 프로젝트 구조에 왜 신경을 써야 할까요? 잘 갖춰진 구조는 유지보수하기 쉽고, 새로운 팀원이 합류했을 때 이해하기 쉽고 기능을 확장하기 쉬운 덕분에 프로젝트 성공에 전반적인 영향을 끼치게 됩니다. 반면에 비효율적인 구조는 코드 스멜[code smell]을 유발시키고 코드 복잡도를 높이며 기술 부채[technical debt]의 온상이 되기 쉽습니다.

이러한 구조화 전략을 이해하면 성공적인 프로젝트가 되는 데 영향을 미치는 의사 결정을 할 수 있습니다. 프로젝트의 구체적인 요구사항과 제약조건을 파악하고 구조화 전략을 코드 품질 개선의 기준으로 활용함으로써, 생산적인 개발 환경을 조성하고 더 나아가 프로젝트를 성공시키는 데 큰 도움이 될 것입니다.

이 장에서는 다음 주제를 다룹니다.

- 구조화되지 않은 프로젝트의 문제점
- 프런트엔드 애플리케이션의 복잡함에 대한 이해
- 일반적인 리액트 애플리케이션 구조
- 프로젝트 구조를 체계적으로 유지하기

이번 장의 소스 코드는 다음 주소에서 확인할 수 있습니다.
https://github.com/jm-chong/react-design-pattern/tree/main/code/src/ch3

3.1 구조화되지 않은 프로젝트의 문제점

짧은 기간 동안 갑자기 규모가 커진 프로젝트는 통제 불능 상태에 빠지기 쉽습니다. 새로운 프런트엔드 프로젝트를 초기에 구성하는 것은 대부분 간단하며, 소규모 프로젝트의 경우 관리할 파일 수가 적기 때문에 파일 구조에 대해 우려할 것이 별로 없습니다. 그러나 프로젝트가 커질수록 적절한 파일 관리가 필요합니다.

구조화가 덜 된 프로젝트의 문제점은 코드베이스를 효과적으로 관리하고 유지보수가 어렵다는 것입니다. 이 중에서 몇 가지를 다뤄보겠습니다.

- **무질서한 코드**: 명확한 구조가 없으면, 특정 코드 파일이나 컴포넌트를 찾는 것이 어려워집니다. 특히 프로젝트가 커질수록 관련 코드를 찾는 시간과 노력을 낭비할 수 있습니다.

- **낮은 코드 재사용성**: 적절한 구조가 없다면, 재사용할 수 있는 컴포넌트나 기능을 식별하는 것이 쉽지 않습니다. 이는 코드 중복과 일관성 부족으로 이어질 수 있으며, 장기적으로 코드베이스를 유지하고 업데이트하기가 어려워집니다.

- **협업의 어려움**: 구조화가 덜 된 프로젝트를 진행하다 보면 팀원들이 서로의 코드를 이해하고 탐색하는 것이 더 어려워집니다. 이로 인해 의사소통, 느린 개발 속도, 그리고 버그나 코드 변경 충돌을 일으킬 위험이 있습니다.

- **확장성 문제**: 프로젝트가 커지고 새로운 기능이 늘어날수록 또 다른 구성 요소를 원활하게 기존 코드에 통합하는 것이 어려워집니다. 확장과 수정이 어려운 꼬인 코드베이스가 되기 쉽고 생산성 감소와 개발 시간 증가로 이어집니다.

- **복잡한 유지보수 문제**: 명확한 구조가 없는 코드베이스는 유지보수하기 어렵습니다. 코드를 구성하거나 이름 짓는 방식에 일관성이 부족하므로 기능을 변경하거나 문제를 해결할 때 더 많은 시간이 소요됩니다.

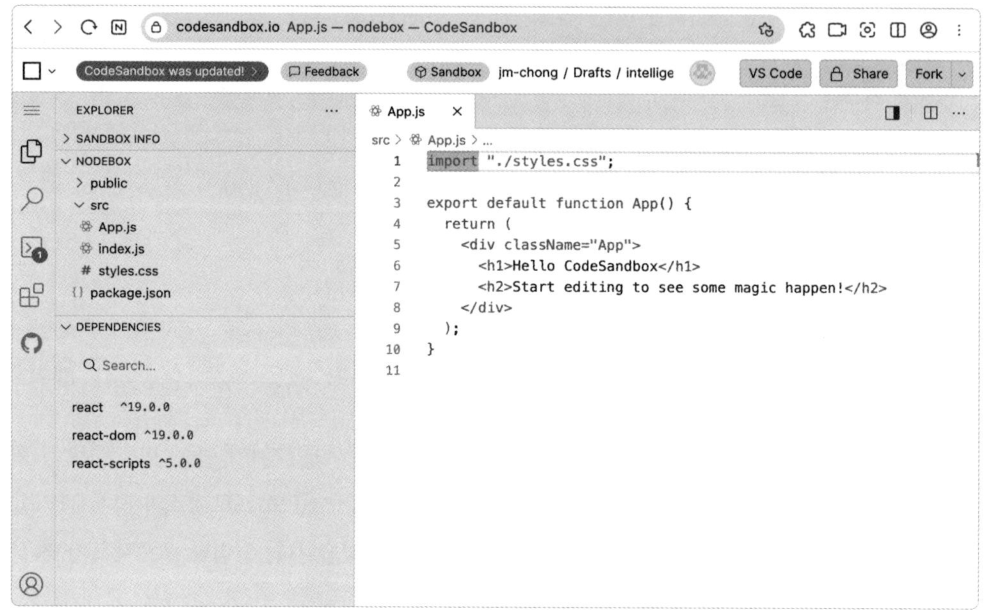

그림 3.1 구조 설계가 필요 없는 간단한 프로젝트

적절한 프로젝트 구조를 소개하기 전에, 현대적인 프런트엔드 프로젝트의 전형적인 구성 요소를 살펴봅시다. 이는 효과적인 프로젝트 구조를 설계하기 위한 기초가 될 것입니다.

3.2 프런트엔드 애플리케이션의 복잡함에 대한 이해

중간 규모의 프런트엔드 프로젝트를 살펴보면, 성공적인 구현을 위해 다양한 구성 요소가 필요하다는 것을 알 수 있습니다. 핵심 기능뿐만 아니라 수많은 부가적인 요소들이 프로젝트의 기능 동작을 위해 필요합니다.

리액트 프로젝트의 폴더 구조는 일반적인 리액트 코드베이스에서 관리해야 할 다양한 측면을 보여줍니다.

- **소스 코드**: 애플리케이션의 핵심이며, 애플리케이션의 로직을 담고 있는 자바스크립트 또는 타입스크립트 파일, UI 구조를 위한 HTML 파일, 디자인을 표현하는 스타일 파일이 있습니다. 애플리케이션의 동작과 사용자 인터페이스를 정의하는 모든 것은 여기에서 찾을 수 있습니다.
- **에셋**: 이 카테고리에는 애플리케이션에서 활용하는 이미지, 비디오, 폰트와 같은 모든 정적 파일이 있습니다. 이 파일들은 애플리케이션의 시각적 경험과 상호작용을 위해 필요하며, 전반적인 룩 앤드 필look and feel에 기여합니다.
- **설정**: 이 파일들은 애플리케이션의 다양한 부분을 제어하는 중요한 매개변수를 포함합니다. 의존성 목록을 관리하는 `package.json`과 프로젝트를 빌드할 때 필요한 환경변수는 애플리케이션을 운영하고 배포하는 데 중요합니다.
- **테스트**: 이 영역은 애플리케이션의 올바른 동작과 안정성을 위해 필요합니다. 사용자 동작을 재현하고 상호작용을 검증하며 애플리케이션의 기능을 확인하는 유닛, 통합, E2Eend-to-end 테스트를 담고 있습니다. 이는 잠재적인 버그를 예방하는 데 도움이 됩니다.
- **문서**: 프로젝트 개요를 제공하는 README 파일, API 문서와 코드 스타일 가이드 등 애플리케이션에 필요한 모든 정보가 문서에 있습니다. 프로젝트와 연관된 사람들은 문서를 통해 프로젝트를 쉽게 이해하고 코드의 일관성을 유지할 수 있습니다.
- **빌드 결과물**: 배포 가능한 최적화된 번들 자바스크립트, CSS, HTML 그리고 디버깅에 도움이 되는 진단 파일과 임시 파일들을 포함한 빌드 실행 결과물입니다. 애플리케이션을 최종 사용자에게 전달하는 핵심 요소입니다.
- **개발 도구와 설정 파일**: 코드의 품질과 일정한 포맷을 유지하고 형상을 관리하여, 자동화된 테스팅과 배포 절차를 쉽게 해주는 도구입니다. 백그라운드로 작업이 수행되며, 원활하고 오류가 없는 효율적인 개발 과정을 만들어줍니다.

이러한 다양한 구성 요소는 전형적인 리액트 코드베이스의 기초를 이루며, 중간 규모의 프런트엔드 프로젝트의 복잡함과 고려해야 할 사항들에 대해 잘 보여줍니다.

각각의 기능 폴더들을 살펴보면 다양한 요소들을 확인할 수 있습니다.

- Modal 대화창, 메뉴 탐색, 버튼, 카드 등 공용으로 사용하는 컴포넌트
- 메뉴 페이지에만 나타나는 특별 할인 정보를 위한 `SpecialOffer` 또는 애플 페이를 위한 `PayWith Apple`과 같은 특정 기능을 위한 컴포넌트

- CSS-in-JS 또는 SCSS/LESS를 이용한 스타일 정의

- 단위 테스트와 브라우저 테스트 같은 다양한 테스트 코드

- 유틸리티/헬퍼 함수로 만든 계산 로직

- 재사용하는 기능들을 모은 사용자 정의 훅

- 보안, 다국어(i18n), 그 외 특별한 목적의 컨텍스트

- Eslint 설정, jest 설정, webpack 설정과 같은 부가적인 설정 파일

다양한 파일이 많은 상황에서 쉽게 탐색하고 빠르게 수정하기 위해서는 파일들을 어떻게 정리해야 할까요? 단 하나의 방법으로 모든 요구사항을 만족할 수는 없지만, 코드베이스를 일관되게 정리하는 것이 큰 도움이 됩니다.

코드 요소의 이름을 짓고 구조화할 때는 일관성을 유지하는 것이 가장 중요합니다. 어떤 방식을 선택하든, 프로젝트 전반에 걸쳐 일관된 방식을 유지해야 합니다. 예를 들어 스타일 파일을 컴포넌트와 함께 배치하기로 정했다면, 이를 코드베이스의 모든 컴포넌트에 적용해야 합니다.

마찬가지로 tests 폴더에 테스트 파일을 보관한다면, 이 규칙을 모든 코드베이스에 일관되게 적용해야 합니다. 예를 들어 테스트 파일을 나타내는 __tests__나 specs처럼 다른 형식의 규칙을 사용하면 일관성을 해치고 혼란을 일으킬 수 있으므로 피해야 합니다.

중간 규모 이상의 프로젝트 안에 숨어있는 복잡도를 파악하고, 무질서한 코드베이스에서 작업할 때의 어려움을 파악하였으니, 이제 코드를 구조화하기 위한 검증된 접근 방법을 찾아봅니다. 이러한 전략을 통해 개발 과정을 단순화하는 것이 목표입니다.

3.3 일반적인 리액트 애플리케이션 구조

큰 규모의 리액트 애플리케이션의 구조를 만드는 방법은 여러 가지가 있습니다. 이번 절에서는 자주 사용되는 4가지 구조를 알아보겠습니다.

- 기능 기반 구조

- 컴포넌트 기반 구조

- 아토믹 디자인 구조

- MVVM 구조

구조마다 각각의 장단점이 있으므로, 프로젝트마다 필요한 기능이나 복잡도를 파악하여 어떤 구조를 사용할지 결정해야 합니다. 프로젝트에 필요한 특별한 기능이 있다면, 여러 개의 구조를 적절히 섞는 방법도 있습니다.

어느 정도 복잡하면서도 비교적 친숙한 도메인인 온라인 쇼핑 애플리케이션 프로젝트 예제를 통해 구조별 차이를 살펴보겠습니다. 이 애플리케이션은 API 호출과 라우팅, 상태 관리 기능도 포함합니다.

3.3.1 기능 기반 구조

기능 기반 구조란 애플리케이션을 기능과 모듈 중심으로 구조화하는 것을 의미합니다. 기능 단위로 명확하게 분리하기 위해 컴포넌트와 뷰, API 호출, 상태 관리를 캡슐화하여 관리합니다.

온라인 쇼핑을 기능 기반으로 구조화하면, 다음과 같은 폴더 구조를 가집니다.

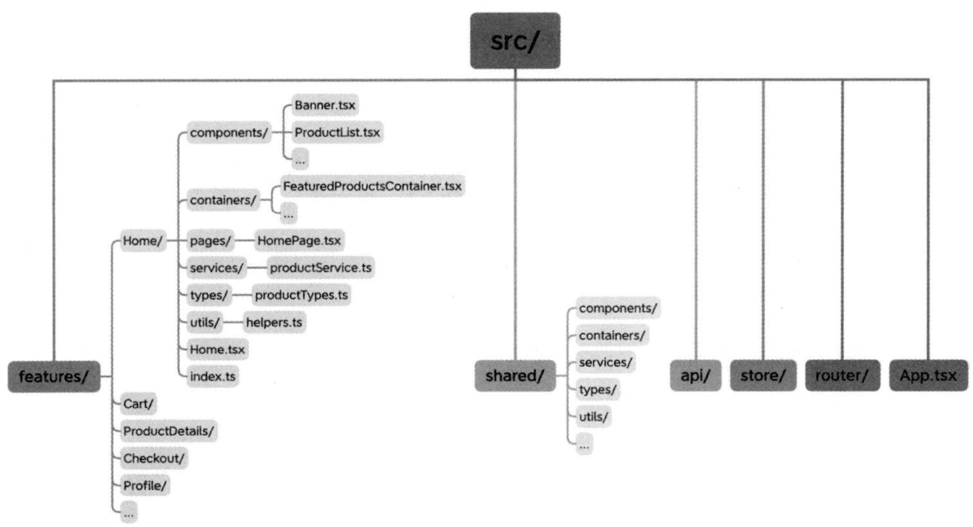

그림 3.2 기능 기반 구조

이 구조를 자세히 살펴봅시다.

- `features` 디렉터리는 Home, Cart, ProductDetails, Checkout, Profile 등과 같은 애플리케이션의 기능을 의미합니다.
- 기능마다 `components`, `containers`, `pages`, `services`, `types`와 `utils` 폴더를 가집니다.
- `shared` 디렉터리는 여러 기능에서 공유하여 재사용하는 `components`, `containers`, `services`, `types`, `utils`를 가집니다.
- `api` 디렉터리는 API 호출을 하는 모듈을 가집니다.
- `store` 디렉터리는 리덕스^{Redux}와 같은 상태 관리를 위한 모듈을 가집니다.
- `router` 디렉터리는 라우팅 설정과 관련된 컴포넌트를 가집니다.
- `App.tsx` 파일은 애플리케이션의 시작점입니다.

이 구조의 장점은 다음과 같습니다.

- **명확한 관심사 분리**: 각 기능과 관련된 코드를 쉽게 찾고 수정할 수 있습니다.
- **모듈화**: 기능 단위로 코드가 모여 있으므로 코드 테스팅과 유지보수, 재사용이 쉽습니다.
- **확장성**: 새로운 기능이 추가될 때 기존 코드에 영향을 주지 않습니다.
- **팀 협업**: 여러 기능을 개발자들이 동시에 작업할 때 코드 충돌을 최소화할 수 있습니다.

하지만 다음과 같은 단점도 있습니다.

- **코드 중복의 가능성**: 기능들이 비슷한 컴포넌트나 로직을 갖고 있으면 코드 중복이 발생할 수 있습니다. 신중하게 설계하거나 리팩터링을 통해 이를 피해야 합니다.

3.3.2 컴포넌트 기반 구조

컴포넌트 기반 구조는 애플리케이션을 재사용할 수 있는 컴포넌트 단위로 구조화하는 것입니다. 컴포넌트는 기능 단위로 분류하고 이를 조합하여 더 큰 뷰를 만듭니다.

온라인 쇼핑을 컴포넌트 기반으로 구조화하면, 다음과 같은 폴더 구조를 가집니다.

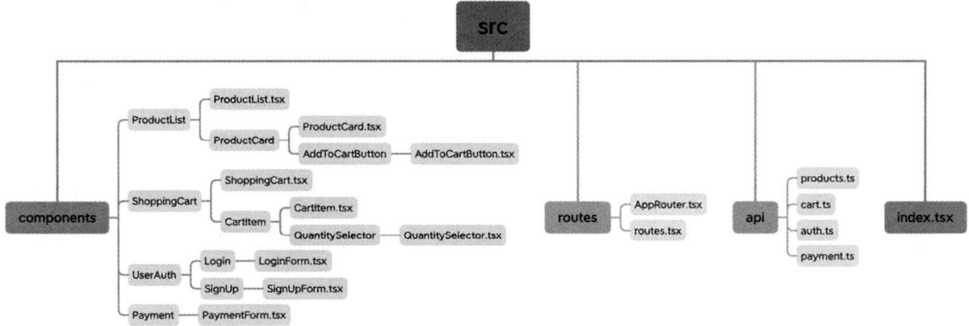

그림 3.3 컴포넌트 기반 구조

이 구조를 자세히 살펴봅시다.

- components 폴더는 애플리케이션의 여러 기능에서 사용하는 개별 컴포넌트를 가지게 됩니다. 각각의 컴포넌트는 폴더에 존재하며, 필요할 경우 자식 컴포넌트를 가집니다.
- routes 폴더는 애플리케이션의 프런트엔드 라우팅을 담당합니다. 라우팅 로직을 설정하는 메인 AppRouter.tsx 파일, 개별 라우팅 경로와 그에 해당하는 컴포넌트를 담은 routes.tsx 파일이 이곳에 위치합니다.
- api 폴더는 API 도메인이나 기능 단위의 파일을 가집니다. products.ts, cart.ts, auth.ts, payment.ts 파일들은 각각의 도메인 API를 호출합니다.
- 이 예제는 애플리케이션 전역 상태 관리를 위해 Redux나 리액트 Context API와 같은 라이브러리를 사용한다고 가정합니다.

이 구조의 장점은 다음과 같습니다.

- **모듈화**: 컴포넌트 기반 구조는 기능 단위의 컴포넌트를 별도의 파일과 폴더에 구분하여 모듈화합니다. 이로 인해 코드를 유지보수하기 쉽고 재사용성이 높아집니다.
- **관심사 분리**: 컴포넌트의 개별 기능에 집중하게 되어 코드가 간결해지고 디버깅하기 쉽습니다. 관심사를 분리하면 유지보수하기 쉽고 코드 가독성이 높아집니다.
- **높은 코드 재사용성**: 애플리케이션의 여러 곳에서 컴포넌트를 재사용하고, 이후 또 다른 프로젝트에서도 활용하여 개발 생산성을 높일 수 있습니다.

하지만 다음과 같은 단점도 있습니다.

- **프로젝트 복잡도 증가**: 프로젝트가 커질수록 컴포넌트 폴더 구조가 복잡해지고 단순하게 유지하기 어

렵습니다. 관리 가능한 수준을 유지하기 위해서는 모범사례를 참고하여 신중하게 설계하고 계획을 세워야 합니다.

- **높은 진입장벽**: 컴포넌트 기반의 개발과 타입스크립트에 익숙하지 않다면 초기 학습 곡선이 가파르게 올라갑니다. 하지만 초기 학습에 드는 비용보다 구조화된 코드가 가져다 주는 장점이 더 많습니다.
- **코드 중복의 가능성**: components 폴더 안에서는 다른 컴포넌트와 동일하거나 기능이 유사한 컴포넌트를 찾기 쉽습니다. 컴포넌트를 더 잘게 나눌수록, 재사용할 수 있는 컴포넌트를 찾기 쉬워질 것입니다. 재사용할 수 있는 컴포넌트가 점점 늘어난다면, 기능 기반 구조에서 보았던 대로 공유 폴더로 옮겨보는 것에 대해 고려해 볼 수 있습니다.

3.3.3 아토믹 디자인 구조

아토믹 디자인^{atomic design}은 사용자 인터페이스를 체계화하는 디자인 방법론입니다. 사용자 인터페이스를 원자^{atom}라고 부르는 재사용 가능한 작은 단위로 나누고 이를 합성하여 분자^{molecules}, 유기체^{organisms}, 템플릿^{templates}, 페이지^{pages} 등의 큰 단위를 만들어냅니다.

아토믹 디자인의 핵심 아이디어는 UI 컴포넌트를 만드는 체계적인 접근 방식을 설계하여 재사용성과 확장성, 유지보수성을 높이는 것입니다. 컴포넌트를 구성하고 이름을 지정하기 위한 명확한 구조를 제시함으로써 UI 코드베이스를 쉽게 이해하고 탐색할 수 있습니다.

아토믹 디자인 방법론에서 UI 컴포넌트를 어떻게 분류하는지 살펴봅니다.

- **원자**: UI를 구성하는 가장 작은 요소이며 버튼, 인풋, 아이콘 또는 레이블 등의 기본 요소들이 있습니다. 보통 단순하며 독립된 단일 기능을 가집니다.
- **분자**: 원자들을 조합하여 복잡한 UI 컴포넌트를 표현합니다. 여러 원자가 상호작용을 하여 기능 단위를 구성합니다. 폼 입력, 내비게이션 바 등이 있습니다.
- **유기체**: 더 커다란 컴포넌트이며 분자 또는 원자들을 결합하여 기능 영역의 UI를 표현합니다. 헤더, 사이드바, 카드 컴포넌트 등 사용자 인터페이스의 기능 영역을 표현합니다.
- **템플릿**: 분자 또는 유기체들을 배치하는 레이아웃 구조입니다. 페이지의 전반적인 구조와 UI의 기능 영역을 표시합니다.
- **페이지**: 템플릿과 유기체, 분자, 원자 등을 모두 결합한 온전한 사용자 화면 구성 전체를 의미합니다. 사용자에게 전달되는 최종 결과물입니다.

온라인 쇼핑을 아토믹 디자인으로 설계한다면 다음과 같은 폴더 구조를 가집니다.

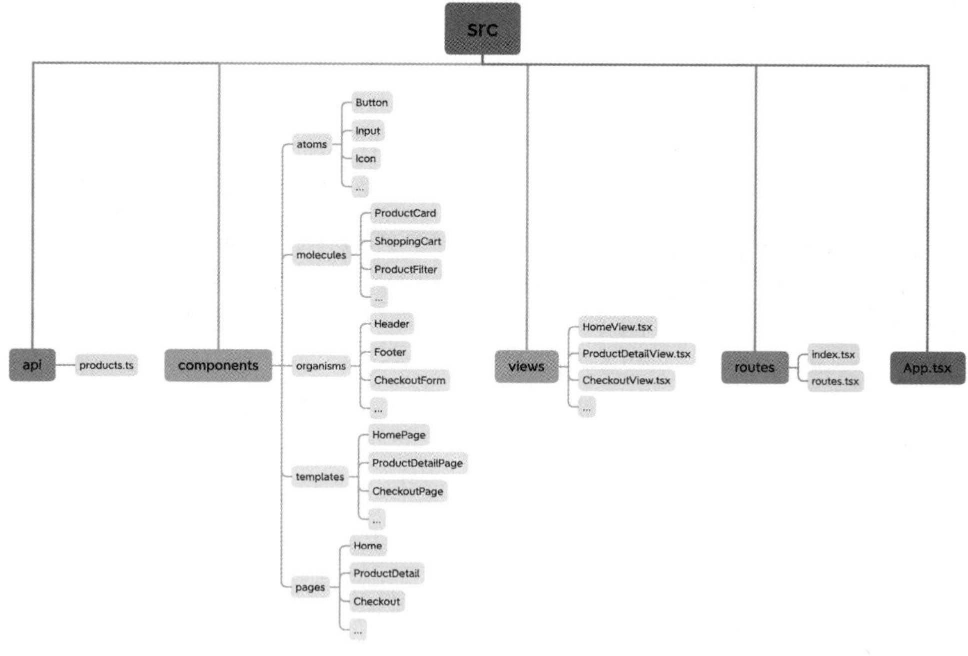

그림 3.4 아토믹 디자인 구조

이 구조를 자세히 살펴봅니다.

- atoms, molecules, organisms, templates, pages 디렉터리는 컴포넌트 합성과 추상화의 다양한 레벨을 나타냅니다.
- api 디렉터리는 API 호출과 관련된 파일을 담고 있습니다.
- views 디렉터리는 컴포넌트를 렌더링하는 개별 단위의 뷰view 파일이 있습니다.
- routes 디렉터리는 라우팅 설정이 있습니다.

이 방식은 다음과 같은 장점이 있습니다.

- **재사용성**: 컴포넌트를 애플리케이션 전체에서 쉽게 재사용할 수 있어 코드 효율성이 높습니다.
- **일관성**: UI 패턴과 디자인에 대한 일관된 적용이 가능합니다.
- **확장성**: 모듈화된 접근 방법을 통해 컴포넌트 기능 확장이 쉽고 신규 컴포넌트를 추가하기 용이합니다.

- **유지보수성**: 컴포넌트가 논리적으로 구조화되어 있어 찾거나 업데이트하기 쉽습니다.
- **쉬운 협업**: 아토믹 디자인 구조는 디자이너와 개발자가 UI 컴포넌트에 관해 논의할 때 공통 언어의 역할을 하므로 협업하기 쉽습니다.

반면에 단점은 다음과 같습니다.

- **높은 진입장벽**: 아토믹 디자인 원칙을 효과적으로 구현하려면 초반에 학습과 적응 과정이 필요합니다.
- **복잡도**: 애플리케이션이 커질수록 컴포넌트 개수가 늘어나고 그 관계가 복잡해져서 관리가 어렵습니다.
- **오버 엔지니어링**: 과도한 추상화는 필요 이상으로 구조를 복잡하게 만들기 때문에 컴포넌트 재사용성과 오버 엔지니어링 사이의 균형을 맞추는 것이 중요합니다.

3.3.4 MVVM 구조

MVVM^{Model-View-ViewModel} 구조는 주로 사용자 인터페이스를 만드는 데 사용되는 아키텍처 패턴입니다.

- **모델**: 실제 다루는 데이터 또는 정보를 의미합니다. 데이터베이스, 파일, 웹서비스 또는 단순한 객체일 수도 있습니다.
- **뷰**: 사용자가 보면서 상호작용하는 것을 말합니다. 모델을 사용자에게 보여주는 역할을 하는 것이 사용자 인터페이스입니다.
- **뷰모델**: 대부분의 로직이 위치하는 곳입니다. 외부에 공개되는 속성과 명령이 있는 추상화된 뷰입니다. 뷰와 모델 사이의 차이를 메워주며, 모델의 데이터를 뷰가 쉽게 처리할 수 있는 형식으로 가공해줍니다. 데이터에 대한 작업을 수행하고 뷰에 어떻게 보여줄지를 결정합니다.

MVVM 구조로 온라인 쇼핑 리액트 애플리케이션을 설계한다면 다음과 같은 폴더 구조가 됩니다.

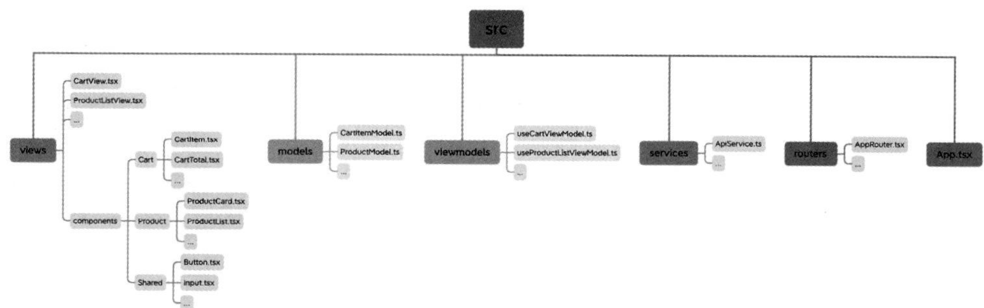

그림 3.5 MVVM 구조

이 구조를 자세히 살펴봅니다.

- views 디렉터리에는 ViewModel의 상태에 따라 화면에 보여주는 UI 컴포넌트가 있습니다.
- models 디렉터리에는 애플리케이션 도메인 객체를 나타내는 CartItemModel, ProductModel과 같은 데이터 모델 또는 엔티티^{entity}가 있습니다.
- viewmodels 디렉터리에는 상태와 로직을 관리하고 뷰와 상호작용을 하는 훅이 있습니다.
- services 디렉터리에는 API 호출과 외부 서비스와의 연결을 위한 파일이 있습니다.
- components 디렉터리에는 각각의 기능 단위로 재사용 가능한 UI 컴포넌트가 있습니다.
- routers 디렉터리에는 라우팅 설정과 관련된 컴포넌트가 있습니다.
- App.tsx 파일은 애플리케이션의 진입점$^{entry\ point}$입니다.

이 방식은 다음과 같은 장점이 있습니다.

- **관심사 분리**: 뷰모델은 UI 컴포넌트에서 비즈니스 로직을 분리하여, 유지보수하기 쉽고 깔끔한 코드를 작성할 수 있습니다.
- **쉬운 테스팅**: 뷰모델은 실제 UI 컴포넌트 없이도 쉽게 단위 테스트가 가능합니다.
- **높은 재사용성**: 컴포넌트와 모델, 서비스는 다른 기능이나 뷰에서도 쉽게 재사용할 수 있습니다.
- **높은 확장성**: 기존에 사용하던 뷰모델에 새로운 기능이나 뷰를 쉽게 추가할 수 있습니다.

그리고 다음과 같은 단점도 존재합니다.

- **복잡도 증가**: MVVM 패턴을 도입하면 추상화 계층abstraction layer을 추가하게 되며, 특히 프로젝트 규모가 작다면 이로 인한 애플리케이션 복잡도가 증가합니다.
- **높은 진입장벽**: MVVM 개념과 사용법에 대한 이해가 필요합니다.

여기까지 가장 많이 쓰이는 4가지 설계 구조에 대해 살펴봤습니다. 이제 애플리케이션 구조를 더 발전시켜 봅시다. 이후 내용을 통해 보다 쉽게 탐색하고 새로운 기능을 원활하게 추가하며 확장성을 유지할 수 있을 것입니다.

3.4 프로젝트 구조를 체계적으로 유지하기

기능 기반의 구조는 프로젝트 초기에 유용한 전략입니다. 프로젝트가 커지고 비슷한 패턴들이 반복되기 시작한다면, 추가 계층을 만들어 중복을 피할 수 있습니다.

예를 들면 온라인 쇼핑 애플리케이션에는 많은 페이지가 있습니다.

- 홈
- 로그인 / 회원 가입
- 스토어 주소 검색
- 상품 목록
- 장바구니
- 주문내역
- 결제
- 사용자 프로필
- 쿠폰

초기 단계에서 페이지를 기능 단위로 구성하는 것은 일반적인 접근 방식입니다. 기능별로 폴더를 만들고 관련된 컴포넌트와 스타일, 테스트 등을 넣습니다.

3.4.1 초기 설계 구현하기

src 디렉터리의 초기 폴더 구조는 매우 간단하며 기능 기반 접근 방식을 따릅니다. 각 페이지별 폴더가 구분됩니다.

하지만 프로젝트가 커질수록, 서로 다른 페이지에서 컴포넌트나 기능의 중복이 발생하게 됩니다. 이를 해결하려면 추가로 추상화 계층을 도입해야 합니다.

예를 들어 Login과 Order 페이지 모두 Button 컴포넌트가 필요하다고 페이지별로 각각 이를 구현하는 것은 실용적이지 않습니다. 대신 Button 컴포넌트를 분리하여, components나 shared 폴더와 같은 별도의 계층에 넣을 수 있습니다. 이렇게 하면 Button은 여러 페이지에서 중복 없이 재사용할 수 있습니다.

3.4.2 중복 제거를 위한 계층 추가

이렇게 계층을 추가하면, 코드베이스의 재사용성과 유지보수성을 높일 수 있습니다. 중복을 제거하고 개발 효율을 높이며 애플리케이션 전반에 걸쳐 일관성이 확보됩니다. 프로젝트가 더 커지더라도 이런 모듈화된 접근 방식 덕분에 관리와 확장이 쉽고, 전체 코드베이스에 영향을 주지 않으면서 신규 기능을 추가하거나 변경할 수 있습니다.

그러므로 다음과 같이 components 폴더에 재사용 가능한 모든 컴포넌트를 넣고, pages 폴더에 페이지와 관련된 모든 컴포넌트를 넣습니다.

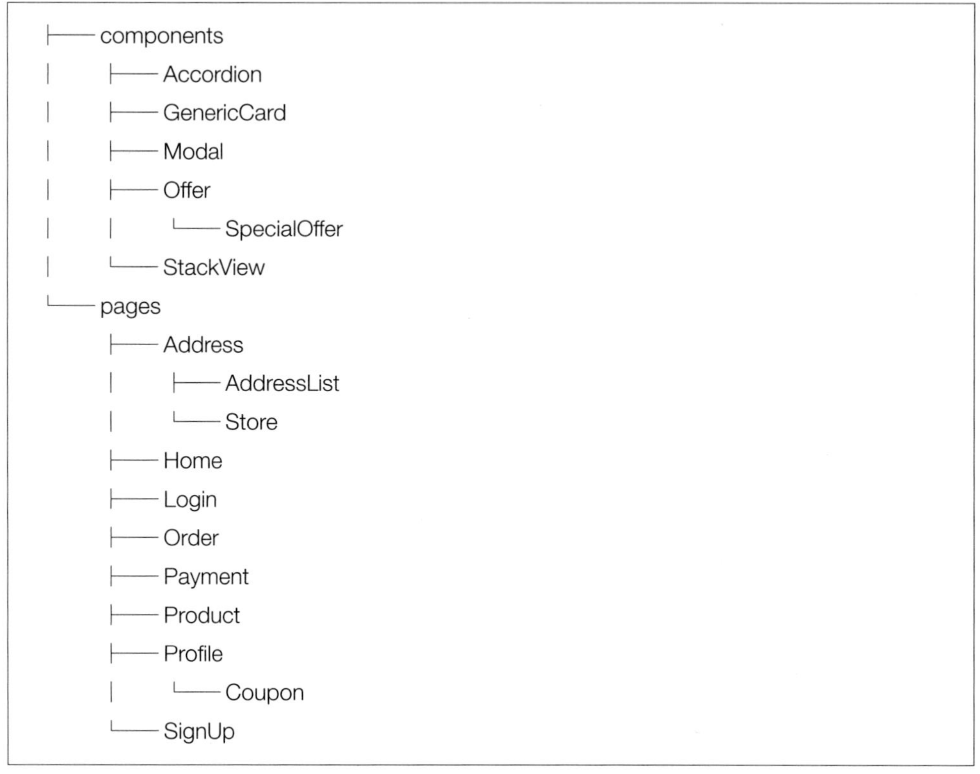

프로젝트가 커질수록, 여러 페이지에서 공유하며 사용할 수 있는 컴포넌트들을 수용할 별도의 분리된 폴더가 필요합니다. 이 구조에서 컴포넌트는 각 기능의 이름을 가진 폴더 내에 구성되어 있기 때문에 모듈성과 코드 재사용성이 높아집니다. 또한 `Offer` 폴더에 별도의 기능을 가진 `SpecialOffer`를 하위 폴더로 추가한 것처럼, 컴포넌트를 계층화하여 표현할 수 있습니다.

`components` 폴더 외에도 다른 필수 구성 요소를 담을 폴더도 필요합니다. `pages` 폴더는 기능 중심의 페이지 컴포넌트를 담고 있으며, `hooks` 폴더는 재사용하는 로직과 기능을 제공하는 리액트 훅을 담고 있습니다. `context` 폴더는 전역 상태 관리에 쓰이며, 애플리케이션에서 공유되는 다양한 컨텍스트를 담고 있습니다.

모든 컴포넌트를 `components` 폴더로 옮겨야 하는 건 아닙니다. 여러 페이지에서 중복되는 컴포넌트만 공유 폴더로 옮겨야 하며, 모듈성과 불필요한 복잡성 사이의 균형을 유지해야 합니다.

이 파일 구조는 프로젝트 구조가 커지더라도 더 나은 조직화, 코드 재사용, 쉬운 코드 확장을 가능하게 합니다. 따라서 중복을 줄이고 애플리케이션 내의 일관성을 유지할 수 있기 때문에 관리하기 쉽습니다. 또한 훅과 컨텍스트를 별도 폴더로 분리하기 때문에, 관련된 코드를 한곳에 모으고 전역 상태와 재사용하는 로직을 관리하기 용이합니다.

3.4.3 파일 이름 짓기

개별 컴포넌트는 파일 이름을 정하는 몇 가지 방법이 있으며 각기 고유의 장단점이 있습니다. 2가지 방법에 대해 알아봅니다.

index.tsx를 사용하여 명시적인 컴포넌트 이름과 파일 이름 짓기

컴포넌트 이름으로 폴더를 생성하고 각 파일은 컴포넌트를 구성하는 요소들의 명시적인 이름으로 표현합니다.

```
components/Button
├── Button.test.tsx
├── Button.tsx
├── index.tsx
└── style.css
```

index.tsx 파일은 외부에서 컴포넌트를 바로 임포트import하여 사용할 수 있게 노출하는 기본 익스포트export 파일입니다. Button.tsx는 JSX 컴포넌트이며, Button.test.tsx는 컴포넌트의 테스트 파일입니다. style.css는 CSS 스타일을 정의합니다.

이 접근 방식은 파일명이 기능을 설명하여 쉽게 이해할 수 있고 각 파일의 목적이 분명하게 드러납니다. 그러나 파일 탐색기나 개발 도구에서 파일을 찾을 때 긴 인덱스가 생성될 수 있습니다.

케밥 케이스로 파일 이름 짓기

이 방식은 components 폴더 하위에 케밥 케이스 규칙으로 이름을 정합니다. 케밥 케이스kebab case는 단어를 소문자로 쓰고 하이픈으로 나누는 방식입니다. 하나의 단어라면 단순하게 소문자로 표시하면 됩니다. 이는 자바스크립트 커뮤니티에서 사용하는 일반적인 규칙입니다.

예를 들면 button.tsx과 같이 컴포넌트의 파일명은 명시적으로 케밥 케이스를 사용합니다.

이 방식은 프로젝트 전반에 걸쳐 케밥 케이스로 통일된 일관성 있는 이름 구조를 만들 수 있습니다. 그러나 컴포넌트를 임포트할 때는 명시적인 이름을 적어야 합니다.

2가지 방식 모두 장점이 있습니다. 어떤 방식을 선택할지는 개인의 선호도나 프로젝트의 요구 사항, 팀의 관례를 고려하여 정합니다. 프로젝트에서 일관성을 유지하는 것은 프로젝트 팀원들이 이해와 협업을 쉽게 할 수 있기 때문에 매우 중요합니다.

어떤 방식이든 ESLint와 FolderLint 도구를 사용하면 팀 안에서 파일과 폴더에 대해 동일한 기준으로 이름 짓기가 적용되는지 확인할 수 있습니다. 예를 들어 다음의 스크린샷은 파일 이름 Button.tsx가 케밥 케이스인 button.tsx로 변경되어야 한다는 메시지를 보여줍니다.

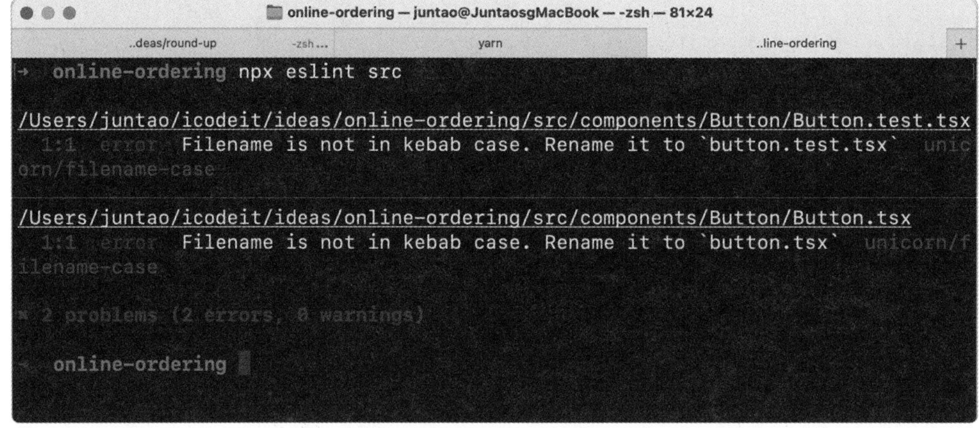

그림 3.6 ESLint 체크

3.4.4 사용자 설정 구조 살펴보기

애플리케이션이 커지고 서로 다른 타입의 추상화 계층이 추가되면, 그에 걸맞는 프로젝트 구조화가 필요합니다. 지금까지 알아본 구조들이 여러분의 특정한 상황에 딱 맞지 않을 수 있습니다. 프로젝트 요구사항에 맞춰 앞서 소개했던 구조들을 변형하는 것이 종종 필요합니다. 프로젝트 구조를 세우는 근본적인 목적은 개발 과정을 단순화하고 간소화하는 것입니다.

기능 기반의 구조에서 시작했을 때, 이러한 변화를 반영하기 위해선 현재의 폴더 구조를 다음과 같이 변경해야 합니다.

- api: 네트워크 요청을 발생시키고 응답을 다루며, 백엔드 서비스와 상호작용하는 API 관련 코드를 관리하는 모듈 또는 디렉터리입니다.
- components: 애플리케이션에서 여러 페이지와 기능을 넘나들며 재사용 가능한 UI 컴포넌트가 있는 폴더입니다. Accordion, Button, GenericCard, Modal, Offer, StackView와 같은 컴포넌트가 있습니다. 이 컴포넌트들은 기능이나 목적에 따라 서브 폴더로 다시 나뉘기도 합니다.
- context: 전역 상태를 관리하고 컴포넌트 간에 데이터를 공유하게 해주는 리액트 컨텍스트 모듈이 위치한 폴더입니다.
- hooks: 재사용 가능한 로직과 행위를 담고 있는 사용자 정의 리액트 훅이 있습니다. 이 훅은 애플리케이션의 전반에 걸쳐 공유될 수 있습니다.
- mocks: 테스팅 목적의 모킹 데이터 또는 모킹 구현체implementation를 가지고 있습니다. 그래프QL 데이터를 모킹하는 graphql 폴더와 REST API를 모킹하는 rest 서브 폴더가 있습니다.
- pages: 이 폴더는 애플리케이션의 다양한 페이지나 기능이 있습니다. 페이지 또는 기능 단위로 폴더가 있습니다. 폴더에는 Address, Home, Login, Order, Payment, Product, Profile, SignUp이 있으며, 하위에 서브 폴더가 있습니다. 서브 폴더는 페이지 또는 기능에 추가로 필요한 부가적인 컴포넌트와 훅, 컨텍스트를 담고 있습니다.

이렇게 프로젝트의 구조를 세우면, 모듈화 되고 구조화된 코드베이스를 만들 수 있습니다. 이를 통해 코드 재사용성을 높이고, 관심사를 분리하고, 확장하기 쉬워집니다. 각각의 디렉터리는 애플리케이션의 특정 부분을 나타내며 코드를 더 쉽게 찾고 관리할 수 있습니다.

다시 온라인 쇼핑 예제로 돌아가서, 다음과 같은 폴더 구조를 볼 수 있습니다.

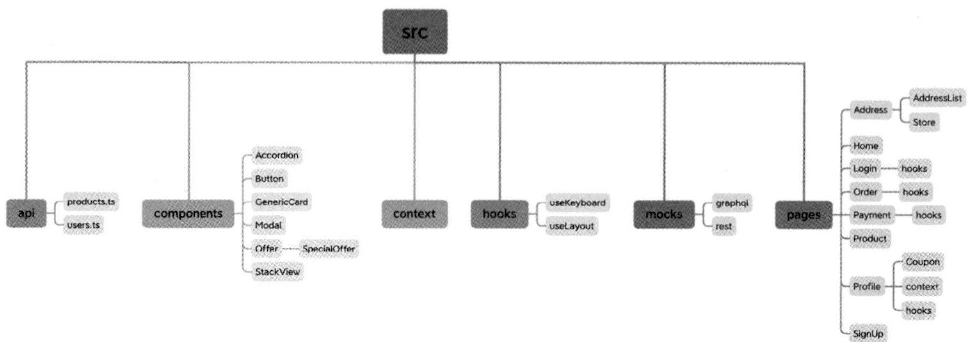

그림 3.7 온라인 쇼핑 애플리케이션의 혼합된 구조

이 구조는 단단한 기반을 갖추고 있지만, 프로젝트의 구체적인 요구사항 또는 확장에 따라 변경하는 것이 중요합니다. 구조를 정기적으로 리뷰하고 리팩터링하여, 효율성을 유지하고 미래의 변경 가능성에 효과적으로 대비할 수 있습니다.

애플리케이션이 커지면, components 폴더를 공용 라이브러리로 분리하여 여러 프로젝트에서 함께 사용하거나 내부 디자인시스템으로 활용하는 것이 유리할 수 있습니다. 이 전략은 코드 재사용과 일관성, 유지보수성을 높여줍니다. 이 공용 라이브러리는 내부 레지스트리 또는 npm 레지스트리(*https://www.npmjs.com*)에 등록하여 배포하고 사용할 수 있습니다.

또한 애플리케이션이 진화하고 새로운 기능이 추가되면, 기존의 구조는 더 이상 요구사항에 맞지 않을 수 있습니다. 이런 경우에는 계층화된 접근을 따르는 MVVM과 같은 구조의 패턴을 도입하는 것이 도움될 수 있습니다. 이는 더 나은 관심사 분리 방법을 제공하고, 복잡한 기능과 상태를 체계적으로 관리할 수 있게 합니다. 계층화된 구조에 대해서는 11장에서 자세히 다루도록 하겠습니다.

이 장에서는 대규모의 리액트 애플리케이션을 관리할 때 발생하는 문제와 견고한 프로젝트 구조의 중요성에 대해 알아보았습니다. 기능 기반, 컴포넌트 기반, 아토믹 디자인, MVVM 구조 등 애플리케이션을 구조화하는 다양한 방법에 대해 논의했습니다. 각 접근 방식의 장단점과 고려해야 할 사항들을 파악하여, 프로젝트의 요구사항에 가장 적합한 구조를 선택합니다.

또한 프로젝트의 성장에 맞추어 폴더 구조를 함께 진화시키는 접근 방식을 살펴봤습니다. 간단한 초기 구조에서 시작하여, 중복을 줄이고 코드 체계를 유지하기 위해 새로운 계층을 도입하고 추상화를 적용해야 함을 강조했습니다. 계속해서 구조를 다듬고 일관된 규칙을 준수함으로써, 효과적으로 기능을 추가하고 유지보수 및 확장할 수 있습니다.

이 장에서는 애플리케이션의 변화하는 요구사항을 만족시키기 위해 프로젝트 구조를 유연하게 유지하며 진화시키는 것을 강조했습니다. 폴더 구조를 명확하게 함으로써 대규모 리액트 애플리케이션을 관리하면서 생기는 문제를 줄이고 유지보수성과 확장성을 높일 수 있습니다.

이어지는 장에서는 컴포넌트 구현을 위해 널리 알려진 디자인 패턴과 전략을 알아봅니다. 이 기술들을 활용하면 기능을 추가하기 쉽고, 직관적으로 이해하기 쉬우며, 유지보수의 노력이 적게 드는 코드를 만들 수 있습니다.

리액트 컴포넌트 설계하기

이번 장은 리액트 컴포넌트를 설계하는 데 있어 가장 중요한 내용을 소개합니다. 리액트 컴포넌트를 설계할 때 피해야 하는 거대한 단일 컴포넌트와 Prop Drilling 같은 안티패턴에 대해 살펴봅니다. 그 외에도 리액트 애플리케이션 유지보수 및 확장에 방해가 되는 함정과 이를 피하는 방법을 알아봅니다.

먼저 단일 책임 원칙을 소개합니다. 각각의 컴포넌트는 하나의 특정한 목적을 가져야 함을 강조하는 원칙입니다. 이 원칙을 준수하면 컴포넌트를 테스트하고 유지보수하기 쉬우며, 코드를 더 읽기 쉽게 관리할 수 있습니다.

다음으로 중복 배제 원칙에 대해 다룹니다. 효과적인 프로그래밍을 위한 핵심 원칙 중 하나로, 중복을 최소화하고 재사용성을 높여줍니다. 리액트에서 이 원칙은 간소화되고 효율적이며 유지보수 가능한 코드베이스를 만드는 중요한 열쇠가 될 것입니다.

마지막으로 컴포넌트 합성 원칙을 알아볼 것입니다. 이 원칙을 이해하면, 단순하고 재사용 가능한 컴포넌트를 조합하여 복잡한 UI를 구성할 수 있습니다. 리액트에서는 상속보다 합성을 선호하며, 합성을 통해 더욱 유연하고 다루기 쉬운 컴포넌트를 만들 수 있습니다.

이 장에서는 다음 주제를 다룹니다. 각각의 원칙들을 실무 예제와 함께 깊이 있게 다루고, 이를 통해 더욱 효율적인 컴포넌트를 만들고 리액트의 잠재력을 이해하며, 문제 해결 능력을 높일 수 있습니다.

- 단일 책임 원칙
- 중복 배제 원칙
- 합성 활용하기
- 컴포넌트 설계 원칙의 결합

이번 장의 소스 코드는 다음 주소에서 확인할 수 있습니다.
https://github.com/jm-chong/react-design-pattern/tree/main/code/src/ch4

4.1 단일 책임 원칙

단일 책임 원칙single responsibility principle(SRP)은 소프트웨어 공학의 기본 개념 중 하나로 함수, 클래스 혹은 리액트 컴포넌트는 변경해야 할 이유가 단 하나만 있어야 함을 의미합니다. 다시 말해, 하나의 컴포넌트는 하나의 작업이나 기능만을 수행하는 것이 이상적입니다. 이 원칙을 따르면 코드 가독성이 높아지고, 유지보수와 테스트 및 디버깅도 쉬워집니다.

예제를 함께 살펴보겠습니다. 블로그 포스트 데이터를 불러와서 포스트를 표시하고 사용자가 '좋아요'를 누르는 기능까지 모두 하나의 **BlogPost** 컴포넌트 안에서 수행한다고 생각해봅시다.

```tsx
import React, { useState, useEffect } from "react";
import fetchPostById from "./fetchPostById";

interface PostType {
  id: string;
  title: string;
  summary: string;
}

const BlogPost = ({ id }: { id: string }) => {
  const [post, setPost] = useState<PostType>(EmptyBlogPost);
  const [isLiked, setIsLiked] = useState(false);
```

```
  useEffect(() => {
    fetchPostById(id).then((post) => setPost(post));
  }, [id]);

  const handleClick = () => {
    setIsLiked(!isLiked);
  };

  return (
    <div>
      <h2>{post.title}</h2>
      <p>{post.summary}</p>
      <button onClick={handleClick}>{isLiked ? "Unlike" : "Like"}</button>
    </div>
  );
};

export default BlogPost;
```

위의 코드는 string 타입의 id prop을 전달받는 BlogPost 함수 컴포넌트입니다. 컴포넌트 안에 useState 훅으로 만든 2개의 상태 post와 isLiked가 있습니다. post는 블로그 포스트 데이터를 나타내며 초기 기본값은 빈 블로그 포스트입니다. isLiked는 포스트의 '좋아요' 여부를 나타내고 초깃값은 false입니다.

여기에서 네트워크 요청을 보내는 부수 효과는 useEffect 훅을 통해 관리해야 합니다. useEffect 훅은 id에 해당하는 블로그 포스트 데이터를 서버에서 가져오는데, id가 바뀔 때마다 fetch 동작을 수행합니다. 데이터를 서버에서 가져오면, post 상태를 setPost 함수를 통해 업데이트합니다.

useEffect 훅 호출 안에서 네트워크 요청을 위해 fetchPostById 함수를 호출합니다. 이 함수는 원격 API 엔드포인트로 fetch 요청을 보냅니다. 이 기능은 다음 코드로 구현합니다.

```
const fetchPostById = (id: string) => {
  return new Promise((resolve, reject) => {
    setTimeout(() => resolve({}), 2000);
  });
};
```

컴포넌트는 post 상태에 따라 블로그의 제목과 요약 내용을 렌더링합니다. 그리고 isLiked 상태에 따라 누르면 '좋아요' 여부를 표시 또는 제거할 수 있는 버튼을 렌더링합니다.

이 코드는 데이터 가져오기, 블로그 포스트 표시, 좋아요 기능 관리까지 3가지 동작을 하나의 컴포넌트에서 수행하기 때문에 단일 책임 원칙을 위반합니다. 이제 하나의 책임을 가진 컴포넌트로 리팩터링해봅니다.

```tsx
const useFetchPost = (id: string): PostType => {
  const [post, setPost] = useState<PostType>(EmptyBlogPost);

  useEffect(() => {
    fetchPostById(id).then((post) => setPost(post));
  }, [id]);

  return post;
};

const LikeButton: React.FC = () => {
  const [isLiked, setIsLiked] = useState(false);

  const handleClick = () => {
    setIsLiked(!isLiked);
  };

  return <button onClick={handleClick}>{isLiked ? "Unlike" : "Like"}</button>;
};

const BlogPost = ({ id }: { id: string }) => {
  const post = useFetchPost(id);

  return (
    <div>
      <h2>{post.title}</h2>
      <p>{post.summary}</p>
      <LikeButton />
    </div>
  );
};
```

여기에서는 BlogPost 컴포넌트를 더 작은, 하나의 책임을 가진 컴포넌트로 리팩터링했습니다.

- useFetchPost는 블로그 포스트 데이터를 가져오는 사용자 정의 훅입니다.

- LikeButton은 '좋아요' 기능을 다루는 컴포넌트입니다.

- BlogPost는 이제 블로그 포스트 내용과 LikeButton 렌더링만 맡게 됩니다.

각 파트는 하나의 책임을 가지며 독립적인 테스트와 수정이 가능합니다. 이는 코드베이스를 다루기 수월하게 합니다.

> ⚠️ 실제 애플리케이션에서는 '좋아요' 버튼을 누르면 데이터베이스를 업데이트하는 API를 호출합니다. 예를 들어 isLiked 상태를 변경하기 위해 *https://post.service/post/<id>*와 같은 엔드포인트로 또 다른 fetch 요청을 보낼 수 있습니다.

이렇게 단일 책임 원칙에 대해 알아보았습니다. 이 원칙은 각각의 컴포넌트가 하나의 기능을 담당하도록 하여, 코드를 이해하기 쉽고 유지보수하기 쉽게 만들어줍니다. 이러한 원칙을 토대로 거대한 단일 컴포넌트를 작고 다루기 쉬운 조각으로 나누었습니다.

다음 절에서는 단일 책임 원칙과 밀접하게 엮여 있는 중복 배제 원칙을 살펴보겠습니다.

4.2 중복 배제 원칙

중복 배제^{Don't repeat yourself}(DRY) 원칙은 소프트웨어 개발의 기본 개념 중 하나로, 코드 안에서 중복을 줄이는 것이 목적입니다. 이 원칙을 지키면 유지보수성과 가독성이 높아지고 테스트하기 쉬워지며 로직 중복으로 인해 발생하는 버그를 방지할 수 있습니다.

쇼핑 웹사이트에서 상품 목록을 보여주고 [Add to Cart] 버튼을 나란히 표시한다고 가정해봅니다.

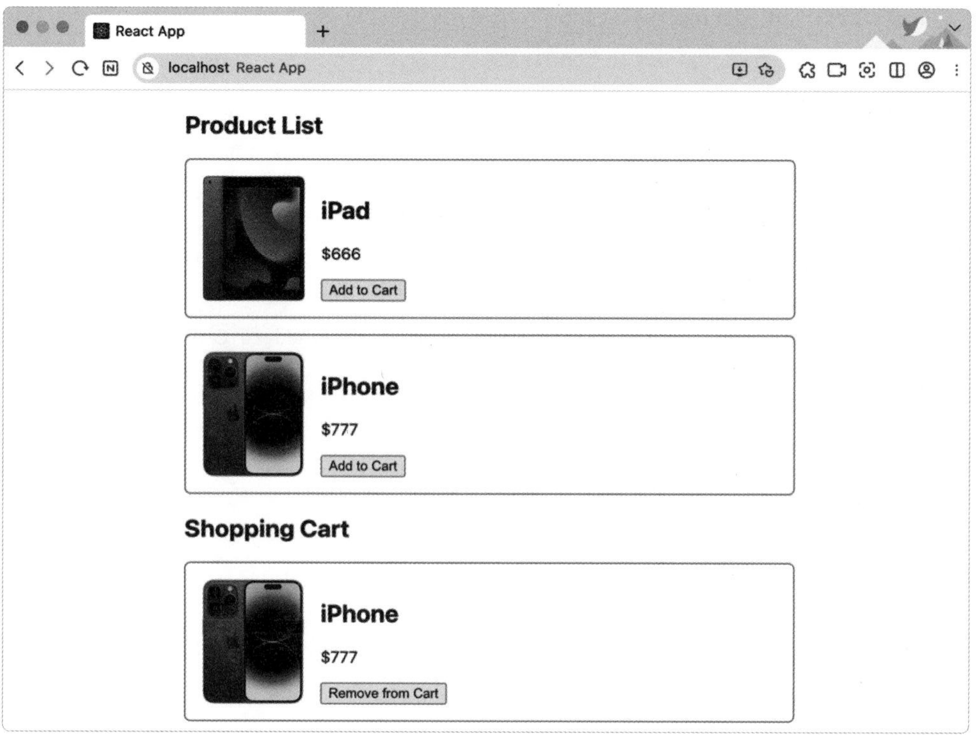

그림 4.1 상품 목록 페이지

ProductList 컴포넌트는 상품의 이미지와 상품명, 가격, [Add to Cart] 버튼을 표시합니다. Cart 컴포넌트는 장바구니에 담긴 제품 목록과 [Remove From Cart] 버튼을 표시합니다.

ProductList 컴포넌트를 간단히 구현하면 다음과 같습니다.

```
type Product = {
  id: string;
  name: string;
  image: string;
  price: number;
};

const ProductList = ({
  products,
  addToCart,
}: {
  products: Product[];
```

```tsx
  addToCart: (id: string) => void;
}) => (
  <div>
    <h2>Product List</h2>
    {products.map((product) => (
      <div key={product.id} className="product">
        <img src={product.image} alt={product.name} />
        <div>
          <h2>{product.name}</h2>
          <p>${product.price}</p>
          <button onClick={() => addToCart(product.id)}>Add to Cart</button>
        </div>
      </div>
    ))}
  </div>
);

export default ProductList;
```

ProductList 컴포넌트는 상품 객체 배열인 **products**와 상품을 장바구니에 담는 **addToCart** 콜백 함수 2개의 prop을 전달받습니다.

상품 객체는 **Product** 타입이며, **id**, **name**, **image**와 **price** 속성을 가지고 있습니다.

컴포넌트는 **products** 배열과 매핑되며 상품마다 이미지, 상품명, 가격, [Add to Cart] 버튼을 포함하는 **div**를 렌더링합니다. [Add to Cart]를 누르면, **addToCart** 함수가 버튼을 누른 제품의 **id** prop을 인자로 호출합니다.

Cart 컴포넌트는 유사한 구조를 가집니다. 아이템 콜백 함수가 필요하며 [Remove from Cart] 텍스트와 버튼을 보여줍니다. 사용자가 버튼을 누르면 전달받은 콜백 함수를 호출합니다.

```tsx
const Cart = ({
  cartItems,
  removeFromCart,
}: {
  cartItems: Product[];
  removeFromCart: (id: string) => void;
}) => (
  <div>
    <h2>Shopping Cart</h2>
    {cartItems.map((item) => (
```

```jsx
      <div key={item.id} className="product">
        <img alt={item.name} src={item.image} />
        <div>
          <h2>{item.name}</h2>
          <p>${item.price}</p>
          <button onClick={() => removeFromCart(item.id)}>
            Remove from Cart
          </button>
        </div>
      </div>
    ))}
  </div>
);
```

Cart 컴포넌트는 `cartItems` 배열을 순회하며 아이템 이미지, 아이템명, 가격, [Remove from Cart] 버튼을 div 안에 렌더링합니다. 이 버튼을 누르면 **removeFromCart** 함수를 각 아이템의 `id` prop을 인자로 호출합니다. `id`는 어떤 아이템이 장바구니에서 삭제되어야 할지 구분하는 데 사용합니다.

중복을 줄이고 각각의 컴포넌트가 하나의 역할만 할 수 있도록 `LineItem` 컴포넌트를 분리합니다.

```tsx
import { Product } from "./types";

const LineItem = ({
  product,
  performAction,
  label,
}: {
  product: Product;
  performAction: (id: string) => void;
  label: string;
}) => {
  const { id, image, name, price } = product;

  return (
    <div key={id} className="product">
      <img src={image} alt={name} />
      <div>
        <h2>{name}</h2>
        <p>${price}</p>
```

```tsx
      <button onClick={() => performAction(id)}>{label}</button>
    </div>
  </div>
  );
};

export default LineItem;
```

이렇게 아이템의 구체적인 정보와 버튼을 렌더링하는 `LineItem` 함수 컴포넌트를 만들었습니다. 이 컴포넌트는 `product`, `performAction`, `label`을 prop으로 전달받으며, 자바스크립트의 구조분해할당^{destructuring} 문법을 통해 필요한 값을 추출합니다. 컴포넌트는 제품의 정보를 표시하고, 눌렀을 때 `performAction` 함수를 호출하는 버튼을 JSX 코드 형식으로 반환합니다.

`ProductList`와 `Cart` 컴포넌트를 만들기 위해서는 prop을 `LineItem` 컴포넌트에 넘겨주기만 하면 됩니다. 그러면 기존의 코드 중복을 없앨 수 있습니다.

```tsx
const ProductList = ({
  products,
  addToCart,
}: {
  products: Product[];
  addToCart: (id: string) => void;
}) => (
  <div>
    <h2>Product List</h2>
    {products.map((product) => (
      <LineItem
        key={product.id}
        product={product}
        performAction={addToCart}
        label="Add to Cart"
      />
    ))}
  </div>
);
```

새로운 `ProductList` 컴포넌트는 `products`와 `addToCart`를 prop으로 전달받습니다. 제품의 목록을 렌더링하고 각각의 제품마다 [Add to Cart] 버튼이 있습니다.

Cart 컴포넌트도 LineItem 컴포넌트를 재사용하여 이미지, 상품명, 가격 등의 상품 상세 정보를 렌더링하는 비슷한 구조를 가집니다.

```
const Cart = ({
  cartItems,
  removeFromCart,
}: {
  cartItems: Product[];
  removeFromCart: (id: string) => void;
}) => (
  <div>
    <h2>Shopping Cart</h2>
    {cartItems.map((item) => (
      <LineItem
        key={item.id}
        product={item}
        performAction={removeFromCart}
        label="Remove from Cart"
      />
    ))}
  </div>
);
```

이는 중복 배제 원칙에 따라 좀 더 유지보수하기 쉽고 재사용성을 높인 접근법입니다. 변경은 한 곳에서만 일어나므로 버그가 발생할 가능성이 줄어듭니다. 만약 LineItem에 새로운 기능을 추가한다면 하나의 컴포넌트만 수정하면 됩니다.

이번 절에서는 중복 배제 원칙에 대해 알아봤습니다. 이 원칙은 코드의 중복을 제거하여 불일치와 버그의 가능성을 줄여줍니다. 코드 중복을 피하면, 기능 변경을 한 곳에서 해결할 수 있기 때문에 유지보수가 단순해질 수 있었습니다. 이제 리액트의 핵심 개념인 합성을 사용하여 컴포넌트를 구조화해봅시다.

4.3 합성 활용하기

리액트에서 합성composition은 컴포넌트를 설계하는 자연스러운 패턴입니다. 예를 들어 JSX의 마크업 언어 문법은 div와 h2 태그를 결합하기 위한 별도 문법 없이도 자연스럽게 연결해줍니다.

사용자 정의 컴포넌트는 div와 같은 브라우저 내장 컴포넌트와 특별히 다를 것이 없습니다. p 태그를 사용하는 것처럼 Cart 컴포넌트를 div와 함께 사용할 수 있습니다. 이 패턴은 더 쉽게 컴포넌트를 재사용할 수 있게 해 줍니다.

예제를 살펴보겠습니다. 사용자 정보를 표시하는 UserDashboard 컴포넌트를 만들어봅니다. 프로필에는 아바타 이미지, 이름, 사용자의 친구 목록, 최근 포스트 목록이 표시됩니다.

```
type User = {
  name: string;
  avatar: string;
  friends: string[];
};

type Post = {
  author: string;
  summary: string;
};

type UserDashboardProps = {
  user: User;
  posts: Post[];
};

function UserDashboard({ user, posts }: UserDashboardProps) {
  return (
    <div>
      <h1>{user.name}</h1>
      <img src={user.avatar} alt="profile" />
      <h2>Friends</h2>
      <ul>
        {user.friends.map((friend) => (
          <li key={friend}>{friend}</li>
        ))}
      </ul>
      <h2>Latest Posts</h2>
      {posts.map((post) => (
        <div key={post.author}>
          <h3>{post.author}</h3>
          <p>{post.summary}</p>
        </div>
```

```
      ))}
    </div>
  );
}

export default UserDashboard;
```

이 예제에서 **UserDashboard**는 사용자의 프로필 정보와 친구 목록, 최근 포스트 목록을 표시하며, 이는 단일 책임 원칙을 위반합니다. 이것을 더욱 작은 컴포넌트로 쪼개고 각각에 하나의 책임만을 가져야 합니다.

먼저 프로필과 관련된 JSX를 추출하여 사용자 프로필을 나타내는 **UserProfile** 컴포넌트로 분리합니다. 여기에는 사용자 이름인 **h1** 태그와 아바타 이미지인 **avatar**가 포함됩니다.

```
const UserProfile = ({ user }: { user: User }) => {
  return (
    <>
      <h1>{user.name}</h1>
      <img src={user.avatar} alt="profile" />
    </>
  );
};
```

다음으로, 사용자의 친구 목록을 표시하는 **FriendList** 컴포넌트를 만듭니다. **h2** 태그와 **friends** 목록이 있습니다.

```
const FriendList = ({ friends }: { friends: string[] }) => {
  return (
    <>
      <h2>Friends</h2>
      <ul>
        {friends.map((friend) => (
          <li key={friend}>{friend}</li>
        ))}
      </ul>
    </>
  );
};
```

마지막으로 피드 받는 포스트 목록인 **PostList** 컴포넌트를 만듭니다. **h2** 태그와 **posts** 목록을 포함합니다.

```
const PostList = ({ posts }: { posts: Post[] }) => {
  return (
    <>
      <h2>Latest Posts</h2>
      {posts.map((post) => (
        <div key={post.author}>
          <h3>{post.author}</h3>
          <p>{post.summary}</p>
        </div>
      ))}
    </>
  );
};
```

이제 **UserDashboard** 컴포넌트는 단순해졌고, 역할을 작은 컴포넌트들에 위임했습니다.

```
function UserDashboard({ user, posts }: UserDashboardProps) {
  return (
    <div>
      <UserProfile user={user} />
      <FriendList friends={user.friends} />
      <PostList posts={posts} />
    </div>
  );
}
```

리팩터링한 **UserDashboard** 컴포넌트는 여러 가지 장점이 있습니다.

- **관심사 분리**: 컴포넌트의 여러 다른 영역들을 `UserProfile`, `FriendList`, `PostList` 등으로 분리해서 각각의 컴포넌트가 하나의 역할을 담당합니다. 덕분에 유지보수가 쉬워집니다.

- **더 나은 가독성**: 리팩터링한 `UserDashboard`는 가독성이 높아 이해하기 쉽습니다. 사용자 프로필, 친구 목록, 포스트 목록 등 컴포넌트가 어떤 것을 렌더링할지 명확합니다. 각 영역이 어디서 어떻게 렌더링되는지 세세하게 살펴볼 필요가 없습니다.

- **높은 재사용성**: `UserProfile`, `FriendList`, `PostList` 컴포넌트를 애플리케이션의 다른 영역에서도 사용할 수 있기 때문에 중복을 줄일 수 있습니다.

- **테스트의 용이함**: 작고 하나의 책임을 가진 컴포넌트는 상호작용이 복잡하지 않고 의존하는 코드가 적어 테스트하기 쉽습니다. 테스트에 대해서는 5장에서 자세히 다룹니다.

이 예제는 단순하지만, 리액트에서 합성에 대한 기본 개념을 잘 보여줍니다. 내부에 상태와 로직을 가진 컴포넌트를 다루다 보면 합성은 더 복잡해질 것입니다. 하지만 재사용이 가능한 작은 컴포넌트를 결합하여 큰 컴포넌트를 만든다는 핵심 원칙은 동일하게 적용됩니다.

이 절에서는 리액트의 컴포넌트 합성이 얼마나 강력한지 알 수 있었습니다. 단순하고 하나의 기능을 가진 컴포넌트들의 합성을 통해 복잡한 사용자 인터페이스를 효과적으로 구조화할 수 있습니다. 합성을 사용해서 단일 책임 원칙과 중복 배제 원칙을 온전하게 구현할 수 있고, 이해와 유지보수가 쉽고 테스트가 용이한 정교한 UI를 만들 수 있습니다.

4.4 컴포넌트 설계 원칙의 결합

지금까지 단일 책임 원칙과 중복 배제 원칙, 합성에 대해 자세히 알아보았습니다. 하지만 실전 코딩 상황은 생각보다 더 복잡하며, 코드 가독성과 유지보수성을 높이기 위해 여러 원칙을 동시에 적용해야만 합니다.

Page 컴포넌트 예제를 살펴보겠습니다. 헤더, 사이드바, 본문 영역의 상태와 움직임을 관리하는 여러 가지 역할이 있고, 각각의 영역을 위한 prop이 많이 있습니다. 기존 코드베이스를 복사해서 구현할 때 이런 코드를 흔히 접하게 됩니다. 새로운 기능이 더해질 때마다 prop 목록 또한 늘어납니다.

다음은 단순화한 예제입니다.

```
type PageProps = {
  headerTitle: string;
  headerSubtitle: string;
  sidebarLinks: string[];
  isLoading: boolean;
  mainContent: React.ReactNode;
  onHeaderClick: () => void;
  onSidebarLinkClick: (link: string) => void;
};
```

```
function Page({
  headerTitle,
  headerSubtitle,
  sidebarLinks,
  mainContent,
  isLoading,
  onHeaderClick,
  onSidebarLinkClick,
}: PageProps) {
  return (
    <div>
      <header onClick={onHeaderClick}>
        <h1>{headerTitle}</h1>
        <h2>{headerSubtitle}</h2>
      </header>
      <aside>
        <ul>
          {sidebarLinks.map((link) => (
            <li key={link} onClick={() => onSidebarLinkClick(link)}>
              {link}
            </li>
          ))}
        </ul>
      </aside>
      {!isLoading && <main>{mainContent}</main>}
    </div>
  );
}
```

이렇게 **Page** 컴포넌트를 만들었습니다. 클릭할 수 있는 헤더, 링크가 연결된 사이드바, 본문 영역이 있는 페이지를 렌더링합니다. 컴포넌트는 **PageProps** 타입 속성의 prop을 가집니다.

PageProps에 대해 자세히 살펴봅니다.

- headerTitle: 페이지 헤더의 제목을 나타내는 문자열입니다.

- headerSubtitle: 페이지 헤더의 부제목을 나타내는 문자열입니다.

- sidebarLinks: 문자열 배열로, 각각의 문자가 페이지 사이드바의 링크 주소입니다.

- isLoading: 본문이 준비되었는지 여부를 나타냅니다.

- mainContent: 컴포넌트, HTML 요소, null 등 페이지의 본문을 나타내는 어떤 리액트 노드라도 가능합니다.

- onHeaderClick: 페이지 헤더 영역을 클릭하면 실행되는 함수입니다.
- onSidebarLinkClick: 사이드바의 링크를 클릭하면 실행되는 함수로, 클릭한 링크를 인자로 함수를 호출합니다.

Page 컴포넌트는 많은 속성을 가진 prop으로 여러 가지 역할을 하며, 컴포넌트가 보통 5개 이상의 prop을 가진다면 분리가 필요합니다. 각 prop의 용도를 기억하기 쉽지 않을 수 있고, 잘못된 prop을 전달하거나 전달 순서가 틀릴 수 있기 때문입니다.

prop을 사용하는 방법에 따라 분류할 수 있습니다. headerTitle, headerSubtitle, onHeaderClick prop은 하나의 그룹으로 분리할 수 있습니다. isLoading이나 mainContent는 다른 그룹으로 나눕니다.

커다란 컴포넌트를 작게 나누는 방법은 다양합니다. 정보가 서로 관련되어 있다면 하나의 그룹으로 묶고 이 단위로 새로운 컴포넌트를 만듭니다. 예를 들어 Header 컴포넌트를 분리해보겠습니다.

```
type HeaderProps = {
  headerTitle: string;
  headerSubtitle: string;
  onHeaderClick: () => void;
};

const Header = ({
  headerTitle,
  headerSubtitle,
  onHeaderClick,
}: HeaderProps) => {
  return (
    <header onClick={onHeaderClick}>
      <h1>{headerTitle}</h1>
      <h2>{headerSubtitle}</h2>
    </header>
  );
};
```

Header 컴포넌트는 headerTitle, headerSubtitle, onHeaderClick 등 3개의 prop을 전달받습니다. prop을 가지고 제목과 부제목을 렌더링하고, 헤더를 클릭하면 onHeaderClick prop을 호출합니다.

title, subtitle과 onClick 콜백은 Header 컴포넌트에서 사용하므로, header 접두사는
prop 이름에서 제거합니다.

```
type HeaderProps = {
  title: string;
  subtitle: string;
  onClick: () => void;
};

const Header = ({
  title,
  subtitle,
  onClick,
}: HeaderProps) => {
  return (
    <header onClick={onClick}>
      <h1>{title}</h1>
      <h2>{subtitle}</h2>
    </header>
  );
};
```

이제 Header 컴포넌트가 어떤 역할을 하는지 뚜렷하게 보입니다. title, subtitle과
onClick prop을 받는 것 외엔 더 신경 쓸 것이 없습니다. 이렇게 분리하면 Header를 다른 곳
에서 재사용하기에도 편합니다.

Sidebar도 같은 방법으로 분리합니다.

```
type SidebarProps = {
  links: string[];
  onLinkClick: (link: string) => void;
};

const Sidebar = ({ links, onLinkClick }: SidebarProps) => {
  return (
    <aside>
      <ul>
        {links.map((link) => (
          <li key={link} onClick={() => onLinkClick(link)}>
```

```
        {link}
      </li>
    ))}
  </ul>
</aside>
  );
};
```

Sidebar 컴포넌트는 links 배열과 onLinkClick 함수를 prop으로 전달받아 links 배열로부터 클릭 가능한 아이템 목록을 만듭니다. 링크를 클릭하면 onLinkClick 함수에 링크를 인수로 전달하여 호출합니다.

Header와 Sidebar를 분리한 후 Page 컴포넌트에는 본문 영역만 남았습니다. 같은 방식으로 본문 영역도 단순한 JSX 조각이 들어있는 Main 컴포넌트로 나눕니다.

```
type MainProps = {
  isLoading: boolean;
  content: React.ReactNode;
};

const Main = ({ isLoading, content }: MainProps) => {
  return <>!isLoading && <main>{content}</main>}</>;
};
```

Page 컴포넌트의 대부분을 분리했으므로, 이 단순한 컴포넌트들을 Page 컴포넌트의 외부 인터페이스 변경 없이 사용할 수 있습니다.

```
function Page({
  headerTitle,
  headerSubtitle,
  sidebarLinks,
  mainContent,
  isLoading,
  onHeaderClick,
  onSidebarLinkClick,
}: PageProps) {
  return (
    <div>
      <Header
```

```
        title={headerTitle}
        subtitle={headerSubtitle}
        onClick={onHeaderClick}
      />
      <Sidebar links={sidebarLinks} onLinkClick={onSidebarLinkClick} />
      <Main isLoading={isLoading} content={mainContent} />
    </div>
  );
}
```

Page 컴포넌트는 Header, Sidebar, Main 컴포넌트를 배치하고 prop을 전달받아서 이를 각각의 자식 컴포넌트에 전달합니다. Header는 제목, 부제목, 클릭 핸들러를, Sidebar는 링크 목록과 클릭 핸들러를 전달받으며 Main 컴포넌트는 본문 내용과 로딩 상태를 전달받습니다.

리팩터링한 Page는 보기와 달리 아직 완벽하지는 않습니다. Sidebar 또는 Main 컴포넌트에 새로운 prop을 전달하려면, 이미 7개나 있는 Page 컴포넌트의 prop을 더 늘려야 합니다. 늘어나는 prop을 확인하면서 이로 인한 테스트 코드까지 추가해야 하므로 상황이 상당히 복잡해집니다.

Header나 Sidebar 컴포넌트의 prop을 모두 표시하지 말고, Header의 인스턴스를 prop으로 전달받아 Header 컴포넌트를 대체하는 적절한 위치에 넣어줍니다.

```
type PageProps = {
  header: React.ReactNode;
  sidebarLinks: string[];
  isLoading: boolean;
  mainContent: React.ReactNode;
  onSidebarLinkClick: (link: string) => void;
};

function Page({
  header,
  sidebarLinks,
  mainContent,
  isLoading,
  onSidebarLinkClick,
}: PageProps) {
  return (
    <div>
      {header}
```

```tsx
      <Sidebar links={sidebarLinks} onLinkClick={onSidebarLinkClick} />
      <Main isLoading={isLoading} content={mainContent} />
    </div>
  );
}
```

이제 Page 컴포넌트는 사이드바 링크, 로딩 상태, 본문 영역, 링크 클릭 핸들러와 함께 header
를 prop으로 받아서 직접 렌더링합니다. 이렇게 하면 Page 바깥에서 어떤 header 인스턴스
도 전달할 수 있습니다.

마찬가지로 Sidebar와 Main도 바꿉니다.

```tsx
type PageProps = {
  header: React.ReactNode;
  sidebar: React.ReactNode;
  main: React.ReactNode;
};

function Page({ header, sidebar, main }: PageProps) {
  return (
    <div>
      {header}
      {sidebar}
      {main}
    </div>
  );
}
```

Page 컴포넌트는 header, sidebar, main 3가지 prop을 각각 리액트 노드 타입으로 받습니
다. Page 컴포넌트는 단순하게 이 3가지 prop을 div 안에 순서대로 렌더링하여 헤더와 사이
드바, 메인 영역을 배치하는 페이지 레이아웃을 구성합니다.

그럼 이제 Page를 자유롭게 활용할 수 있습니다. Header, Sidebar, Main을 완전히 커스터마
이즈하여 Page 컴포넌트에 prop으로 넘겨줍니다.

```tsx
const MyPage = () => {
  return (
    <Page
      header={
```

```jsx
      <Header
        title="My application"
        subtitle="Product page"
        onClick={() => console.log("toggle header")}
      />
    }
    sidebar={
      <Sidebar
        links={["Home", "About", "Contact"]}
        onLinkClick={() => console.log(`toggle sidebar`)}
      />
    }
    main={<Main isLoading={false} content={<div>The main</div>} />}
  />
  );
};
```

MyPage 컴포넌트는 Page 컴포넌트를 렌더링하고 Header, Sidebar, Main 컴포넌트를 prop 으로 넘겨줍니다. Header, Sidebar 컴포넌트를 클릭하면 브라우저 콘솔에 로그가 표시됩니다.

Page 컴포넌트의 header, sidebar, main prop에는 어떤 것이든 넣을 수 있습니다. 예제를 살펴봅시다.

```jsx
const MySimplePage = () => {
  return (
    <Page
      header={
        <h1>A simple header</h1>
      }
      sidebar={
        <aside>
          <ul>
            <li>Home</li>
            <li>About</li>
          </ul>
        </aside>
      }
      main={<div>The main content</div>}
    />
  );
```

```
};
```

MySimplePage 컴포넌트는 Page 컴포넌트를 감싸고 있습니다. Page 컴포넌트는 페이지의 각 영역에 표시해야 할 내용을 JSX 요소로 정의한 header, sidebar, main 3개의 컴포넌트를 전달받습니다. header prop은 헤더, sidebar prop은 Home과 About 아이템 목록을 갖고 있습니다. main prop은 페이지의 본문 내용을 포함합니다.

Page 컴포넌트의 초기 버전은 지나치게 많은 역할을 맡고 있어서 prop 역시 늘어날 수밖에 없었습니다. 그리고 많은 데이터를 여러 계층에 전달해야 하는 Prop Drilling 문제가 있었습니다. 이 설계는 구성하기 복잡할 뿐만 아니라 유지보수하기도 어렵습니다.

이러한 문제점들을 해결하고자 여러 기본 설계 원칙들을 적용하였습니다. 단일 책임 원칙을 기반으로, 거대한 Page 컴포넌트를 작고 다루기 쉬운 Header, Sidebar, Main 컴포넌트로 분리하는 리팩터링 과정을 거쳤습니다. 서브 컴포넌트가 각자의 역할을 담당하게 하고 그에 필요한 prop만을 전달받아 구조가 단순해졌습니다.

이렇게 컴포넌트를 분리한 뒤에, 합성을 통해 Page 컴포넌트가 분리한 서브 컴포넌트를 prop으로 전달받도록 수정했습니다. 이 방법은 Page 컴포넌트를 사용하는 곳에서 서브 컴포넌트를 prop을 통해 직접 제공하도록 하여 Prop Drilling 문제를 확연하게 줄였습니다.

이 리팩터링 과정은 Page 컴포넌트를 간소화하여 깔끔하고 관리하기 쉬운 코드베이스로 만들어주었습니다. Prop Drilling 문제를 효과적으로 해결하기 위해 컴포넌트 합성과 단일 책임 원칙을 활용하였습니다.

요약

이 장에서는 리액트 컴포넌트 설계와 개선을 위한 단일 책임 원칙, 중복 배제 원칙, 컴포넌트 합성에 대해 알아보았습니다. 이러한 원칙들을 적용하면 깔끔하고 유지보수가 쉬운 코드베이스를 구축할 수 있으며, 이는 리액트 애플리케이션의 견고한 기반이 됩니다.

다음 장에서는 리액트 애플리케이션의 테스트에 대해 다룹니다. 잘 구조화된 테스트가 어떻게 실수를 방지하고 코드 품질을 향상시키는지 살펴보겠습니다.

PART 2

테스팅 기법

PART 2에서는 프런트엔드 개발에서 테스트가 얼마나 중요한지 알아보고, 애플리케이션의 견고함과 유지보수성을 뒷받침해 줄 다양한 테스트 방법론과 리팩터링 기법을 살펴보겠습니다.

▶▶▶ **CHAPTER 5**
리액트 테스팅

▶▶▶ **CHAPTER 6**
일반적인 리팩터링 기법 살펴보기

▶▶▶ **CHAPTER 7**
리액트에서의 테스트 주도 개발

리액트 테스팅

이 장에서는 소프트웨어 테스팅의 중요성에 대해 배우고 단위, 통합 및 E2E^end-to-end 테스트를 포함한 다양한 유형의 테스트를 살펴봅니다. 그리고 Cypress, Jest 및 리액트 테스팅 라이브러리^React Testing Library와 같은 대중적인 테스트 도구의 사용법을 익혀봅니다. 뿐만 아니라 복잡한 테스팅 시나리오도 잘 다룰 수 있도록 스텁^stubbing과 모킹^mocking과 같은 개념들도 함께 살펴봅니다.

이 장의 목표는 테스트 전략을 제대로 이해하고 이를 리액트 애플리케이션에 구현하는 것입니다. 애플리케이션이 버그와 회귀 테스트에 유연하게 대응하고 신규 기능을 원활하게 추가할 수 있도록 적절한 테스트 코드를 작성해 볼 것입니다.

이 장을 마치면 리액트 테스팅에 대해 폭넓게 이해하고 프로젝트에 효과적으로 적용하는 방법을 숙지할 수 있을 것입니다.

이 장에서는 다음 주제를 다룹니다.

- 테스트가 필요한 이유
- 여러 종류의 테스트 알아보기
- Jest로 하는 개별 단위 테스트
- 통합 테스트
- Cypress 이용한 E2E 테스트

5.1 테스트가 필요한 이유

테스트는 소프트웨어의 안정성과 유지보수성을 높여주는 핵심 요소이므로 선택이 아닌 필수입니다. 테스트가 없다면 소프트웨어 개발이라는 망망대해에서 나침반 없이 항해하는 것과 같습니다. 테스팅의 장점에 대해 알아봅시다.

- **코드 검증**: 테스트는 코드가 의도한 방향으로 동작하고 있음을 확실하게 알려줍니다. 함수가 주어진 입력값에 따른 결괏값을 반환하고, 컴포넌트가 올바르게 렌더링되며, 애플리케이션이 예상대로 동작하는지 테스트를 통해 확인할 수 있습니다.

- **회귀 방지**: 애플리케이션을 확장하면서 새로운 코드의 추가로 인해 기존에 잘 동작하던 기능을 깨트릴 수 있습니다. 이를 회귀regression라 부릅니다. 자동화된 테스트는 회귀를 잡아주는 안전망 역할을 합니다.

- **리팩터링과 유지보수의 용이함**: 리팩터링이나 레거시 코드를 업데이트하는 과정은 늘 불안하기 마련입니다. 테스트는 이러한 불안을 줄여줍니다. 업데이트나 리팩터링 과정에서 실수로 무언가를 깨트리더라도 테스트가 잡아주니 안심할 수 있습니다.

- **코드 품질에 대한 신뢰 향상**: 잘 작성된 테스트 코드가 뒷받침된다면 코드의 품질을 정량적으로 측정할 수 있습니다.

- **문서화**: 테스트는 문서로 쓰일 수 있습니다. 테스트를 통해 함수나 컴포넌트의 수행 동작을 명확히 이해할 수 있고, 새로 합류하는 팀 동료가 프로젝트의 기능 동작을 이해할 수 있습니다.

다음 절에서 리액트 애플리케이션 개발에 주로 사용하는 테스트의 종류를 알아보고 테스팅 도구들을 효과적으로 다루는 방법을 살펴봅니다.

5.2 여러 종류의 테스트 알아보기

소프트웨어 개발 영역에서 테스트는 여러 유형으로 분류할 수 있습니다. 유형별로 고유한 목적을 갖고 있으며, 애플리케이션의 기능과 신뢰성을 뒷받침합니다. 전반적인 애플리케이션의 견고함을 위해 테스트를 유형별로 이해하는 것이 중요합니다. 보통 하나의 코드베이스에 단위 테스트와 통합 테스트, E2E 테스트가 있습니다.

각각의 테스트 종류에 대해 간단히 살펴보고 다음 절에서 하나씩 자세히 알아보겠습니다.

- **단위 테스트**: 개별 컴포넌트나 함수의 기능을 격리하여 각각 예상대로 동작하는지를 확인합니다.
- **통합 테스트**: 다른 모듈과 서비스들이 원활하게 상호작용하여 함께 잘 동작하는지를 검사합니다.
- **E2E 테스트**: 전체 애플리케이션의 흐름을 시작부터 종료까지 실제 사용자 행동을 묘사하여 테스트합니다. 이를 통해 전체 시스템이 유기적으로 잘 동작하는지를 확인합니다.

프로젝트에서 테스트를 구성하는 방법도 중요합니다. 빠르게 수행이 가능한 단위 테스트는 많은 시나리오를 만들고 자주 실행하여 상세한 피드백을 빠르게 확인해야 합니다. 반면에 수행 시간이 많이 걸리는 E2E 테스트는 단위 테스트보다 시나리오 수는 적지만, 각 기능들이 유기적으로 동작하는지를 검증해야 합니다. 이러한 접근 방식은 테스트 피라미드 방법론과 일치합니다.

마이크 콘^{Mike Cohn}이 고안한 테스트 피라미드에서는 통합 테스트나 E2E 테스트보다 단위 테스트를 더 많이 수행할 것을 권장합니다. 그 이유는 간단합니다. 단위 테스트는 빠르고 단순하며 유지하기 쉽기 때문입니다.

하지만 현대의 프런트엔드 개발에서 이 모델은 진화하고 있습니다. 프런트엔드 애플리케이션의 복잡도가 높아지고 상호작용이 많아지면서, 통합 테스트와 E2E 테스트가 더욱 중요해졌습니다. Cypress, Puppeteer와 같은 도구들을 이용하면 브라우저에서의 사용자 행동을 모방하는 E2E 테스트를 쉽게 작성할 수 있습니다. 또한 리액트 테스팅 라이브러리는 컴포넌트 간의 상호작용을 쉽게 확인할 수 있도록 하여 통합 테스트를 더욱 원활하게 해줍니다.

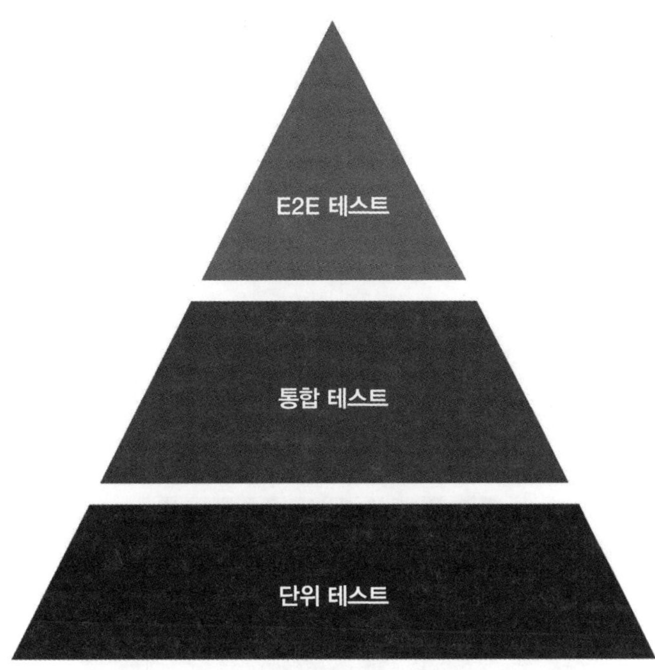

그림 5.1 전통적인 테스트 피라미드

프런트엔드 애플리케이션 영역에서는 계속해서 새로운 종류의 테스트가 등장하고 있습니다. 그 중에서도 시각적 회귀 테스트는 웹 애플리케이션의 시각적으로 나타나는 부분을 저장하고 이전 버전과 비교하는 방식입니다. 사용자 인터페이스의 의도하지 않은 시각적 오류와 변경 사항이 개발 도중에 발생했을 때, 이러한 유형의 테스트가 특히 유용합니다.

시각적 회귀 테스트는 각기 다른 시점에서 웹페이지 또는 컴포넌트의 스크린샷이나 스냅샷을 찍어 픽셀 단위로 비교하여 시각적 차이점을 찾아냅니다. 차이점이 발견되었을 때는 리뷰가 필요하다고 표시합니다. 감지된 변화가 새로운 기능이나 디자인 업데이트로 인한 예상된 변화인지, 아니면 의도치 않은 변화라 수정이 필요한지 리뷰를 진행할 때 결정합니다.

프런트엔드 테스팅 방법론 중 정적 검사^{static checks}는 오류를 잡아내고 코딩 표준을 보장하기 위해 코드를 실행시키지 않고 구문을 분석하는 것입니다. 구문 오류를 체크하고, 린팅^{linting}을 통한 코드 표준을 강제하고, 타입 검사를 통해 올바른 데이터 타입을 확인합니다. 또한 코드의 복잡도를 분석하고 의존성을 검사하며 보안 취약점을 확인합니다.

애플리케이션의 요구사항에 따라 테스트 피라미드의 구체적인 모양은 다를 수 있지만, 중요한

점은 애플리케이션의 다양한 영역에서 빠르고 유용한 피드백을 제공할 수 있는 균형 잡힌 테스
팅 전략을 갖추는 것입니다.

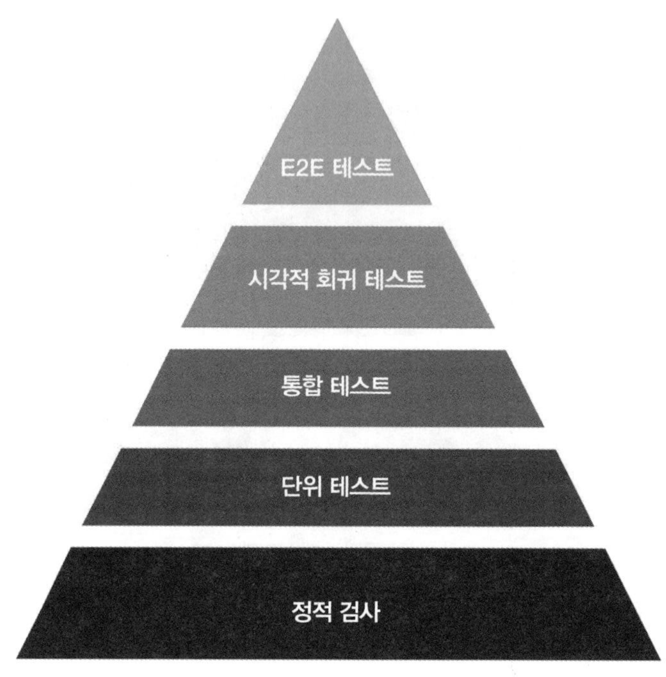

그림 5.2 발전된 테스트 피라미드

다음 절에서는 테스팅 개념을 실제 프로젝트에 활용할 수 있도록 지금까지 소개된 테스팅 유형
들을 리액트 애플리케이션에 적용하는 연습을 해보겠습니다.

5.3 Jest로 하는 개별 단위 테스팅

단위 테스트는 가장 작은 단위이면서 테스트 피라미드의 기본 토대가 됩니다. 함수, 메서드 또
는 컴포넌트와 같은 기본 단위 코드가 격리된 환경에서 예상한 대로 동작을 수행하는지 검증합
니다. 단위 테스트는 작성하고 실행하기 쉬우며 개발자에게 즉각적인 피드백을 제공합니다.

이 책에서는 Jest를 이용하여 단위 테스트와 통합 테스트를 합니다. Jest는 페이스북에서 만든

범용 자바스크립트 테스팅 프레임워크로, 단순함에 초점을 맞춥니다. 비동기 테스트, 모킹, 스냅샷 테스팅 등을 지원하고, 기능이 풍부하여 리액트 애플리케이션을 테스트하기에 좋은 선택입니다.

5.3.1 첫 테스트 작성하기

`math.ts` 파일의 `add` 함수를 확인하기 위해 간단한 테스트를 작성해봅니다.

```
export function add(a: number, b: number) {
  return a + b;
}
```

테스트 코드를 작성하기 위해, 같은 디렉터리에 `math.test.ts` 파일을 만듭니다.

```
import { add } from './math';

test('add adds numbers correctly', () => {
  expect(add(1, 2)).toBe(3);
});
```

첫 테스트 코드를 작성했습니다. `test` 함수는 테스트를 설명하는 문자열과 테스트를 구현한 콜백 함수, 2개의 인자를 받습니다. `expect`는 Jest에서 제공하는 함수이며 실제 값을 전달받고, `toBe`는 비교matcher 함수로 실제 값과 기대한 값을 비교합니다.

테스트를 작성하는 또 다른 방법은 `it` 함수를 활용하는 것입니다. Jest에서 `test`와 `it` 함수는 실제로 같은 함수이며 서로 번갈아 가며 사용할 수 있습니다. 각각의 이름은 서로 다른 테스팅 규칙에서 등장했습니다.

- `test`: 많은 테스팅 프레임워크와 언어에서 흔히 쓰이는 이름입니다. 다른 테스팅 라이브러리에 대한 경험이 있다면, `test`는 보다 직관적이고 익숙할 것입니다.
- `it`: 자스민Jasmine이나 모카Mocha와 같은 행위 주도 개발behavior-driven-development 방식의 프레임워크에서 유래되었습니다.

`it`을 사용하면 테스트 코드를 마치 영어 문장처럼 자연스럽게 읽을 수 있습니다. 예를 들어

it("adds 1 + 2 to equal 3", () => expect(1 + 2).toBe(3)) 테스트 코드는 "1과 2
를 더하면 3과 같다"로 읽을 수 있습니다.

> ⚠️ BDD는 소프트웨어 개발 방법론으로 소프트웨어 프로젝트에서 개발자와 QA, 비개발자 간의 협업을
> 강조합니다. 개발 구현을 시작하기 전에 기대하는 행위에 대한 명확한 이해를 강조하여 개발과 비즈니스 요
> 구사항을 일치시킵니다.
> BDD는 소프트웨어의 동작을 일반 언어로 설명하여 모든 이해관계자가 쉽게 이해할 수 있도록 강조합니다.
> 이를 위해 Gherkin과 같은 언어로 실행 가능한 명세를 작성하며, 이는 개발 과정의 가이드라인이자 수용할
> 수 있는 기준의 역할을 합니다.
> BDD는 소프트웨어 개발의 모든 이해당사자 사이의 협업을 권장하고 상호이해를 극대화하여, 비즈니스 요구
> 사항을 잘 반영한 소프트웨어를 개발하도록 하는 것이 목표입니다.

팀의 테스팅에 대한 선호와 철학에 따라 맞는 방법을 선택하면 됩니다. 테스트가 무엇을 확인
하려고 하는지 비개발자 그룹에게 더 명확히 이해시키려면 it을 선택하면 됩니다. 반면에 간결
하고 직관적인 것을 선호하는 팀은 test를 선택할 것입니다. 이 책에서는 BDD 방식에 따라 테
스트를 작성합니다.

5.3.2 테스트 그룹 묶기

서로 관련이 있는 테스트들을 하나의 그룹으로 묶으면 테스트 파일의 가독성이 향상됩니다. 다
양한 기능 영역을 명확하게 묘사함으로써, 그룹은 테스트 스위트^{suite}의 맥락을 한눈에 이해하기
쉽게 합니다. 이렇게 가독성이 향상되면 어떤 기능을 검증하고자 하는지 이해하는 데 크게 도
움이 됩니다. 큰 코드 단위에서 많은 수의 테스트가 있을 때, 그룹 묶기를 하면 애플리케이션의
각각 다른 부분들이 어떻게 테스트되고 있는지 한눈에 파악하기가 쉽습니다.

Jest에서는 describe 함수를 이용하여 테스트 그룹을 묶을 수 있습니다. add 함수에 음수의
덧셈, 음수와 양수의 덧셈, 십진법의 합 또는 복소수나 허수의 덧셈 등 여러 가지 계산 기능 검
증이 필요한 사례를 살펴보겠습니다. 이들을 다음 코드처럼 하나의 describe 블록으로 묶는
것이 효율적입니다.

```
import { add } from './math';
```

```javascript
describe('math functions', () => {
  it('adds positive numbers correctly', () => {
    expect(add(1, 2)).toBe(3);
  });

  it('adds negative numbers correctly', () => {
    expect(add(-1, -2)).toBe(-3);
  });
  // 그외 테스트 코드
});
```

describe 함수는 관련된 테스트를 그룹으로 묶을 때 사용합니다. 여기서는 몇 개의 수학 함수에 사용합니다. 이 그룹 안에는 2개의 it 함수가 있는데 각각 하나의 테스트를 의미합니다. 첫 번째 테스트는 add 함수가 두 양수를 올바르게 더하는지, 두 번째 테스트는 add 함수가 두 음수를 올바르게 더하는지 확인합니다.

Jest로 describe 블록을 중첩하여 테스트를 좀 더 구조화할 수 있습니다. 예를 들어 테스트를 뺄셈과 곱셈, 나눗셈까지 확장한다고 하면, 다음과 같은 방법으로 테스트 스위트를 구조화할 수 있습니다.

```javascript
describe('calculator', () => {
  describe('addition', () => {
    it('adds positive numbers correctly', () => {
        expect(add(1, 2)).toBe(3);
    });
    it('adds negative numbers correctly', () => {
        expect(add(-1, -2)).toBe(-3);
    });
    // 그 외 추가 테스트 코드
  });
  describe('subtraction', () => {
    it('subtracts positive numbers', () => {});
  });
  // 그 외 곱셈과 나눗셈 describe 블록
});
```

예제 코드에서 최상위 describe 블록은 calculator로 명명합니다. 이 블록 안에는 각각의 수학 연산 단위로 중첩된 describe 블록이 있습니다. 예를 들어 addition 연산 블록에는 여러 덧셈 연산 시나리오에 대한 개별 it 테스트들이 있습니다. 마찬가지로 subtraction 연산에 대한 describe 블록을 만들면 됩니다. 중첩된 구조는 특히 많은 수의 테스트 또는 복잡한 시나리오를 좀 더 체계적으로 구조화하고 가독성을 높이며 탐색하기 쉽게 합니다.

5.3.3 리액트 컴포넌트 테스트

앞서 살펴본 바와 같이 Jest는 여러 형태의 애플리케이션을 테스트하기 좋은 도구이며, 리액트 애플리케이션에 대해서도 탁월합니다. Jest를 단독으로 사용할 수도 있지만, 리액트 테스팅 라이브러리React Testing Library와 같은 전용 라이브러리를 사용하는 것보다 코드가 번잡해질 수 있습니다.

리액트 테스팅 라이브러리는 리액트 컴포넌트 테스팅을 위한 강력한 경량 라이브러리입니다. Jest를 기반으로 리액트 컴포넌트를 손쉽게 다루는 유틸리티 함수들이 추가된 라이브러리로, 테스트 코드를 사용자의 소프트웨어 사용 행태와 유사하게 작성하기를 권장합니다. 사용자처럼 애플리케이션과 상호작용을 하며, 세부 구현에 대한 것이 아닌 기능에 대한 테스트를 하는 것입니다. 이러한 접근 방식으로 작성한 탄탄하고 유지하기 쉬운 테스트 코드는 애플리케이션이 실서비스에서도 잘 동작할 수 있게 하는 든든한 버팀목이 될 것입니다.

이 책에서 제공하는 예제 코드는 리액트 테스팅 라이브러리 사용을 위한 설정이 이미 되어 있습니다. **기술적 요구사항**에서 안내된 코드를 로컬 디렉터리에 복제clone하기만 하면 됩니다.

리액트 테스팅 라이브러리를 통해 어떻게 테스트를 하는지 단순한 리액트 컴포넌트로 시작해 봅시다. Section 컴포넌트는 heading과 content 2개의 prop을 전달받아 article 태그 하위에 표시해주는 프레젠테이션 컴포넌트입니다.

```
type SectionProps = {
  heading: string;
  content: string;
};

const Section = ({ heading, content }: SectionProps) => {
  return (
    <article>
      <h1>{heading}</h1>
      <p>{content}</p>
```

```
    </article>
  );
};

export { Section };
```

컴포넌트를 테스트하려면 Section.tsx 옆에 Section.test.tsx 파일을 만들고, 여기에 테스트 코드를 작성할 것입니다. 리액트 테스팅 라이브러리를 이용하여 Section 컴포넌트를 확인하면 됩니다.

```
import React from "react";
import { render, screen } from "@testing-library/react";

import { Section } from "../component/Section";

describe("Section", () => {
  it("renders a section with heading and content", () => {
    render(<Section heading="Basic" content="Hello world" />);

    expect(screen.getByText("Basic")).toBeInTheDocument();
    expect(screen.getByText("Hello world")).toBeInTheDocument();
  });
});
```

이 테스트 코드는 @testing-library/react를 사용하여 Section 컴포넌트가 예상대로 동작하는지 검증합니다. **Basic**과 **Hello world** 텍스트가 HTML 문서에 표시되어야 합니다. @testing-library/react에서 제공하는 렌더링 함수는 Section 컴포넌트 안의 heading에 **Basic**, content에 **Hello world** prop을 전달했을 때 HTML을 렌더링합니다.

렌더링 이후에 screen.getByText 함수는 Section 컴포넌트로 렌더링된 DOM에서 특정 텍스트를 가진 요소를 조회합니다.

그 다음 expect와 toBeInTheDocument는 이 요소의 상태에 대해 단언[assertion]하는 데에 쓰입니다. DOM에 **Basic** 텍스트가 있는 요소와 **Hello world** 텍스트가 있는 요소가 있다고 단언하여, section 컴포넌트가 heading과 content prop을 올바르게 렌더링했음을 확인합니다.

리액트 컴포넌트에 대한 직관적인 단위 테스트는 테스팅을 시작하기 좋은 지점입니다. 하지만 실전의 복잡한 프로젝트에서는 여러 개의 컴포넌트들이 조화롭게 상호작용해야 하는 상황을 만나게 됩니다. 예를 들어 하나의 결제 페이지에 배송주소 목록을 표시하는 컴포넌트, 결제 컴포넌트, 상품가격을 계산하는 로직 컴포넌트 등이 통합되어 있는 경우가 그렇습니다.

각각의 개별 컴포넌트들을 자연스럽게 통합하려면 좀 더 포괄적인 테스팅 전략이 필요합니다.

5.4 통합 테스트

테스트 피라미드에서 단위 테스트 위에 있는 통합 테스트는 여러 단위 코드들 사이의 상호작용에 대해 검증합니다. 여기서 말하는 상호작용이란 컴포넌트 간의 상호작용 또는 서버와 클라이언트 사이의 상호작용을 말합니다. 통합 테스트의 목적은 시스템의 각기 다른 부분들을 통합하면서 생길 수 있는 문제들을 발견하는 것입니다.

2개의 개별 컴포넌트 사이의 상호작용을 테스트해서 함께 올바르게 동작하는지를 확인하는 것은 UI 컴포넌트 레벨에서의 통합 테스트입니다. 프런트엔드 코드와 백엔드 서비스가 자연스럽게 연결되는지 확인하고자 한다면, 애플리케이션의 다른 계층들이 함께 올바르게 동작하는지를 보는 것이기 때문에 이 또한 통합 테스트로 분류할 수 있습니다.

리액트 컴포넌트의 통합 테스트 예제를 살펴봅시다. [그림 5.3]의 Terms and Condition 영역을 보면, 법적인 정보를 담고 있는 긴 텍스트와 사용자 동의 여부를 표시하는 체크박스가 있습니다. [Next] 버튼의 초기 상태는 비활성화 표시가 되어 있습니다. 하지만 사용자가 [Accept the Terms and Conditions]를 체크하면 버튼이 활성화되어 다음으로 넘어갈 수 있습니다.

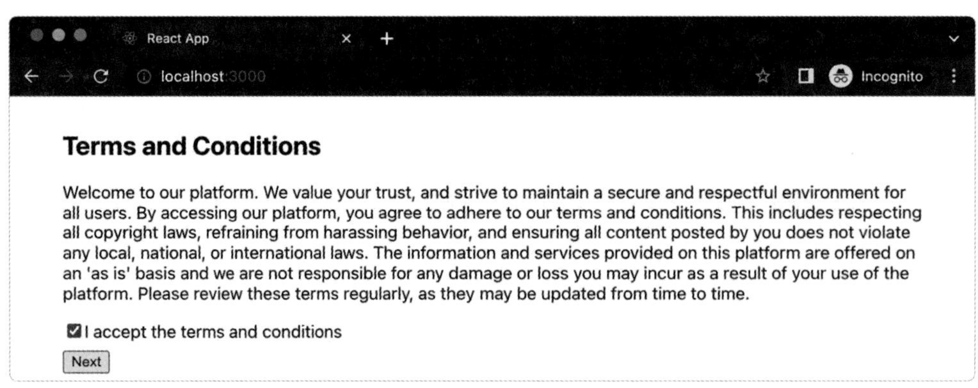

그림 5.3 약관 동의 컴포넌트

통합 테스트는 아래 코드와 같이 구현합니다. 체크박스와 [Next] 버튼을 각각 테스트하지 않고
두 버튼 간의 상호작용에 대해 검증하는 것입니다.

```
describe('Terms and Conditions', () => {
  it("renders learn react link", () => {
    render(<TermsAndConditions />);
    const button = screen.getByText('Next');
    expect(button).toBeDisabled();

    const checkbox = screen.getByRole('checkbox');
    act(() => {
      userEvent.click(checkbox);
    })

    expect(button).toBeEnabled();
  });
})
```

describe 함수는 TermsAndConditions 컴포넌트와 관련된 모든 테스트들을 테스트 스위트
test suite라 불리는 그룹으로 묶습니다. 테스트 스위트 안에는 it으로 표시한 단일 테스트 케이스
가 있습니다. 이 테스트에 대한 설명은 renders learn react link(리액트 배우기 링크 렌더
링)인데, 수행된 작업을 고려하면 잘못된 명칭입니다. 좀 더 적절한 설명은 Enables the next
button upon accepting terms and conditions(이용약관과 조건에 동의하면 [Next] 버튼
을 활성화 하기)입니다.

초기에는 TermsAndConditions 컴포넌트를 표시하기 위해 render 함수를 호출합니다. 이 함
수는 컴포넌트가 예상대로 동작하는지 평가하기 위해 다양한 방법으로 조회할 수 있는 일련의
출력이나 렌더링 결과물을 생성합니다.

이후에 페이지 안에서 검색한 요소를 반환해주는 screen.getByText 함수를 이용하여
[Next]라는 텍스트를 통해 버튼을 찾습니다. 여기서 버튼은 비활성화되어 있어야 하는데,
expect(button).toBeDisabled()를 통해 비활성화 상태를 확인합니다.

다음으로 체크박스를 screen.getByRole 함수를 통해 찾습니다. 이 함수는 체크박스를
checkbox라는 역할로 구분하여 찾습니다.

사용자의 체크박스 선택은 act 함수로 감싼 userEvent.click 함수를 통해 시뮬레이션합니
다. act 함수는 이 동작으로 인한 모든 UI 업데이트가 완료될 때까지 기다린 후 다음 단계로

진행하므로, 테스트 과정에서 업데이트된 상태를 정확하게 확인할 수 있습니다.

마지막으로, 체크박스를 클릭한 후에 버튼이 활성화 되는 것을 expect(button).toBeEn
abled()를 통해 확인합니다. 이 선언문이 true면 컴포넌트가 의도한 대로 동작함을 확인할
수 있습니다. 이는 사용자가 약관과 조건에 동의하기까지 [Next] 버튼이 비활성화되어 있음을
의미합니다.

이제 어떻게 코드를 작성하는지 봅니다. 테스트의 대상인 TermsAndConditions 컴포넌트 코
드는 heading, LegalContent, UserConsent와 같은 몇 가지 컴포넌트의 조합으로 구성되어
있습니다. UserConsent는 Checkbox와 Button 컴포넌트로 이루어져 있습니다.

```tsx
const TheLegalContent = () => {
  return (
    <p>
      {/*...*/}
    </p>
  );
};


type CheckBoxProps = {
  label: string;
  isChecked: boolean;
  onCheck: (event: any) => void;
}

const CheckBox = ({ label, isChecked, onCheck }: CheckBoxProps) => {
  return (
    <label>
      <input
        type="checkbox"
        checked={isChecked}
        onChange={onCheck}
      />
      {label}
    </label>
  );
};


type ButtonProps = {
  type: 'standard' | 'primary' | 'secondary';
  label: string;
```

```tsx
    disabled?: boolean;
  };

  const Button = ({ label, disabled = true }: ButtonProps) => {
    return (
      <div style={{ margin: '0.5rem 0' }}>
        <button disabled={disabled}>{label}</button>
      </div>
    );
  };

  const UserConsent = () => {
    const [isChecked, setIsChecked] = useState(false);

    const handleCheckboxChange = (event: React.
     ChangeEvent<HTMLInputElement>) => {
      setIsChecked(event.target.checked);
    };

    return (
      <>
        <CheckBox isChecked={isChecked} onCheck={handleCheckboxChange}
         label="I accept the terms and conditions" />
        <Button type="primary" label="Next" disabled={!isChecked} />
      </>
    );
  };

  const TermsAndConditions = () => {
    return (
      <div>
        <h2>Terms and Conditions</h2>
        <TheLegalContent />
        <UserConsent />
      </div>
    );
  };

  export { TermsAndConditions };
```

이 컴포넌트에서 외부로 노출되는 컴포넌트는 TermsAndConditions 하나입니다. 이 테스트
에서는 jsdom 환경에서 클릭 이벤트를 시작하기 위해 userEvent.click을 사용합니다.

중요한 것은 개별 리액트 컴포넌트에 대한 단위 테스트를 수행하는 것이 아니라, DOM요소 간의 상호작용에 초점을 맞추는 것입니다. 여기서는 모든 기능을 지원하는 브라우저를 사용하지 않고, 메모리 위에서 동작하는 헤드리스 브라우저인 jsdom을 사용합니다. 제한된 환경에서 수행하는 통합 테스트일지라도, 클릭 이벤트와 버튼 활성화가 예상한 대로 동작하는지를 확인하는 데는 충분합니다.

> ⚠ jsdom은 자바스크립트 기반의 헤드리스 브라우저로, 실제 웹 브라우저와 유사한 테스팅 환경을 만들 때 사용합니다. 자바스크립트로 HTML, DOM, CSS와 같은 웹 표준을 구현합니다.
>
> 브라우저의 DOM을 조작하기 위해 자바스크립트를 실행할 때 브라우저는 DOM을 제공합니다. 하지만 Node.js 환경에서 Jest와 같은 테스트 프레임워크를 사용할 때는 DOM을 기본으로 제공하지 않습니다. 이러한 경우에 jsdom이 필요합니다. jsdom은 가상의 DOM을 제공하기 때문에 테스트가 Node.js 환경에서 실행되더라도 브라우저와 유사한 환경을 만들어 줍니다.
>
> jsdom은 왜 필요할까요? 모던 프런트엔드 개발에서 리액트, 앵귤러Angular, 뷰Vue와 같은 프레임워크를 사용할 때 자바스크립트 코드는 DOM과 직접 상호작용합니다. 테스트가 유효하기 위해서는 이러한 상호작용을 묘사할 수 있어야 합니다. jsdom은 브라우저를 띄우지 않고도 이를 가능하게 합니다.

통합 테스트에서는 여러 다양한 모듈 사이의 상호작용에 집중합니다. 하지만 상호작용이 기대한 대로 동작하더라도 더 큰 범위의 시스템이 제대로 동작하지 않을 가능성이 있습니다. 사용자의 동작은 종종 여러 단계를 거치는 복잡한 흐름이 되기도 하므로, 소프트웨어의 안정적인 동작을 보장하기 위해 각 단계들을 매끄럽게 연결하는 과정이 중요합니다.

5.5 Cypress를 이용한 E2E 테스트

E2E 테스트는 테스트 피라미드의 가장 상위에 있습니다. E2E 테스트는 실제 사용자 흐름과 상호작용을 묘사하여, 시스템 전체를 테스트합니다. 이 테스트는 사용자 인터페이스부터 백엔드 시스템까지 애플리케이션의 모든 부분이 함께 잘 동작하는지를 검증합니다.

이 책에서는 Cypress E2E 테스트 프레임워크를 사용합니다. Cypress는 모던 웹 애플리케이션에서 E2E 테스팅을 하는 유용한 도구입니다. 많은 테스팅 시스템에서 일반적으로 사용하는

셀레늄Selenium과 달리, Cypress는 실제 브라우저에서 동작하므로 안정적으로 테스트할 수 있고 더 나은 디버깅 경험을 제공합니다.

5.5.1 Cypress 설치

Cypress는 이 책에서 사용하는 예제 코드 프로젝트와 같이 기존 프로젝트에 설치하거나 프로젝트 외부의 별도 폴더에 설치할 수 있습니다. Cypress에 대한 의존성은 이 책의 **기술적 요구사항**에서 안내하는 깃허브 저장소 내 코드베이스에 추가되어 있으므로, 프로젝트에서 npm install을 수행하면 됩니다.[1]

패키지를 설치한 후, npx cypress open을 실행하면 설정 마법사 화면이 보입니다.

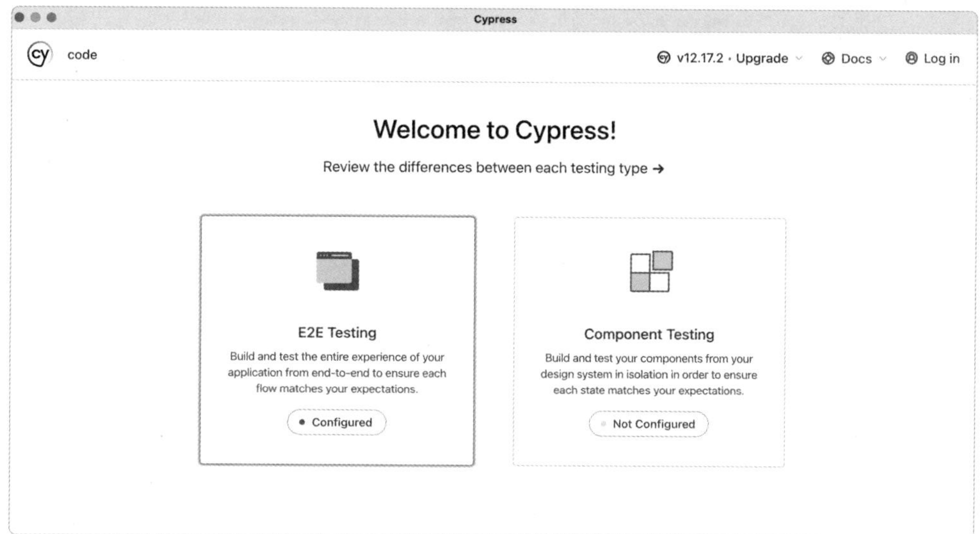

그림 5.4 Cypress 마법사 – 테스트 유형 선택

[E2E Testing]을 설정하고 테스트를 수행할 브라우저로 [Chrome]을 선택합니다. 그 다음에 [Create new spec]을 선택합니다.

---

1 공식문서 참고: *https://docs.cypress.io/app/get-started/install-cypress*

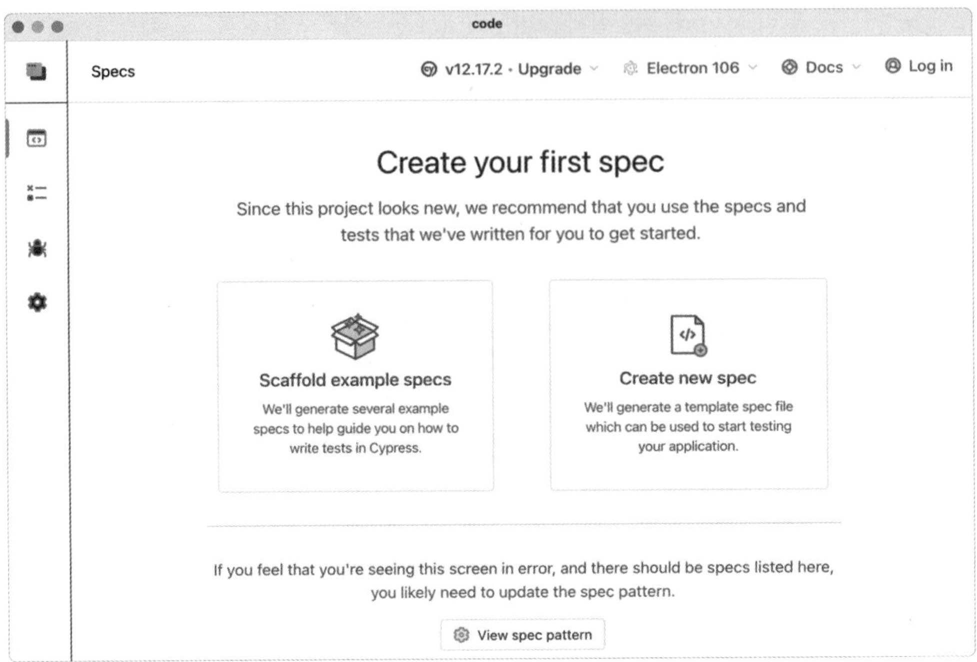

그림 5.5 Cypress 마법사 – 템플릿으로부터 스펙 생성하기

Cypress는 필요한 파일이 담긴 폴더를 다음과 같이 생성합니다.

```
cypress
├── downloads
├── e2e
│       └── quote-of-the-day.spec.cy.js
├── fixtures
│       └── example.json
└── support
    ├── commands.js
    └── e2e.js
```

폴더 구조를 자세히 살펴봅니다.

- 최상위 루트 디렉터리인 **cypress**에는 Cypress와 관련된 모든 파일이 있습니다.

- `downloads` 디렉터리는 Cypress 테스트 과정에서 다운로드 파일들이 저장되는 위치입니다. 여기에는

다운로드할 파일이 없으므로 사용하지 않습니다.

- e2e 디렉터리에는 E2E 테스트 파일들이 있습니다. 여기서는 애플리케이션의 '오늘의 명언' 기능을 테스트하기 위해 Cypress 마법사가 생성한 `quote-of-the-day.spec.cy.js`가 있습니다.
- fixtures 디렉터리는 테스트에서 사용할 외부 정적 데이터 파일이 들어가는 위치입니다. 만약 테스트에서 네트워크 응답을 모킹하기 위한 JSON 데이터가 필요하다면 이곳에 들어갑니다.
- support 디렉터리는 Cypress 명령어와 지원 파일이 있습니다. 여기에서는 다루지 않습니다.

이제 폴더 구조를 설정했으니, 첫 테스트를 작성해봅시다.

5.5.2 첫 E2E 테스트 실행하기

`quote-of-the-day.spec.cy.js` 파일을 수정해서 원격 웹사이트에 접근해봅니다. Cypress는 `cypress/e2e/` 폴더 하위의 파일 변경을 추적하고, 내용이 변경되면 테스트를 수행합니다.

MacOS나 Linux 또는 Windows의 터미널 화면에서 `npx cypress open` 명령어를 통해 Cypress가 실행되어야 합니다.

```
describe('quote of the day', () => {
  it('display the heading', () => {
    cy.visit('https://icodeit-juntao.github.io/quote-of-the-day/');
  })
});
```

위 코드에서 **describe**는 테스트 스위트를 선언합니다. 여기에서는 '오늘의 명언(Quote of the day)' 기능입니다. 코드 안에서 **display the heading**이라는 하나의 테스트 케이스를 **it**으로 선언했습니다. 이 테스트 케이스의 목적은 웹사이트(여기서는 *https://icodeit-juntao.github.io/quote-of-the-day/*)에 방문하는 것입니다. 이 웹사이트는 사용자가 페이지를 갱신할 때마다 무작위로 명언을 반환합니다.

그러나 이 테스트 케이스는 실제 테스트를 수행하거나 검증하는 부분이 아직 없고, 그저 페이지로 이동하는 것뿐입니다. 유용한 테스트를 만들기 위해선 제목이나 표시되는 명언 등 특정 요소의 상태를 확인하는 단언assertion을 추가할 수 있습니다.

```js
it('display the heading', () => {
  cy.visit('https://icodeit-juntao.github.io/quote-of-the-day/');
  cy.contains("Quote of the day");
})
```

이제 이 코드는 의미 있는 테스트가 되었습니다. *https://icodeit-juntao.github.io/quote-of-the-day/*에 방문한 후에 `cy.contains()` 메서드를 통해 확인하는 로직이 추가되었습니다. `cy.contains()` 메서드는 특정 텍스트, 여기에서는 오늘의 명언(Quote of the day)을 포함하는 DOM 요소를 찾아 반환합니다. 이 메서드는 텍스트를 포함하는 첫 번째 요소를 반환하며, 찾지 못한다면 테스트는 실패합니다.

테스트를 통과한 페이지는 어떤 예외 사항도 발생시키지 않음을 확신할 수 있으며, URL을 외부 사용자에게 공개할 수 있습니다.

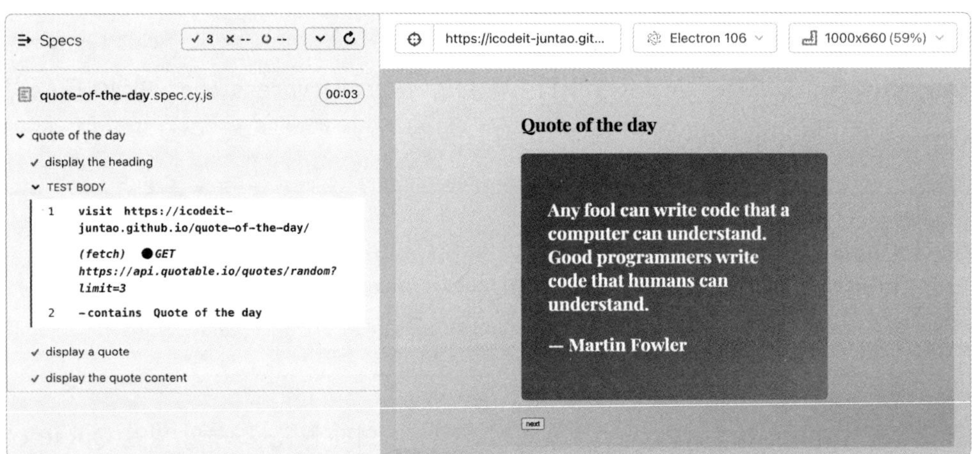

그림 5.6 Cypress 테스트 러너를 통한 E2E 테스트 수행

[그림 5.6]의 오른쪽 화면을 보면 실제 브라우저에서 어떻게 표시되는지 볼 수 있습니다. 왼쪽 화면에는 테스트 케이스와 진행 상황을 확인할 수 있으며, 마우스를 진행 단계 위에 가져가면 테스트의 각 수행 시점의 스냅샷 화면을 볼 수 있습니다.

뿐만 아니라 명언 영역이 페이지에 노출되는 것을 확인하는 또 다른 테스트를 추가할 수 있습니다. 이 애플리케이션에서 가장 중요한 부분인 명언이 제대로 노출되는지를 확인하는 것입니다.

```javascript
it('display a quote', () => {
  cy.visit('https://icodeit-juntao.github.io/quote-of-the-day/');
  cy.get('[data-testid="quote-container"]').should('have.length', 1);
});
```

이 테스트에서 cy.get() 메서드는 DOM 요소에서 data-testid 속성을 가져오기 위해 사용합니다. 이 속성은 보통 테스트에서 자주 변경되는 CSS 선택자나 내용과 관계없이 특정 속성을 쉽게 선택하기 위해 사용합니다.

이 테스트에서는 quote-container의 data-testid 속성을 가진 요소를 선택했습니다. 요소를 선택하면 should() 메서드를 호출하여 이 요소의 상태를 검증합니다. 여기에서는 요소의 길이, 즉 일치하는 요소의 개수가 1이 맞는지 확인합니다. 1이 맞다면 테스트는 성공하고, 맞는 요소가 없거나 둘 이상인 경우 1이 아니므로 테스트는 실패합니다.

그런데 만약 페이지가 비어 있지 않고 헤더 영역이 올바르게 렌더링 되었는데도, 실제 명언 내용이 어떤 이유로 보이지 않는다면 어떻게 될까요? 아니면 명언 영역은 보이지만 테스트를 작성할 때 기대했던 명언이 보이지 않는다면 어떻게 될까요? 애플리케이션을 테스트할 때, 이러한 예측하기 어려운 현상에 대응하기 위한 별도의 구조화된 방법이 필요합니다.

5.5.3 네트워크 요청 가로채기

몇몇 상황의 경우 UI 동작을 위해 실제 네트워크 요청을 보내고 싶지 않을 때도 있습니다. 또는 네트워크 응답에 직접 의존하는 것이 실용적이지 못한 경우도 있습니다. 우리는 명언이 올바르게 표시되는지 내용을 확인하여 검증하고 싶지만, 명언은 무작위로 생성되므로 네트워크 요청을 보내기 전에는 어떤 명언이 표시될지 예측할 수 없습니다. 테스트를 위해서 우리는 네트워크 요청을 보내면서도 응답을 고정시킬 방법이 필요합니다.

이를 위해 엔드포인트로 보내는 네트워크의 요청을 가로채서 고정된 데이터를 반환하는 방법이 있습니다. Cypress에서는 cy.intercept API를 통해 이를 지원합니다.

첫 번째로, 우리는 quote-of-the-day.spec.cy.js에 데이터 배열을 정의합니다. 자바스크립트의 일반적인 배열에 서버 응답으로 예상되는 내용을 담습니다.

```javascript
const quotes = [
  {
    content:
      "Any fool can write code that a computer can understand. Good
      programmers write code that humans can understand.",
    author: "Martin Fowler",
  },
  {
    content: "Truth can only be found in one place: the code.",
    author: "Robert C. Martin",
  },
  {
    content:
      "Optimism is an occupational hazard of programming: feedback is
      the treatment.",
    author: "Kent Beck",
  },
];
```

테스트 코드에서 URL이 https://api.quotable.io/quotes/random으로 시작하는 모든
네트워크 요청을 가로채기 위해 리액트에서 네트워크 요청을 보낼 때마다 Cypress는 요청을
취소하고 quotes 배열을 대신 반환합니다. 이는 원격 서버의 동작 여부와 관계없이 수행됩니
다. 이를 통해 테스트는 보다 안정적으로 동작합니다. 다음 코드에서 확인할 수 있습니다.

```javascript
it("display the quote content", () => {
  cy.intercept("GET", "https://api.quotable.io/quotes/random*", {
    statusCode: 200,
    body: quotes,
  });

  cy.visit("https://icodeit-juntao.github.io/quote-of-the-day/");

  cy.contains(
    "Any fool can write code that a computer can understand. Good
     programmers write code that humans can understand."
  );

  cy.contains(
    "Martin Fowler"
  );
});
```

`cy.intercept` 함수는 명언 HTTP GET 요청을 중간에 가로채서 다른 값으로 응답하는 데 사용되었습니다. 이러한 요청이 들어오면 실제 API로 요청을 보내는 대신, Cypress는 미리 정의된 HTTP 응답을 보냅니다. 응답 코드 200은 성공을 의미하고, 응답의 본문은 미리 정의한 명언 데이터가 됩니다. 이 방법을 통해 반환되는 데이터를 제어할 수 있고, 테스트를 보다 예측 가능하게 만들며 실제 API 환경의 불안정한 상황으로부터 격리시킬 수 있습니다.

다음 테스트는 명언 웹페이지로 이동합니다. 페이지가 로드된 후 페이지 내용에 예상하는 명언 텍스트와 저자가 나오는지를 확인합니다. 제대로 실행되면 테스트 케이스는 성공합니다.

여기서 눈여겨볼 만한 흥미로운 부분이 있습니다. 사전적 정의에 따르면 E2E 테스트는 프런트엔드부터 백엔드까지, 네트워크나 데이터베이스와 같은 중간 계층을 모두 포함한 소프트웨어 전체 영역에 대해 테스트합니다. E2E 테스트는 실제 사용자 시나리오를 흉내내고 전체 애플리케이션의 기능이 올바르게 동작하는지 확인하는 것이 목적입니다.

그러나 `cy.intercept` 함수로 HTTP 요청을 대신하면 E2E 테스트의 정의에서 벗어나게 됩니다. 실제 백엔드 응답을 모킹 응답으로 제어하고 바꿔서 이를 완전한 E2E 흐름이라 보기 어렵습니다. 백엔드 응답을 모킹하면서 프런트엔드의 여러 컴포넌트의 상호작용을 테스트하기 때문에 E2E 테스트보다 통합 테스트에 더 가까운 형태가 됩니다.

이 접근 방식이 꼭 나쁜 것은 아닙니다. 특히 복잡한 시스템을 테스트할 때 시스템의 각 영역을 격리시키면 테스트하는 부분에 대해 충분히 제어할 수 있고 예측 가능하며 안정적인 테스트가 가능합니다.

여기까지 기본적인 Cypress E2E 테스팅에 대해 알아보았습니다.

요약

이 장에서는 리액트 애플리케이션의 테스팅에 대해 다루었습니다. 테스트는 단순히 코드의 정확성을 확인하는 것을 넘어서, 유지보수성과 가독성을 높여주고 애플리케이션의 발전을 뒷받침해주며 궁극적으로는 기대하는 대로 동작하는 소프트웨어를 구축할 수 있게 합니다.

테스트는 소프트웨어 개발에 있어서 필수입니다. 애플리케이션의 올바른 동작을 보장할 뿐만 아니라 미래의 변경 사항에 대응하도록 해줍니다. 리액트에서 Jest와 리액트 테스팅 라이브러리, Cypress와 같은 도구들은 테스팅 전략을 효과적으로 있게 해주는 강력한 도구입니다. 이를 통해 애플리케이션의 견고함과 신뢰도를 높일 수 있습니다.

다음 장에서는 널리 사용하는 리팩터링 기술에 대해 살펴보고 리팩터링 과정에서 테스트가 어떠한 도움이 되는지 알아봅니다.

CHAPTER 6 일반적인 리팩터링 기법 살펴보기

이 장에서는 코드베이스를 유지하고 개선하는 데 필요한 리팩터링의 기초에 대해 알아봅니다. 가장 널리 사용되는 리팩터링 기법을 소개하고, 이를 이해하고 활용하기 위한 토대를 제공합니다. 이 장의 목적은 상세한 가이드를 제공하는 것보다는 프로그래밍 과정에서 몇 번이고 다시 사용할 필수 요소들에 익숙해지는 데 있습니다.

리팩터링은 특정 언어나 프레임워크를 가리지 않으며 모든 코드에 적용 가능한 개념입니다. 변수 이름 바꾸기, 함수 선언 변경하기, 함수 추출하기, 필드의 이동 등 다양한 기법이 있습니다. 이러한 기법들은 단순해 보이지만, 이해하기 쉽고 유지보수하기 쉬운 코드를 만드는 데 매우 유용합니다.

리팩터링은 일회성 작업이 아니라 소규모로, 반복해서 수행하면서 코드 품질과 구조를 점진적으로 발전시켜 나가는 과정입니다. 튼튼하고 작업하기 쉬운 코드베이스는 반복되는 개선작업을 통해 유지할 수 있습니다. 이 장에서 기초를 확실하게 다지면, 추후에 고급 리팩터링 기법을 익힐 때 어려움은 없을 것입니다.

이 장에서는 다음 주제를 다룹니다.

- 리팩터링 이해하기
- 리팩터링 전 테스트 추가하기
- 변수 이름 바꾸기
- 변수 추출하기
- 반복문을 파이프라인으로 바꾸기
- 함수 추출하기
- 매개변수 객체 도입
- 조건문 분해하기
- 함수 이동하기

이번 장의 소스 코드는 다음 주소에서 확인할 수 있습니다.

`https://github.com/jm-chong/react-design-pattern/tree/main/code/src/ch6`

도구 소개

리팩터링을 본격적으로 다루기 전에, 코드 변경을 쉽게 도와줄 몇 가지 도구를 소개합니다. 프런트엔드 개발을 위한 다양한 통합 개발 환경integrated development environments (IDE) 도구와 소스 코드 편집기가 있습니다. 그 중에서 비주얼 스튜디오 코드와 WebStorm이 가장 인기 있으며 강력하고 다양한 리팩터링 기능들을 제공합니다.

젯브레인즈에서 만든 WebStorm은 자바스크립트와 타입스크립트, HTML, CSS를 위해 만든 강력하고 다양한 기능을 가진 IDE입니다. 고급 자동 리팩터링이라는 특별한 기능을 제공하며 그 외에도 변수, 클래스, 함수와 같은 요소에 적용할 수 있는 이름 변경, 추출, 인라인, 이동과 삭제 등 다양한 리팩터링 기능이 있습니다. 또한 중복 코드를 자동으로 검출하는 기능을 제공하여, 반복되는 코드 블록을 효과적으로 제거할 수 있습니다.

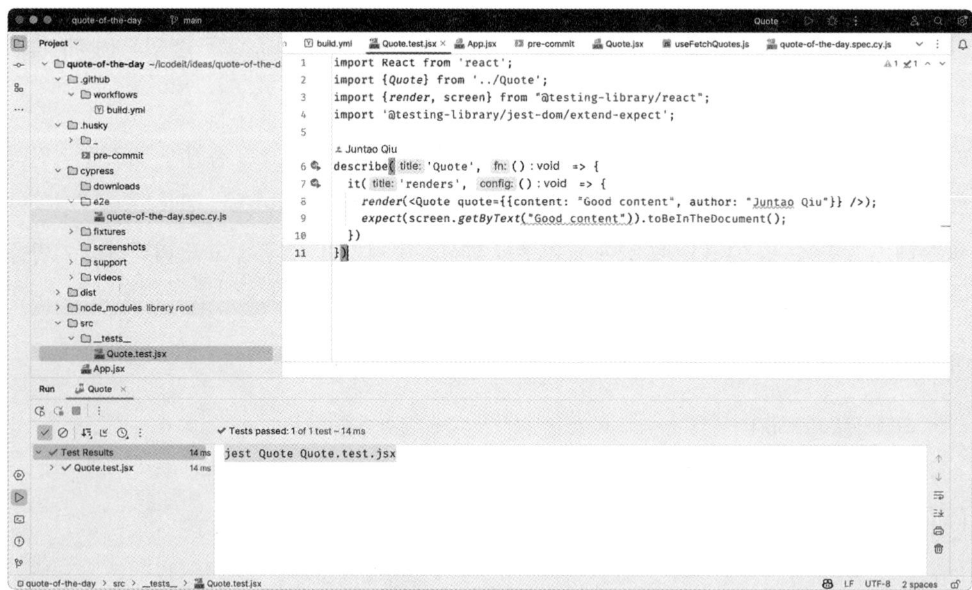

그림 6.1 WebStorm IDE

WebStorm의 인텔리센스^{IntelliSense}, 자동 완성 기능과 코드 탐색 기능은 꽤 안정적으로 동작하며, 코드를 작성하거나 찾아볼 때 유용하게 사용할 수 있습니다. 하지만 WebStorm은 유료 제품이므로, 일정 기간 체험판을 사용해 볼 수 있지만 계속 사용하기 위해서는 라이선스 구매가 필요합니다.

반면에 비주얼 스튜디오 코드(VS Code)는 마이크로소프트에서 개발한 무료 오픈 소스 IDE입니다. WebStorm에 비해 가볍고, 속도가 빠르며 유연하다는 특징이 있습니다. VS Code는 자바스크립트 외에도 마켓플레이스에서 제공하는 다양한 확장 플러그인을 통해 다양한 언어를 지원합니다. 리팩터링 기능 지원 역시 강력한 편이며 이름 변경, 함수 또는 변수 추출, 함수 시그니처 변경 등의 일반적인 기능들을 제공합니다. VS Code의 리팩터링 기능은 확장 프로그램을 설치하여 향상시킬 수 있으며, 사용자 정의 구성을 지원하는 점이 큰 장점 중 하나입니다.

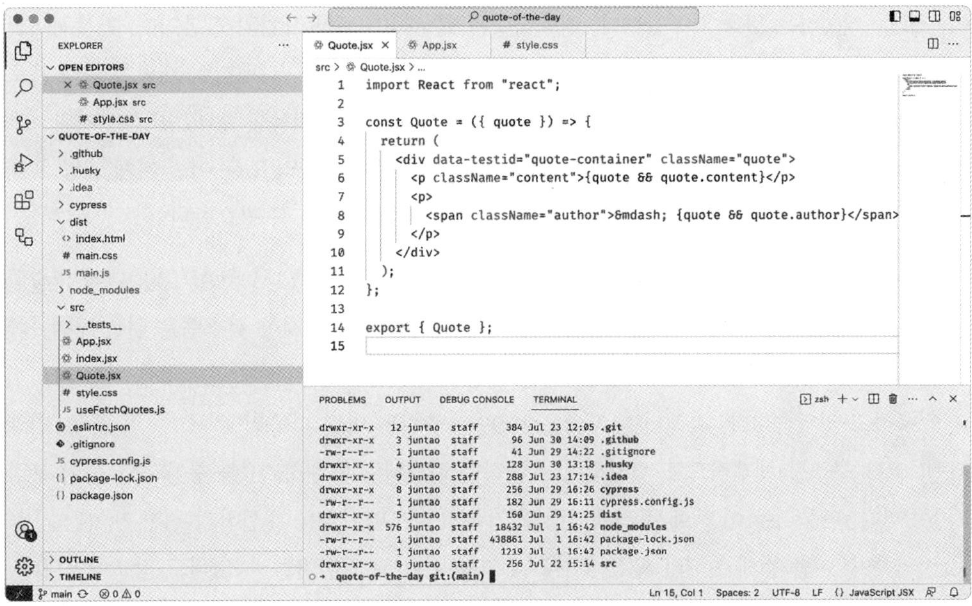

그림 6.2 VS Code

VS Code는 WebStorm만큼 많은 자동화 기능을 지원하지는 않지만, 확장 플러그인 설치를 통해 사용자가 원하는 기능을 추가할 수 있습니다. 일부 플러그인은 WebStorm에 없는 기능을 지원하기도 합니다.

둘 중 어떤 툴을 사용할지는 개인적인 선호도 또는 프로젝트에서 요구하는 기능에 따라 달라질 수 있습니다. 자동화가 잘 되어있고 기능이 풍부한 도구를 선호하며 비용을 지불하는 것에 거부감이 없다면 WebStorm이 최고의 선택이 될 것입니다. 하지만 속도와 유연성, 쉬운 사용자화 지원과 확장 기능을 통한 맞춤 기능 설정이 더 중요하면 VS Code가 더 나을 수 있습니다.

필자는 단축키에 익숙하고, 내장된 자동 리팩터링 기능이 편리하여 WebStorm IDE를 선호합니다. 물론 간단한 프로젝트에는 VS Code를 사용하기도 합니다.

6.1 리팩터링 이해하기

리팩터링은 체계화된 절차와 방법에 따라 기존의 코드베이스에서 기능 동작의 외적인 변화 없이 구조를 개선하는 것을 의미합니다. 리팩터링은 일상적인 코딩 작업의 기본이며, 반복적이고 점진적인 소프트웨어 개발 과정의 특성상 반드시 실천해야 합니다. 리팩터링 개념은 특정 프로그래밍 언어나 프레임워크 또는 패러다임에 국한되지 않고 널리 적용할 수 있습니다. 자바스크립트, 파이썬 등 어떤 프로그래밍 언어를 사용하든, 리액트나 앵귤러 또는 어떤 자체 개발 프레임워크를 사용하든, 리팩터링은 탄탄한 코드베이스를 유지하는 데 꼭 필요합니다.

리팩터링이라는 용어는 윌리엄 옵다이크William Opdyke와 랄프 존슨Ralph Johnson이 1990년에 저술한 논문 〈리팩터링: 애플리케이션 프레임워크 설계와 진화하는 객체 지향 시스템을 위한 지원〉[1]에서 처음 소개되었습니다. 그러나 리팩터링의 개념과 실천은 소프트웨어 공학에서 이전부터 이미 적용하고 있었습니다. 리팩터링 기술은 1999년 출판된 마틴 파울러Martin Fowler의 저서 『리팩터링: 코드 구조를 체계적으로 개선하여 효율적인 리팩터링 구현하기』[2]를 통해 중요성이 부각되었습니다. 파울러는 이 책에서 리팩터링을 '기존의 코드베이스를 개선하기 위한 제어된 기술'로 정의하며, 이를 통해 이해와 확장, 유지보수가 용이한 코드를 만들 수 있다고 강조했습니다.

리팩터링은 한 번의 대청소를 통해 완벽한 코드베이스를 만드는 것이 아니라, 작고 점진적인 개선을 오랜 시간 지속해서 수행하는 것입니다. 각각의 변화가 코드베이스의 품질을 당장 눈에 띄게 바꿔주지 않겠지만, 시간이 지나고 이러한 작은 변화들이 쌓이면 코드베이스의 구조와 가

---

1 Refactoring: An Aid in Designing Application Frameworks and Evolving Object-Oriented Systems
2 『Refactoring: Improving the Design of Existing Code』(Addison-Wesley, 2018)

독성, 유지보수성에 큰 변화를 불러옵니다.

리팩터링은 새로운 기능을 직접 추가하는 것은 아니지만, 신규 기능들을 버그 없이 빠르게 추가하여 제공할 수 있게 하고 요구사항의 변화에 빠르고 유연하게 대처할 수 있게 합니다. 끊임없는 리팩터링을 통해 코드를 깔끔하고 다루기 쉽게 유지할 수 있으며, 장기적으로 지속 가능한 개발 환경이 조성됩니다.

결론적으로 리팩터링은 기술 스택이나 프로젝트의 규모, 범위와 상관없이 개발자에게 꼭 필요한 도구입니다. 리팩터링은 코드베이스와 팀을 위한 장기적인 투자이자, 궁극적으로는 소프트웨어의 품질을 최대치로 끌어올리는 수단입니다.

6.1.1 리팩터링 중 흔히 저지르는 실수

리팩터링할 때 흔하게 저지르는 실수 중 하나는 코드를 리팩터링하지 않고 구조를 바꿔버리는 것입니다. 리팩터링과 리스트럭처링[3]restructuring은 종종 혼용되는 용어지만, 소프트웨어 개발에서는 의미가 다릅니다.

리팩터링은 체계화된 방법을 통해 코드베이스를 보다 깔끔하게 가독성을 높여 작업하기 편하게 개선하는 것입니다. 외적인 부분의 수정 없이 소프트웨어의 내부 구조를 변경합니다. 보통 잘게 여러 단계로 나누어 수행하며 각 리팩터링 단계에서 소프트웨어의 기능은 동일하게 유지되어야 합니다. 기능을 새로 추가하는 것이 아니라, 읽기 쉽고 유지보수하기 편하며 미래의 변경에 대비할 수 있도록 하는 것입니다.

리액트 애플리케이션을 예로 들면, 커다란 컴포넌트를 다루기 쉬운 작은 컴포넌트로 쪼개거나 복잡한 조건 분기 로직을 전략 패턴으로 대체하는 등의 작업이 될 수 있습니다.

반면에 리스트럭처링은 보다 광범위하고 과감한 과정입니다. 대규모의 변경을 통해 소프트웨어의 내부 구조뿐만 아니라 외부 특성까지 영향을 미칠 수 있습니다. 리스트럭처링은 소프트웨어 설계와 데이터 모델, 인터페이스 등의 변경을 포함할 수도 있습니다. 소프트웨어의 가용성을 늘리거나 성능 향상 또는 심각한 기술 부채를 해결해야 하는 경우에 주로 진행합니다.

리액트 애플리케이션에서의 리스트럭처링은 Redux에서 리액트 Context API로의 이동과 같

---

3 옮긴이_ 리팩터링과 비슷한 의미로 사용됨을 강조하기 위해 원문의 단어를 그대로 사용하였습니다.

은 상태 관리 솔루션의 변경, 라우팅과 관련된 동작의 변경, 모놀리식 아키텍처에서 마이크로 프런트엔드 아키텍처로의 변경 등이 해당됩니다.

리팩터링과 리스트럭처링 모두 코드베이스의 품질을 높이기 위한 활동이지만, 리팩터링은 보통 그 범위가 크지 않고 외부 기능의 변화가 없으며 일반적인 개발 과정의 한 작업으로 수행합니다. 반면에 리스트럭처링은 큰 범위로 이루어지며 외부 기능의 변화가 있을 수 있고, 규모가 큰 프로젝트의 일부로서 요구사항을 해결하기 위해 상당한 변경을 수행합니다.

리팩터링과 리스트럭처링을 혼동하는 것과 더불어 사람들이 흔히 하는 실수는 테스트를 자주 하지 않는 것입니다. 기존 코드베이스에 테스트 코드가 많지 않거나, '작은' 변경에 대해서는 굳이 테스트하지 않아도 안전하다고 생각하기 때문입니다. 테스팅에 대해 다음 절에서 알아보겠습니다.

6.2 리팩터링 전 테스트 추가하기

리팩터링 과정에서 기능 변화가 눈에 띄지 않아야 하므로 현재의 동작을 충분히 커버할 수 있는 테스트 코드가 있는지 확인해야 합니다. 적재적소에 테스트가 없다면 위험할 뿐만 아니라, 변경된 코드에 대해 수동으로 계속 체크해야 하므로 비효율적입니다.

타입스크립트로 작성한 온라인 쇼핑 애플리케이션을 예로 들어봅시다. 잘 동작하는 코드지만, 이를 보장해주는 테스트 코드는 아직 없습니다. 코드의 가독성과 확장성을 개선하기 위해 리팩터링이 필요합니다.

단, 리팩터링 전과 후에 기능의 동작은 동일해야 하므로 이를 보장해주는 테스트 코드를 먼저 작성합니다.

```typescript
interface Item {
  id: string;
  price: number;
  quantity: number;
}

class ShoppingCart {
  cartItems: Item[] = [];
```

```typescript
addItemToCart(id: string, price: number, quantity: number) {
  this.cartItems.push({ id, price, quantity });
}

calculateTotal() {
  let total = 0;
  for (let i = 0; i < this.cartItems.length; i++) {
    let item = this.cartItems[i];
    let subTotal = item.price * item.quantity;
    if (item.quantity > 10) {
      subTotal *= 0.9;
    }
    total += subTotal;
  }
  return total;
}
}

export { ShoppingCart };
```

장바구니 모델을 정의한 코드입니다. 우선 장바구니에 담을 상품을 나타내는 `Item` 인터페이스를 정의합니다. `Item` 컴포넌트는 ID와 가격, 수량으로 구성되어 있습니다. `Item` 객체를 배열로 담을 수 있는, 초깃값을 빈 배열로 정의한 `cartItems` 속성을 가진 `ShoppingCart` 클래스를 정의합니다.

`ShoppingCart` 클래스는 2개의 메서드를 가집니다.

- `addItemToCart` 메서드는 ID, 가격, 수량을 전달받고 이 매개변수를 이용하여 아이템을 생성합니다. 이후에 `cartItems` 배열에 만들어진 아이템을 추가합니다.
- `calculateTotal` 메서드는 장바구니에 담긴 모든 아이템의 총액을 계산합니다. 각각의 아이템의 가격과 수량을 곱하여 소계(subtotal)를 계산합니다. 하나의 아이템 수량이 10개를 넘으면 10%의 할인을 추가로 적용합니다. 이후에 각 아이템의 소계를 모두 더해 총액을 계산하여 반환합니다.

여기서 2가지 중요한 계산식이 있습니다. 단가에 수량을 곱해 총액을 계산하는 것과 할인조건을 만족할 때 할인을 적용하는 것입니다. 이 계산식에 유의해야 합니다.

예를 들면, 코드를 작성할 때 `if-else`의 양쪽 절 모두 신경 써야 합니다. `if-else` 구문이 for 루프 안에 있다면 코드를 변경하기 전에 적어도 2개의 테스트 케이스를 추가해야 합니다. 할인이 적용되거나 적용되지 않는 두 경우의 계산에 대해서 Jest 테스트 코드를 작성해봅시다.

```javascript
import { ShoppingCart } from "../ShoppingCart";

describe("ShoppingCart", () => {
  it("calculates item prices", () => {
    const shoppingCart = new ShoppingCart();
    shoppingCart.addItemToCart("apple", 2.0, 2);
    shoppingCart.addItemToCart("orange", 3.5, 1);

    const price = shoppingCart.calculateTotal();
    expect(price).toEqual(7.5);
  });

  it('applies discount when applicable', () => {
    const shoppingCart = new ShoppingCart();
    shoppingCart.addItemToCart("apple", 2.0, 11);

    const price = shoppingCart.calculateTotal();
    expect(price).toEqual(19.8);
  });
});
```

첫 번째 테스트인 `calculates item prices`는 할인이 없는 경우에 `calculateTotal` 메서드가 올바르게 동작하는지를 검증합니다. `ShoppingCart` 객체의 인스턴스를 만들고 `apple`, `orange` 2개의 아이템을 장바구니에 담습니다. $2인 사과 2개와 $3.5인 오렌지 1개를 담은 장바구니 아이템의 총가격이 $7.5가 되어야 합니다.

두 번째 테스트인 `applies discount when applicable`은 `calculateTotal` 메서드가 하나의 아이템을 10개 이상 구매할 때 10% 할인을 올바르게 적용하여 총가격을 계산하는지를 확인합니다. 여기서 `ShoppingCart` 객체의 인스턴스를 생성하고 `apple`을 11개 담습니다. 10% 할인이 올바르게 적용된다면 총가격은 $22에서 10%가 할인된 $19.8가 되어야 합니다. 전체 가격이 기대한 가격과 일치하는지를 확인합니다.

테스트 케이스가 중요한 로직의 동작을 확인해주므로, 이제 안전하게 변경할 수 있습니다. 리팩터링 중에 이 테스트를 반복해서 수행할 것입니다.

리팩터링은 코드 개선을 위한 작은 과정입니다. 이제 가장 기본이자 단순한 리팩터링 기술인 변수 이름 바꾸기에 대해 알아봅시다.

6.2.1 변수 이름 바꾸기

변수 이름 바꾸기는 직관적이면서도 효과적으로 코드의 가독성과 유지보수성을 높일 수 있는 리팩터링 기술입니다. 변수의 이름을 변수가 가진 목적과 데이터의 성격을 반영하여 변경하거나, 특정 네이밍 표준을 따르게 바꿀 수 있습니다.

코드를 작성하는 초기 시점의 상황에 맞게 변수의 이름을 선택하더라도, 코드가 진화하면서 변수의 목적이 바뀔 수 있습니다. 하지만 변수의 이름을 그대로 두는 경우, 이해하기 어렵고 유지보수하기 힘든 원인이 되기도 합니다. 변수의 이름을 변경하여 그 목적에 대해 더 정확하게 설명할 수 있다면 코드의 가독성이 높아집니다.

`ShoppingCart` 예제를 살펴봅니다. `ShoppingCart` 클래스 안에서 `cartItems` 변수 이름은 중복되는 부분이 많습니다. 이를 `items`로 바꿔서 더욱 간결하고 깔끔하게 고칠 수 있습니다.

```typescript
class ShoppingCart {
  items: Item[] = [];

  addItemToCart(id: string, price: number, quantity: number) {
    this.items.push({ id, price, quantity });
  }

  calculateTotal() {
    let total = 0;
    for (let i = 0; i < this.items.length; i++) {
      let item = this.items[i];
      let subTotal = item.price * item.quantity;
      if (item.quantity > 10) {
        subTotal *= 0.9;
      }
      total += subTotal;
    }
    return total;
  }
}
```

수정한 후에는 테스트를 다시 실행하여 혹시 모를 실수가 없었는지 꼭 확인해야 합니다.

코드를 바꾼 후에 테스트를 주기적으로 실행하는 습관을 들이는 것은 매우 중요합니다. 테스트가 실패할 때마다 코드 변경을 멈추고 무엇이 잘못되었는지 확인해야 합니다. 모든 테스트를 정상적으로 통과한 다음, 계속해서 변경을 진행할 수 있습니다.

6.3 변수 추출하기

변수 추출하기는 코드의 가독성과 유지보수성을 높이는 보편적인 리팩터링 기법입니다. 이 과정은 값을 계산하는 코드 영역을 새로운 변수로 대체하고 원래 표현식의 결괏값을 대체하는 변수에 할당합니다. 비슷한 리팩터링 기법으로 런타임에 변경되지 않는 값을 별도로 추출하는 상수 추출하기가 있습니다.

이 기법은 특히 코드에 복잡한 표현식이나 중복된 계산식이 있을 때 유용합니다. 표현식의 일부를 의미 있는 이름의 변수로 추출하면 코드를 쉽게 이해하고 다루기 편해집니다.

ShoppingCart 예제에서 할인율인 0.9는 따로 이름을 붙여줘야 합니다. 이 변수를 추출하여 함수가 호출되는 지점에서 참조할 수 있습니다. 값은 런타임에도 변하지 않기 때문에 이 경우에는 상수 추출이라 부를 수 있습니다.

```js
const DISCOUNT_RATE = 0.9;

class ShoppingCart {
  //...
  calculateTotal() {
    let total = 0;
    for (let i = 0; i < this.items.length; i++) {
      let item = this.items[i];
      let subTotal = item.price * item.quantity;
      if (item.quantity > 10) {
        subTotal *= DISCOUNT_RATE;
      }
      total += subTotal;
    }
    return total;
  }
  //...
}
```

쉬운 이해를 위해 이 변경과 관련없는 일부 코드는 생략했습니다. 하지만, 이 예제에서 주목해야 할 점은 DISCOUNT_RATE라는 이름의 상수를 만들어서 이전에 하드 코딩되었던 값인 0.9를 대체했다는 것입니다. 하드 코딩된 값 대신에 이름을 지정하여 표현식을 대체할 변수를 생성하고 이 변수를 참조할 수 있습니다.

별것 아닌 과정 같지만, 코드가 읽기 쉽게 개선되었습니다. 이후에 할인율 변경이 필요할 경우, 상수명은 하드코딩된 0.9라는 숫자보다 찾기 쉽고 이해하기도 편합니다.

이제 for 루프를 좀 더 단순하게 만드는 또다른 리팩터링 기법에 대해 알아봅시다.

6.4 반복문을 파이프라인으로 바꾸기

반복문을 파이프라인으로 바꾸기는 말 그대로 반복문 구조를 변환 파이프라인 구조로 바꾸는 것입니다. 일반적으로 고차 함수 또는 자바스크립트와 같은 함수형 프로그래밍 언어[4]의 map, filter, reduce 등의 메서드를 사용합니다.

자바스크립트의 경우 배열의 프로토타입 메서드로 map, filter와 reduce를 지원하며, 메서드 체이닝method chaining 기법으로 여러 메서드를 파이프라인의 형태로 구성할 수 있습니다. 각각의 메서드는 함수를 인자로 받아 이 함수를 배열의 요소에 각각 적용하여, 효과적으로 배열의 데이터 형태를 변환할 수 있습니다.

하지만 반복문을 파이프라인으로 대체하는 것은 코드를 깔끔하게 해주고 가독성을 높여줄 수 있지만, 특히 대용량의 데이터 세트를 다룰 때는 효과적인 선택이 아닐 수도 있습니다. 따라서 모든 리팩터링과 마찬가지로, 대용량의 데이터 세트를 반복해서 다뤄야 하는 경우 가독성, 유지보수성과 성능 요구사항을 균형 있게 고려해야 합니다.

이전 코드에서 for 루프를 사용한 코드는 reduce 함수로 바꿀 수 있습니다. 또한 reduce를 사용함으로써 인덱스로 사용할 변수를 추가로 정의하거나, 반복문 수행을 위해 필요한 추가 코드를 작성할 필요가 없어졌습니다.

---

4 자바스크립트는 객체 지향 프로그래밍의 성격과 함수형 프로그래밍의 성격을 모두 가지고 있는 멀티 패러다임 언어라고 볼 수 있습니다. 함수를 값으로 취급하여 일급 객체로 다룰 수 있는 특성을 가지고 있어 함수형 프로그래밍 언어로 사용할 수 있습니다.

```javascript
class ShoppingCart {
  //...
  calculateTotal() {
    return this.items.reduce((total, item) => {
      let subTotal = item.price * item.quantity;
      return total + (item.quantity > 10 ? subTotal * DISCOUNT_RATE :
       subTotal);
    }, 0);
  }
  //...
}
```

calculateTotal() 메서드는 reduce() 함수를 사용하여 장바구니에 담긴 아이템의 총가격을 계산합니다. reduce() 함수는 고차 함수로, 누적 계산을 수행할 함수를 배열 안의 요소에 각각 적용하고 그 결괏값을 하나의 출력값으로 축약하는 역할을 합니다.

총가격은 0에서 시작하며 장바구니에 있는 각 아이템의 **subTotal** 값을 아이템의 가격과 수량을 곱하여 계산하고, 이 값을 전체 가격에 더합니다.

다음으로 코드가 정상 동작하는지 테스트 코드를 다시 실행하여 점검합니다. 모든 테스트를 통과했다면, 이제 코드 라인을 추출하여 작은 함수로 분리하는 방법에 대해 알아봅니다.

6.5 함수 추출하기

함수 추출하기는 크고 복잡한 함수를 작고 다루기 쉽게 분리하여 코드의 가독성과 유지보수성을 높여주는 리팩터링 기법입니다.

여러 동작을 수행하는 함수를 예로 들어보겠습니다. 데이터를 검증하고 계산을 수행한 후 결과 로깅 혹은 상태 업데이트를 하는 등의 다양한 역할을 하나의 함수가 맡으면 길고 복잡하여 이해하기 쉽지 않습니다. 함수 추출 리팩터링은 개별적인 기능들을 식별하고 별도의 함수로 분리한 후, 원래 함수에서 새로 만든 함수를 호출하는 과정입니다.

이 기법의 장점은 코드 자체가 문서가 될 수 있다는 점입니다. 함수의 일부를 새로운 함수로 추출하고 의미를 담은 이름을 지으면, 함수의 이름 자체가 그 기능을 설명할 수 있기 때문에 코드를 이해하기 쉬워집니다. 또한 작게 나뉜 함수는 필요하다면 다른 곳에서 재사용할 수 있기 때문에 코드 재사용성 또한 높아집니다.

subTotal 값을 계산하는 로직을 calculateTotal에서 분리합니다.

```typescript
function applyDiscountIfEligible(item: Item, subTotal: number) {
  return item.quantity > 10 ? subTotal * DISCOUNT_RATE : subTotal;
}

class ShoppingCart {
  //...
  calculateTotal() {
    return this.items.reduce((total, item) => {
      let subTotal = item.price * item.quantity;
      return total + applyDiscountIfEligible(item, subTotal);
    }, 0);
  }
}
```

이 코드 조각이 함수 분리 리팩터링의 결과입니다. 아이템 수량이 10 이상이면 할인을 적용하는 로직이 applyDiscountIfEligible이라는 별도의 함수로 분리되었습니다.

ShoppingCart 클래스에서 calculateTotal 메서드는 장바구니의 총가격을 reduce 함수를 사용하여 계산합니다. 아이템별로 가격과 수량을 곱해 소계를 계산하고, 이를 할인 여부를 확인하여 적용한 후 총가격에 더합니다.

applyDiscountIfEligible 함수는 아이템과 수량을 인자로 전달받습니다. 아이템 수량이 10을 넘으면 DISCOUNT_RATE로 표시한 할인율을 subTotal 인자에 적용합니다. 10을 넘지 않으면 전달받은 subTotal 인자를 그대로 반환합니다.

이 리팩터링은 할인을 어떻게 적용하는지에 대한 구체적인 부분을 분리하여, 작업의 의미가 잘 드러나는 이름을 지어 별도의 함수로 추출합니다. 그리하여 calculateTotal 메서드를 더욱 간결하고 읽기 쉽게 만듭니다.

이제 매개변수를 쉽게 변경할 수 있는 리팩터링 기법에 대해 알아보겠습니다.

6.6 매개변수 객체 도입

매개변수 객체 도입은 함수가 많은 수의 매개변수를 가지거나, 여러 개의 함수가 같은 매개변수를 공유할 때 사용하는 리팩터링 기법입니다. 이 기법은 연관된 매개변수들을 하나의 객체로 묶고, 이 객체를 함수에 인자로 전달합니다.

함수에서 수많은 매개변수는 헷갈리고 다루기 어렵습니다. 관련된 매개변수를 하나의 객체로 묶어주면 코드의 가독성이 높아지고 함수의 역할을 이해하기 쉬우며, 함수 호출이 단순하고 깔끔해집니다. 또한 같은 그룹의 매개변수가 여러 함수 호출에서 사용될 경우, 매개변수를 잘못된 순서로 전달할 가능성을 줄여줍니다.

예를 들어 calculateTotalPrice(quantity, price, discount)의 형태로 호출하는 함수가 있다고 가정합니다. 매개변수 객체를 도입하여 이 함수를 calculateTotalPrice({ quantity, price, discount })로 바꿀 수 있습니다. 이제 quantity, price, discount 매개변수는 하나의 Item 객체로 묶을 수 있습니다.

```
class ShoppingCart {
  items: Item[] = [];

  addItemToCart({id, price, quantity}: Item) {
    this.items.push({ id, price, quantity });
  }
  //...
}
```

이러한 장점뿐만 아니라, 매개변수 객체 도입은 코드에서 드러나지 않던 도메인 개념을 다시금 일깨워 주기도 합니다. 매개변수 객체는 그 자체로 별도의 기능과 데이터를 다루는 하나의 클래스가 될 수 있습니다. 이는 좀 더 객체 지향적이고 캡슐화된 코드로 이어집니다.

다음으로 if-else 조건문을 간소화하고 코드 가독성을 높이기 위해 고안된 또 다른 리팩터링 기법을 살펴보겠습니다.

6.7 조건문 분해하기

조건문 분해하기는 `if-else`나 `switch`와 같이 조건에 따라 분기하는 로직을 별도의 함수로 추출하는 리팩터링 기법입니다. 이 기법은 코드를 이해하기 쉽게 해주고 가독성을 높여줍니다.

조건문인 `if`절과 `else`절을 별도의 함수로 나누고, 각각이 지닌 기능 또는 그것이 무엇을 확인하는지 나타낼 수 있도록 이름을 정해줍니다. 주석이 필요할 수도 있는 코드를 이름이 잘 지어진 함수로 대체하여, 코드만 보고도 이해할 수 있게 하는 리팩터링 기법입니다.

예를 들어 `applyDiscountIfEligible` 함수의 로직은 이 리팩터링을 통해 단순해질 수 있습니다. `isDiscountEligible`라는 이름의 작은 함수로 로직을 추출하여 `item.quantity > 10` 확인 로직을 다음과 같이 대체합니다.

```typescript
function isDiscountEligible(item: Item) {
  return item.quantity > 10;
}

function applyDiscountIfEligible(item: Item, subTotal: number) {
  return isDiscountEligible(item)
  ? subTotal * DISCOUNT_RATE
  : subTotal;
}
```

로직을 추출하여 다른 함수로 분리하는 것은 함수 호출이 추가로 발생하므로 다소 불필요하게 보일 수는 있지만, 코드의 가독성과 재사용성을 높여줍니다.

```typescript
function isDiscountEligible(item: Item) {
  return item.quantity > 10;
}

function applyDiscountIfEligible(item: Item, subTotal: number) {
  return isDiscountEligible(item)
  ? subTotal * DISCOUNT_RATE
  : subTotal;
}
```

이 코드 조각에서는 할인 적용이 가능한 아이템인지 확인하는 로직을 독립된 `isDiscount`

Eligible 함수로 분리했습니다. 이 분리는 applyDiscountIfEligible 함수의 의도를 좀 더 분명히 드러나게 해줍니다. 뿐만 아니라 이후에 isDiscountEligible 로직만 따로 수정할 수 있으므로 유지보수하기 편합니다.

작은 함수를 추출한 후 현재 파일에 그대로 두지 않고, 별도의 모듈로 위치를 바꾸고 필요할 때 불러와서 사용할 수 있습니다. 이는 기존의 모듈을 작게 줄여주고 가독성을 높여줍니다.

6.8 함수 이동하기

함수 이동은 함수의 위치를 좀 더 적절한 곳으로 옮기는 것을 뜻합니다. 같은 클래스 안에서 이동할 수 있으며, 다른 클래스로의 이동 또는 별도의 모듈로의 이동도 가능합니다. 이 리팩터링의 목적은 기능들이 논리적으로 가장 알맞은 곳에 있게 하여, 가독성과 유지보수성을 높이고 코드를 구조화하는 것입니다.

이러한 종류의 리팩터링은 클래스의 책임이 늘어나면서 진화할 때 필요합니다. 어떤 함수는 다른 클래스에 위치하는 것이 더 알맞을 수도 있고, 클래스 내의 연관된 함수들을 묶어 별도의 클래스나 모듈로 만드는 것이 나을 수도 있습니다.

함수 이동 리팩터링 기법은 함수를 기능의 연관성이 높거나 필요한 곳으로 옮김으로써 클래스의 복잡도를 낮출 수 있습니다. 이는 연관된 코드가 함께 위치하게 하여 코드 응집도를 높여줍니다. 또한 서로 다른 코드 간의 불필요한 상호 의존관계를 낮출 수 있습니다.

ShoppingCart 컴포넌트에서 타입 정의를 별도의 types.ts 파일로 옮기고, DISCOUNT_RATE, isDiscountEligible, applyDiscountIfEligible 또한 새로운 utils.ts 파일로 옮길 수 있습니다.

```ts
import { Item } from "./types";

const DISCOUNT_RATE = 0.9;

function isDiscountEligible(item: Item) {
  return item.quantity > 10;
}
```

```typescript
export function applyDiscountIfEligible(item: Item, subTotal: number) {
  return isDiscountEligible(item)
   ? subTotal * DISCOUNT_RATE
   : subTotal;
 }
```

이 코드에서 **applyDiscountIfEligible**만 공개된 함수이며 파일 밖에서 참조할 수 있습니다. 이 리팩터링은 코드의 캡슐화를 개선해줍니다.

함수 이동 리팩터링을 마친 **ShoppingCart** 컴포넌트는 눈에 띄게 단순해졌고 필요한 부분만 남았습니다.

```typescript
import { Item } from "./types";
import { applyDiscountIfEligible } from "./utils";

class ShoppingCart {
  items: Item[] = [];

  addItemToCart({ id, price, quantity }: Item) {
    this.items.push({ id, price, quantity });
  }

  calculateTotal() {
    return this.items.reduce((total, item) => {
      let subTotal = item.price * item.quantity;
      return total + applyDiscountIfEligible(item, subTotal);
    }, 0);
  }
}
export { ShoppingCart };
```

다른 리팩터링과 마찬가지로, 함수를 옮긴 후 모든 시스템의 동작이 바뀌지 않는지 확인해야 하여, 리팩터링 후에도 기능이 유지되는지 확인하기 위해 테스트를 수행해야 합니다.

요약

이 장에서는 코드베이스를 유지보수하고 구조를 개선하며 가독성을 높이는 데 필수적인 다양한 리팩터링 기법에 대해 살펴보았습니다.

의미를 잘 드러내는 변수 이름으로 바꾸어 코드의 가독성을 높이는 변수 이름 바꾸기, 복잡한 표현식을 작고 다루기 쉬운 부분으로 나누어 단순화하는 변수 추출하기, for, while 반복문을 더욱 간결하고 명확한 map, filter, reduce 등의 고차 함수로 변환하는 반복문을 파이프라인으로 바꾸기 등이 있습니다.

함수 추출하기는 큰 함수를 하나의 명확한 책임을 맡는 작은 단위로 분리하여 코드의 모듈화와 재사용성을 높여주며, 매개변수 객체 도입은 관련 있는 여러 매개변수를 하나의 객체로 묶어 함수의 복잡도를 줄일 수 있습니다. 조건문 분해하기는 복잡한 조건문 로직을 별도의 함수로 나누어 가독성을 높이고, 함수 이동하기는 코드베이스에서 논리적으로 가장 적절한 위치로 함수를 옮김으로써 코드 간에 높은 응집도와 낮은 의존관계를 만듭니다.

그리고 이 모든 리팩터링 기법을 수행한 후에도 이전과 동일하게 시스템이 동작하는지 테스트하는 것을 잊지 말아야 함을 강조했습니다. 리팩터링 기법을 적절하게 적용한다면, 보다 이해하기 쉽고 유지보수하기 쉬우며 탄탄한 코드베이스를 만들 수 있습니다.

다음 장에서는 코드 품질을 높이기 위한 특별한 접근 방식인 테스트 주도 개발 방법론에 대해 살펴보겠습니다.

리액트에서의 테스트 주도 개발

리액트 개발 방식을 획기적으로 바꿀 수 있는 테스트 주도 개발test-driven development (TDD)에 대해 알아봅니다. 리액트로 개발하다 보면 코드가 복잡하게 꼬여버리곤 합니다. 다양한 상태를 관리하고 컴포넌트를 다루며 사용자의 상호작용을 수월하게 하는 등 여러 작업을 진행하면서 안정적인 코드베이스를 유지하는 것은 쉽지 않은 일입니다. 이때 TDD가 필요합니다.

기능이 계속해서 추가, 수정되며 끊임없이 변화하는 소프트웨어 개발 환경에서 TDD는 버그와 기능 회귀의 함정을 피할 수 있게 가이드해주는 역할을 합니다. 실제 코드를 구현하기 전에 테스트 코드를 먼저 작성하면 코드가 제대로 구현되었는지 확인할 수 있고, 미래의 코드 변경으로 인한 위험을 줄일 수 있습니다.

이 장에서는 TDD를 깊이 있게 이해하고 리액트 애플리케이션에 효과적으로 적용하는 방법에 대해 알아볼 것입니다. TDD의 핵심 원칙에 대해 소개하고, 단위 테스트 주도 개발, 인수 테스트 주도 개발, 행위 주도 개발과 같은 다양한 방식뿐만 아니라 시카고 스타일과 런던 스타일로 나뉘는 TDD 방법론의 미묘한 차이까지 살펴봅니다.

이론에만 그치지 않고, 실제 예제 코드인 피자 가게의 메뉴 페이지를 통해 배웠던 개념들을 확인해봅니다. 초기 구조를 세우는 것부터 복잡한 기능 유지까지, 단계마다 TDD를 통한 접근 방식을 밟아 나갑니다. 이 장을 마치면 TDD에 대해 확실히 이해하게 되며, 안정적이고 튼튼한 리액트 애플리케이션을 개발하는 데 훌륭한 도구로 활용할 수 있을 것입니다.

이 장에서는 다음 주제를 다룹니다.

- TDD 이해하기

- 태스킹 이해하기

- 온라인 피자 가게 애플리케이션

- 애플리케이션 요구사항 세분화

- 애플리케이션 헤드라인 구현

- 메뉴 목록 구현

- 장바구니 만들기

- 장바구니에 아이템 담기

- 장바구니 리팩터링

기술적 요구사항

이번 장의 소스 코드는 다음 주소에서 확인할 수 있습니다.

https://github.com/jm-chong/react-design-pattern/tree/main/code/src/ch7

7.1 TDD 이해하기

TDD는 완전히 새로운 개념이 아닙니다. 소프트웨어 개발과 배포를 짧은 주기로 자주 진행하는 것을 권장하는 익스트림 프로그래밍Extreme Programming(XP)에서 시작된 TDD는 1990년대 후반으로 그 뿌리를 거슬러 올라갑니다. 애자일 개발 선언의 주요 인물 중 한 명인 켄트 벡Kent Back은 TDD를 XP의 핵심요소로 소개하며 이 방법을 대중화시켰습니다. 이후 TDD는 XP의 범위를 넘어 리액트를 포함한 다양한 개발 방법론과 프레임워크에서 널리 채택되고 있습니다.

TDD의 핵심에는 레드-그린-리팩터 루프Red-Green-Refactor loop라 불리는 매우 간단하지만 효과적인 사이클이 있습니다.

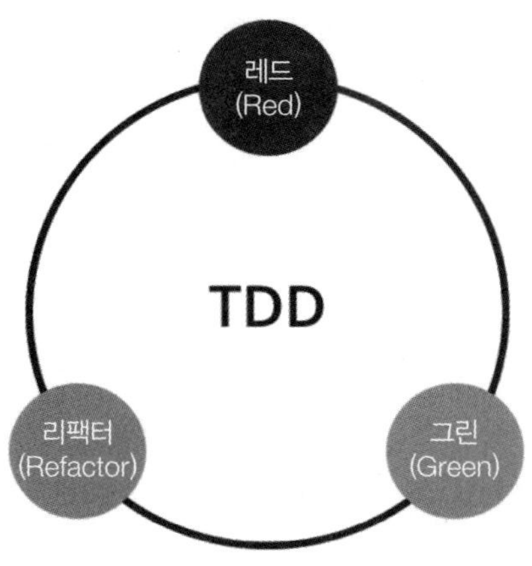

그림 7.1 레드–그린–리팩터 루프

TDD를 실천할 때 필수적인 3단계 절차가 있습니다.

- **레드**: 이 단계에서는 새로운 기능 또는 기능의 수정 사항을 확인하기 위한 테스트를 작성합니다. 아직 기능 구현이 되지 않은 상태에서 작성하기 때문에 초기에는 테스트가 실패할 수밖에 없습니다. Jest와 같은 대부분의 테스트 프레임워크에서는 붉은색 텍스트로 실패를 표시합니다.

- **그린**: 이 단계에서는 테스트를 통과시키기 위한 최소한의 코드를 작성합니다. 되도록 적은 코드를 작성하여 테스트를 통과하고, 텍스트를 녹색으로 바꾸는 것으로 충분합니다.

- **리팩터**: 마지막으로 기능 동작을 유지하면서 코드를 정리합니다. 리팩터 단계에서는 기능을 그대로 유지하면서 코드의 효율성과 가독성을 높이는 작업을 진행합니다. 리팩터링이 완료된 후에도 테스트는 통과해야만 합니다.

TDD를 처음 접한다면, 전통적인 개발 방식과 달리 테스트를 실제 코드보다 먼저 작성한다는 점이 낯설게 느껴질 것입니다. 하지만 TDD는 이를 감수할 만한 여러 장점이 있습니다.

- **집중적으로 문제 해결**: 특정 기능에 대한 테스트를 먼저 작성함으로써 한 번에 하나의 문제만 집중하고 개발 부담을 덜 수 있습니다.

- **예측 가능한 다음 단계**: 테스트 주도 방식을 따르면, 다음 단계에서 해야 할 일은 늘 정해져 있습니다. 바로 테스트를 통과하는 것입니다. 이는 인지 부하를 줄여 직면한 작업 자체에 집중할 수 있게 합니다.

- **단순하고 유지보수하기 쉬운 설계**: 이 과정은 테스트를 통과하는 데 필요한 가장 단순한 코드를 작성하게 합니다. 최소한의 설계를 구성하므로 이해하고 유지보수하기 쉽습니다.

- **사고의 흐름 유지**: TDD는 코딩에 대한 구조화된 접근 방식으로 사고의 흐름을 유지하게 합니다. 이는

생산적인 코딩의 흐름을 방해하는 잦은 컨텍스트 전환을 줄여주어 하나의 작업에만 집중할 수 있게 도와줍니다.

- **자동화된 테스트 커버리지**: TDD는 애플리케이션이 탄탄한 테스트 커버리지를 이미 가지고 있음을 보장합니다. 테스트를 작업 이후에 추가하는 게 아니라 개발 과정에 포함되어 있기 때문에, 보다 안정적인 코드베이스를 만듭니다.

TDD는 애자일 방법론과 XP의 원칙에 깊은 뿌리를 둔 방법론이지만 이를 뛰어넘는 다양한 특징이 있습니다. 구조화된 레드-그린-리팩터 루프를 통해 TDD는 양질의 코드를 작성하기 위한 견고한 프레임워크를 제공합니다. 물론 초반에는 낯설게 느껴질 수 있지만, TDD에 익숙해지면 문제 해결에 더욱 집중할 수 있고 예측 가능한 개발과 단순한 설계, 더 나은 생산성과 견고한 테스트 커버리지를 얻을 수 있습니다.

7.1.1 여러 종류의 TDD

TDD의 핵심 원칙들은 다양한 형태로 확장되었으며, 각기 다른 관점에서 테스트와 개발에 대한 최선의 접근법을 제안합니다. 여러 종류의 TDD를 알아보고 리액트 애플리케이션에 어떻게 적용할 수 있을지 살펴봅니다.

기본 TDD는 단위 테스트에 집중합니다. 이 방식은 개별 함수나 메서드와 같은 가장 작은 단위의 코드에 대해 테스트를 작성합니다. 코드베이스의 각 부분들이 격리된 상태에서 잘 동작하는지를 확인하는 것이 목표입니다. 로직과 알고리즘을 테스트하기에는 강력하지만, 특히 리액트처럼 복잡한 UI 프레임워크에서는 여러 부분이 어떻게 상호작용을 하며 동작하는지 찾아내기가 어렵습니다.

ATDD^Acceptance Test Driven Development는 사용자 승인 테스트로 개발 과정을 시작하는 것을 추가하여 TDD를 확장한 것입니다. 이는 어떤 코드를 작성하기 전에 이해관계자들과 협업하여 사용자 관점에서 완료 상태를 정의합니다. 이러한 승인 테스트는 이후 기능 개발의 기초 자료로 활용합니다. ATDD는 특히 사용자가 원하는 것과 요구하는 사항들을 확실하게 반영할 수 있는 방법입니다.

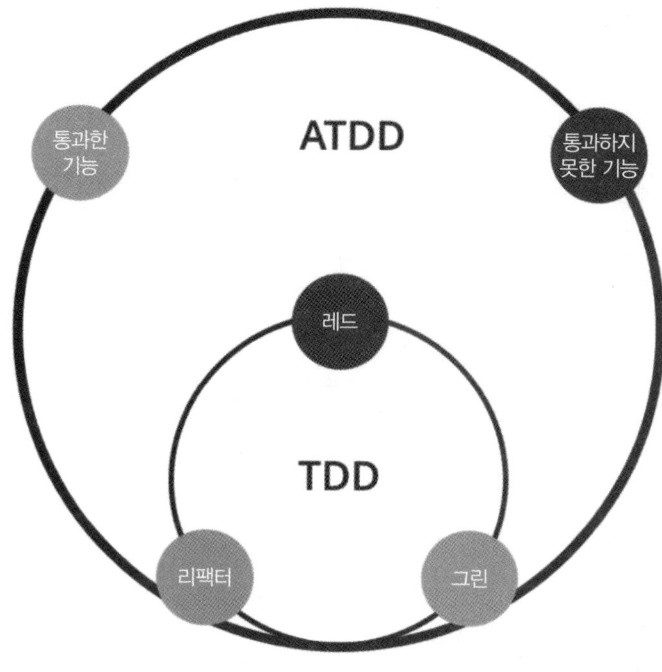

그림 7.2 ATDD 루프

사용자 승인 테스트를 작성할 때, 작은 단위 테스트 단위로 나눌 수 있습니다. 예를 들면 사용자가 시스템에 로그인하는 것은 사용자 승인 테스트의 범주지만 비밀번호 분실, 잘못된 비밀번호 또는 사용자명, 로그인 유지하기 등과 같은 기능들은 좀 더 하위 레벨의 단위 테스트를 통해 다루어야 합니다.

BDD^{Behavior-Driven-Development}는 TDD와 ATDD 이후에 나온 방법론으로, 애플리케이션에 주어지는 입력에 대한 반응에 주목합니다. 특정 메서드가 기대하는 결괏값을 반환하는지 체크하는 테스트를 작성하기보다 BDD 테스트는 시스템이 특정 조건에서 예상한 대로 동작하는지를 확인합니다. BDD는 테스트를 정의하는 데 보다 서술적인 언어를 사용하여 이해관계자 중 비개발자도 쉽게 이해할 수 있게 합니다.

BDD는 Cucumber라는 도구를 사용하여 일반인이 읽을 수 있는 형태로 상세한 스펙에 대해 정의합니다. Cucumber 테스트에서는 Gherkin이라고 부르는 자연어와 유사한 형태의 텍스트를 사용합니다. 피자 주문 기능에 대해 Cucumber 프레임워크를 사용하여 BDD 테스트 케이스를 작성한 예제를 살펴보겠습니다.

기능: 피자 주문

    시나리오: 고객이 피자 한 판을 주문
      Given 피자 가게 웹사이트에 접속해 있음
      When '피자 주문' 버튼 선택
      And '마르게리타' 피자 선택
      And 장바구니에 담기
      Then 장바구니는 1개의 '마르게리타' 피자가 있어야 함

    시나리오: 고객이 장바구니에서 피자를 제거
      Given 피자 가게 웹사이트에 접속해 있음
      And 장바구니에 '마르게리타' 피자 1개가 담겨 있음
      When 장바구니에서 '마르게리타' 피자를 제거
      Then 장바구니는 비어 있어야 함

이 Gherkin 파일은 피자 주문 기능에 대해 기대하는 행동을 정의합니다. 각 줄은 단계라 부르며 테스트에서 선언문과 같다고 볼 수 있습니다. 시나리오는 수행해야 할 단계와 기대하는 결과의 관점에서 테스트의 행동을 설명합니다.

Gherkin 문법은 가독성 좋은 문서일 뿐만 아니라 실행도 가능합니다. Cucumber와 같은 도구는 Gherkin 파일을 파싱^{parsing}하여 이를 기반으로 테스트를 실행합니다. Gherkin 파일에 정의된 '피자 가게 웹사이트에 접속해 있음' 문장은 `cypress.visit("http://pizzashop.com")` 형태의 코드로 변환됩니다. 이를 통해 기능 파일에 설명한 대로 소프트웨어가 동작하는지 확실히 알 수 있고, 애플리케이션이 변경되더라도 기능을 설명하는 원천이 될 것입니다.

Gherkin 같은 BDD 명세 파일은 애플리케이션 기능 변화를 실시간으로 업데이트하는 기록 문서의 역할을 합니다. 이 문서는 새로 합류하는 팀원이나 노련한 개발자들도 애플리케이션에서 요구하는 기능들을 빠르게 이해할 수 있게 해줍니다.

7.1.2 사용자 가치에 집중하기

어떤 방식을 선택하든, 리액트로 작업할 때는 사용자의 시선으로 바라보는 관점이 중요합니다. 리액트 컴포넌트는 사용자와 상호작용을 하는 UI의 일부이므로, 이를 테스트에 반영해야 합니다. 개발자가 어떻게 상태를 관리하고 효율적으로 생명주기 메서드를 관리하는지 사용자는 아무 관심이 없습니다. 버튼을 클릭하면 드롭다운 영역을 보여주거나 폼 양식을 제출하면 기대한

결과가 나오는 것이 사용자에겐 중요합니다.

리액트 테스팅 라이브러리를 만든 켄트[Kent C. Dodds]는 "소프트웨어를 사용하는 방식을 닮은 테스트일수록 더 좋은 테스트"라고 말했습니다. 이 원칙은 사용하는 프레임워크나 라이브러리의 종류와 상관없이 적용할 수 있습니다. 항상 사용자 경험에 집중해야 합니다.

세부 구현보다 상호작용의 결과에 집중하는 BDD와 ATDD 역시 사용자 중심 접근법과 같은 맥락입니다. 이 원칙에 충실하면 리액트 컴포넌트는 잘 동작할 것이며 목표대로 사용자 경험을 제공할 수 있습니다.

여기까지 TDD가 무엇인지, 그리고 다양한 TDD 스타일에 대해 알아보았습니다. 다음 장에서는 어떻게 TDD 방법론에 따라 구현해야 할지에 대해 살펴봅니다.

7.2 태스킹 이해하기

태스킹[Tasking]은 TDD 과정에서 필요한 단계로, 사용자 스토리 또는 기능을 작고 다루기 편한 태스크로 나누어 테스트 케이스의 기본 단위로 활용합니다. 태스킹의 목적은 코드로 무엇을 작성할지, 어떻게 테스트할지, 어떤 순서로 진행할지를 분명히 결정하는 데 있습니다.

큰 요구사항을 작은 단위로 쪼개면 여러 가지 장점이 있습니다.

- **명확해지는 범위**: 기능을 태스크로 나누면 무엇을 완료해야 하는지, 어떤 방법으로 접근할지 이해하기 쉬워집니다.
- **문제의 단순화**: 복잡한 문제를 작은 태스크로 나누면 다루기 용이합니다.
- **우선순위 결정**: 태스크가 나뉘면, 중요도와 논리적 구축에 따라 작업의 우선순위를 정할 수 있습니다.
- **개별 작업에 집중**: 태스킹은 작성하는 테스트가 명확하고 즉각적인 목적을 수행하도록 보장하여 TDD 사이클을 보다 효율적으로 만들어줍니다.
- **협업 증대**: 팀원들은 개별 태스크를 맡아 작업할 수 있습니다. 이때 모든 작업이 큰 단위 기능으로 결합되어 기여한다는 점을 알고 각자 작업을 진행할 수 있습니다.

그렇다면 태스킹은 어떻게 하는 것일까요? 생각보다 태스킹은 특별한 것이 아니며, 이미 은연중에 태스킹을 실천하고 있었을지도 모릅니다. 다음 과정을 살펴봅시다.

1. **사용자 스토리와 요구사항 검토**: 사용자 스토리를 검토하거나 구현해야 할 기능에 대해 이해합니다.

2. **논리적인 구성 요소 식별**: 스토리를 도메인 개념, 비즈니스 규칙, 사용자 작업의 단위와 같은 로직의 단위로 나눕니다.

3. **태스크 목록 작성**: 태스크 목록을 작성합니다. 태스크는 15분에서 30분 정도로 짧은 시간 안에 구현 가능할 만큼 작은 단위여야 합니다.

4. **태스크 순서 배열**: 태스크를 완수하기 위한 가장 논리적인 순서로 나열합니다. 모든 것이 순조롭게 오류 없이 동작하는 기본 시나리오인 '정상 흐름'으로 시작하고, 이후에 예외 케이스를 다룬 다음 오류를 처리하는 순입니다.

5. **태스크를 테스트로 처리**: 각각의 태스크 기능을 보장해주는 테스트 케이스를 식별합니다. 이 단계에서 테스트 코드를 작성할 필요는 없으며, 어떤 것들을 테스트할지를 파악하면 충분합니다.

태스킹은 늘 하던 업무의 흐름에 이미 녹아 있을 수도 있습니다. 요구사항을 관리 가능하며 순차적인 작업으로 나눠서 체계적으로 문제를 해결해 나가는 접근 방식입니다. 각 태스크는 한 시간 이내에 완료 가능한 수준이어야 합니다.

TDD의 절차는 그림을 그리는 것과 비슷합니다. 초안을 스케치할 때 연필로 기본적인 윤곽을 잡는 것은 코드의 초기 구조를 짜는 것과 같습니다. 초반에는 머릿속의 아이디어나 개념이 모호하여 잘 보이지 않지만, 그리기 시작하면 이미지가 모양을 갖추기 시작합니다. 몇몇 요소들이 더해지면서 더 자세해지고, 지속적인 개선을 통해 조정을 합니다. 각각의 작업 단계와 반복을 거치면서 점점 더 명확해지지만 최종 결과물이 정확하게 어떤 모습일지는 마지막까지 예측할 수 없습니다. 미술가가 작품을 만드는 과정처럼 TDD 또한 점진적인 개선을 통해 견고한 소프트웨어를 만들어 줍니다.

여기까지 많은 이론들에 대해 살펴봤습니다. 이제 구체적인 예제를 통해 태스킹을 어떻게 하는지, 그리고 레드–그린–리팩터 루프를 적용할 때 태스크를 어떻게 가이드라인으로 사용하는지 알아봅니다.

7.3 온라인 피자 가게 애플리케이션

'코드 오븐(The Code Oven)'이라는 온라인 피자 가게 애플리케이션 예제를 통해 TDD 개발 절차에 대해 알아봅니다. 이 온라인 쇼핑 애플리케이션은 지금까지 다룬 TDD 원칙과 기술들을 적용하는 적절한 예제가 될 것입니다. 예제를 통해 살펴보게 될 내용입니다.

- **피자 메뉴**: 8가지 종류의 피자로 구성된 메뉴가 있습니다. 각 피자는 이름과 가격이 함께 표시됩니다.
- **[Add] 버튼**: 각각의 옵션 옆에 [Add] 버튼이 있습니다. 선택한 피자들을 장바구니에 담아 주문할 수 있게 합니다.
- **장바구니**: 화면의 지정된 영역에 장바구니를 표시합니다. 선택한 피자의 이름과 가격이 나타납니다.
- **장바구니 수정**: 장바구니에 담긴 아이템을 더하거나 삭제할 수 있습니다.
- **전체 주문**: 장바구니에서 선택한 아이템들에 대한 전체 결제 가격을 계산합니다.
- **[Place my order] 버튼**: 최종 단계인 [Place my order] 버튼은 눈에 잘 띄는 곳에 위치합니다. 배달 또는 픽업으로 주문이 처리됩니다.

그림 7.3 코드 오븐

코드 오븐을 구축하는 단계마다 TDD를 적용하여 이 가상의 피자 가게가 기능 동작은 물론, 견고하고 유지보수하기 쉽도록 만들어 보겠습니다.

7.4 애플리케이션 요구사항 세분화

애플리케이션의 요구사항을 세분화하는 데 보편적으로 적용할 수 있는 정답이 있는 건 아니지만, 일반적으로 상향식bottom-up과 하향식top-down의 2가지 방식으로 나누어 볼 수 있습니다.

상향식 TDD는 작고 기초적인 기능들의 테스트 코드를 작성하고 기능을 구현하는 것부터 시작합니다. 이 접근 방식은 개별 단위 또는 클래스부터 만들어가면서 상위 컴포넌트로 결합하여 구성하기 전에 철저하게 테스트합니다. 시스템의 개별 부분들을 강력하게 검증하여 견고한 기반을 만드는 데 도움이 됩니다.

하지만, 이 방식은 개별 단위 간 상호작용에 대한 고려와 전체 시스템을 통합적으로 보는 관점이 부족할 경우, 실제 통합 작업 시 어려움을 겪게 될 수도 있습니다.

피자 가게로 다시 돌아가, 전체 페이지를 다음과 같은 세부 작업으로 나눌 수 있습니다.

- 피자 이름을 포함하는 하나의 `PizzaItem` 컴포넌트 구현
- `PizzaItem`에 가격 추가
- `PizzaItem`에 버튼 추가
- `PizzaList` 컴포넌트 추가(예를 들어 하나의 행에 3개의 피자를 표시)
- 간단한 기능의 `ShoppingCart` 컴포넌트와 버튼 구현
- `ShoppingCart` 컴포넌트에 아이템 추가 및 삭제 기능 지원
- 전체 피자 개수 계산
- 개별 컴포넌트를 통합하여 전체 애플리케이션 구현

이와 같이 상향식 TDD 개발 방식은 각각의 작업마다 개별 컴포넌트에 집중합니다. 컴포넌트들은 최소한의 기능에서 시작하여, 점점 세부 기능들이 추가됩니다. 테스트 케이스도 마찬가지로 기능의 요구사항에 따라 늘려 나가면서 몇몇 엣지 케이스들도 점검하기 위해 추가합니다.

단순히 이름만을 표시하는 하나의 `PizzaItem` 컴포넌트에서 시작하여, 가격을 표시하고 버튼을 추가합니다. 개별 아이템 컴포넌트를 만든 후 `PizzaList`와 `ShoppingCart`를 구현합니다. `PizzaList`와 `ShoppingCart`가 완성되면, 둘을 통합하고 사용자 관점에서 전체 기능에 대한 테스트를 수행합니다.

예를 들면 다음의 스크린샷과 같이, 애플리케이션의 다른 기능에 신경 쓰지 않고 개별 Pizza

Item 컴포넌트 구현에 집중하는 것으로 시작합니다. 이미지, 이름, 가격, [Add] 버튼과 같은 PizzaItem의 모든 기능을 구현한 뒤에는 ShoppingCart 컴포넌트로 넘어갑니다.

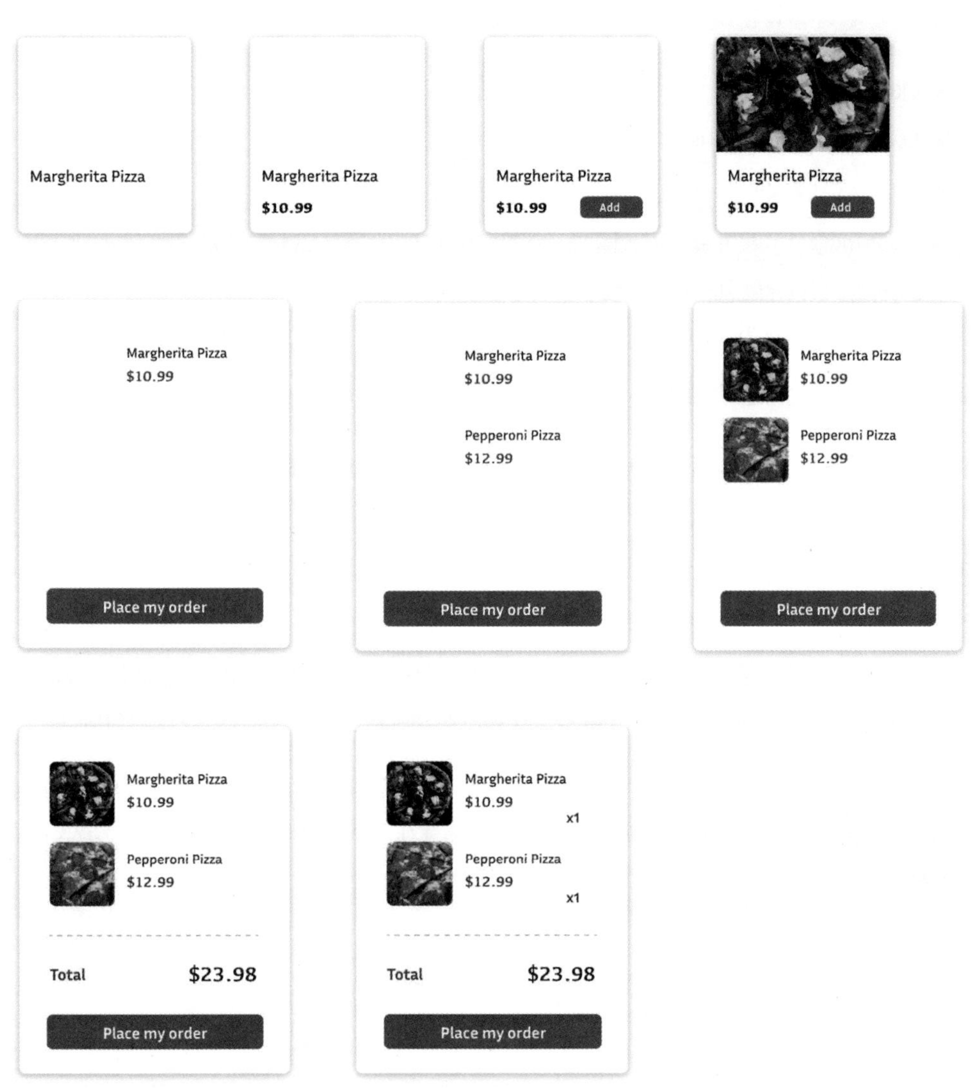

그림 7.4 상향식 TDD 개발 방식

하향식 TDD은 상향식 TDD와 반대로 시스템의 전체 구조와 기능부터 시작합니다. 메인 컴포넌트의 기능을 구현하는 것부터 시작하여 이후 세부적인 기능들로 점진적으로 확장해 나갑니다.

이 방식은 시스템의 주된 목적과 작업의 흐름을 초반부터 확립할 수 있고, 명확한 개발 로드맵을 알 수 있습니다. 전체 목표에 더 잘 맞는 방식으로 통합을 유도할 수 있지만, 개발되기 전인 하위 단계 컴포넌트의 동작을 파악하기 위해 임시로 스텁stub이나 모킹mocking이 필요할 수 있습니다. 예를 들어 기능을 다음의 목록으로 세분화할 수 있습니다.

- 페이지 제목 구현

- 피자의 이름을 포함하는 메뉴 목록 구현

- (기본값은 비활성화된) 버튼만 있는 ShoppingCart 컴포넌트 구현

- ShoppingCart 버튼이 활성화되었을 때 아이템 목록에서 버튼을 누르면 추가되는 기능 구현

- ShoppingCart 컴포넌트에 가격 추가

- ShoppingCart에 선택한 아이템의 전체 개수를 표시

- ShoppingCart의 아이템을 제거하고, 전체 개수를 그에 맞게 변경

하향식 TDD 개발 방식에서는 개별 컴포넌트 단위가 아닌, 전체 애플리케이션에 대한 큰 그림이 있습니다. 따라서 세부적인 구현 내용과 상관없이 애플리케이션의 외부 모습을 그릴 수 있습니다.

컴포넌트가 너무 크다면 큰 단위의 컴포넌트에서 점점 작은 컴포넌트를 분리, 세분화하여 구현합니다. 당장 세세한 부분까지 잘 설계된 작은 컴포넌트가 없더라도 항상 잘 동작하는 소프트웨어가 됩니다. 즉, 언제든 작업이 중단되더라도 항상 기능의 동작을 보장한다는 것입니다.

하향식 TDD 개발 방식의 구체적인 내용은 [그림 7.5]에서 확인할 수 있습니다. 비어 있는 목록에서 시작하여 피자 이름이 포함된 리스트와 사용자가 아이템을 담는 장바구니를 추가하고, 다음으로 넘어갑니다.

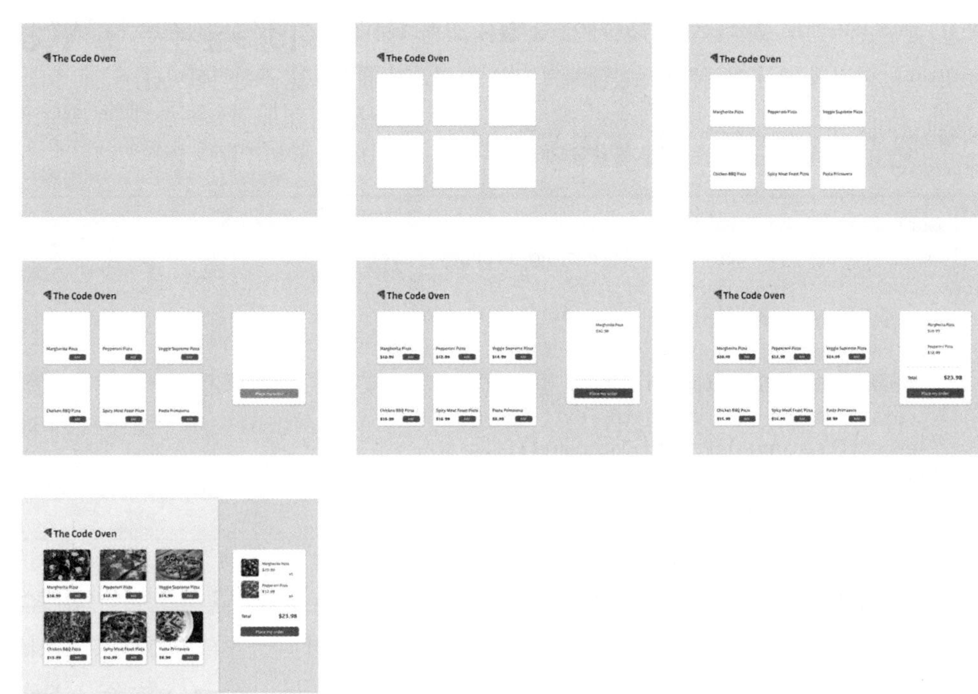

그림 7.5 하향식 TDD 개발 방식

두 방식 모두 현대 소프트웨어 개발 방법론에 크게 기여했습니다. 어느 한쪽이 절대적으로 옳다고 할 수는 없으며, 각 방식은 서로 다른 관점을 제공합니다. 따라서 개발자들은 자신의 필요와 선호도에 따라 적합한 방식을 선택할 수 있습니다.

다음 절에서는 하향식 TDD 개발 방식을 통해 사용자 관점에서 접근하는 방법을 살펴볼 것입니다. 상향식 TDD 개발 방식에 대해서는 다른 디자인 패턴을 소개하는 장에서 상세히 다루도록 하겠습니다.

7.5 애플리케이션 헤드라인 구현

피자 가게 애플리케이션을 구현해봅시다. **기술적 요구사항**에서 언급한 소스 코드 저장소를 복제clone했다면, `react-design-pattern/tree/main/code/src/ch7` 폴더로 이동합니다.

TDD를 적용하기로 했으므로, 처음 해야 할 일은 실패하는 결과가 나오는 테스트를 작성하는 것입니다. 이전 절에서 언급한 대로, 페이지 제목 구현하기 테스트를 구현해봅니다.

이제 App.test.tsx 파일을 다음 코드로 만듭니다.

```
import React from 'react';
import {render, screen} from '@testing-library/react';

describe('Code Oven Application', () => {
  it('renders application heading', () => {
    render(<PizzaShopApp />);
    const heading = screen.getByText('The Code Oven');
    expect(heading).toBeInTheDocument();
  });
});
```

아직 만들어지기 전인 PizzaShopApp 리액트 컴포넌트에 대한 테스트 코드를 리액트 테스팅 라이브러리를 사용해 작성합니다. 컴포넌트를 렌더링하고 헤더 레이블 영역에 [The Code Oven]을 포함하는지 확인합니다. expect(heading).toBeInTheDocument(); 단언을 통해 헤더가 성공적으로 렌더링 되는지 알 수 있습니다.

이제 터미널 창에서 다음 명령어를 통해 테스트를 실행합니다.

```
npm run test src/ch7
```

터미널에 ReferenceError: PizzaShopApp is not defined와 같은 오류가 표시될 것입니다. 다음은 실패한 테스트입니다.

```
FAIL  src/ch7/__tests__/App.test.tsx
  Code Oven Application
    × renders application heading


  ● Code Oven Application › renders application heading

    ReferenceError: PizzaShopApp is not defined

      4 | describe('Code Oven Application', () => {
      5 |   it('renders application heading', () => {
```

```
  > 6 │        render(<PizzaShopApp />);
        │            ^
    7 │        const heading = screen.getByText('The Code Oven');
    8 │        expect(heading).toBeInTheDocument();
    9 │    });
   10 │ });

      at Object.<anonymous> (src/ch7/__tests__/App.test.tsx:6:13)
      at TestScheduler.scheduleTests (node_modules/@jest/core/build/TestScheduler.
 js:333:13)
      at runJest (node_modules/@jest/core/build/runJest.js:404:19)

Test Suites: 1 failed, 1 total
```

지금은 레드-그린-리팩터 루프의 레드 단계에 있으므로, 가장 간단한 코드를 구현하여 테스트를 통과해야 합니다. [The Code Oven]을 렌더링하는 정적 컴포넌트를 작성하는 정도면 충분합니다. 단순히 문자열만 반환하는 **PizzaShopApp** 함수 컴포넌트를 테스트 코드 안에 바로 구현합니다.

```
import React from 'react';
import {render, screen} from '@testing-library/react';

function PizzaShopApp() {
  return <>The Code Oven</>;
}

describe("Code Oven Application", () => {
  it("renders application heading", () => {
    render(<PizzaShopApp />);
    const heading = screen.getByText("The Code Oven");
    expect(heading).toBeInTheDocument();
  });
});
```

테스트를 다시 실행하면, **PizzaShopApp**이 기대한 대로 [The Code Oven]을 보여주고 있으므로 테스트를 통과합니다. 이제 레드-그린-리팩터 루프의 그린 단계에 진입했습니다. 다음으로 개선할 부분이 있을지 찾아봅니다.

테스트 파일 안에 모든 코드를 작성할 필요는 없습니다. 대신에 이전 장에서 배웠던 함수 이동

하기 리팩터링을 통해 PizzaShopApp을 별도 파일인 App.tsx로 이동합니다. 이제 구현체는
독립된 파일로 분리되어 테스트와 컴포넌트를 각각 변경할 수 있습니다.

```tsx
import React from "react";

export function PizzaShopApp() {
  return <>The Code Oven</>;
}
```

레드-그린-리팩터 루프를 완성했습니다. 이제 다음 태스크로 넘어갑니다.

> ⚠️ TDD는 반복되는 과정이므로 초기 코드가 완벽할 필요가 없습니다. 계속해서 좋은 테스트 코드로 점검
> 하면서 더 나은 코드로 바꿔 나갈 수 있습니다.

7.6 메뉴 목록 구현

태스크 목록에 두 번째 항목에 따라, 테스트를 다음처럼 작성할 수 있습니다.

```tsx
it("renders menu list", () => {
  render(<PizzaShopApp />);
  const menuList = screen.getByRole('list');
  const menuItems = within(menuList).getAllByRole('listitem');

  expect(menuItems.length).toEqual(8);
});
```

테스트는 컴포넌트를 렌더링하는 것에서 시작합니다. 이후에 렌더링 된 컴포넌트에서 list 역
할을 하는 HTML 요소를 찾습니다. within 함수를 통해 검색 범위를 목록 안으로 좁히고, 그
안에서 listitem으로 표시된 아이템만 찾습니다. 마지막으로 찾아낸 아이템의 개수가 피자
가게에서 제공하는 피자의 가짓수와 같은 8임을 검증합니다. 기본적으로 페이지에 8개의 아이
템 목록이 표시되어야 합니다.

이제 테스트는 실패합니다. 테스트를 통과하기 위해 하드 코딩된 8개의 빈 아이템 목록을 페이

지에 표시합니다.

```
import React from "react";

export function PizzaShopApp() {
  return <>
    <h1>The Code Oven</h1>
    <ol>
      <li></li>
      <li></li>
      <li></li>
      <li></li>
      <li></li>
      <li></li>
      <li></li>
      <li></li>
    </ol>
  </>;
}
```

이 코드가 완벽해 보이지는 않지만, 테스트는 통과합니다. TDD에서는 우선 테스트를 통과시키고, 이후에 개선할 기회를 찾는 것이 중요합니다. 이러한 접근 방식의 장점은 언제든 제품을 배포할 수 있는 상태를 유지할 수 있게 해줍니다. 어느 시점이든지 코드가 완벽하지 않더라도, 개발을 중단하고 배포할 수 있어야 합니다.

이제 코드를 다시 실행하여 테스트를 통과하면, 리팩터링을 시작합니다. 길게 하드 코딩된 HTML의 아이템 목록 태그인 <li>를 줄이기 위해, 8개의 요소를 가진 배열을 사용하고 **map** 함수를 통해 <li>를 <ol> 태그 안에 생성합니다.

```
import React from "react";

export function PizzaShopApp() {
  return <>
    <h1>The Code Oven</h1>
    <ol>
      {new Array(8).fill(0).map(x => <li></li>)}
    </ol>
  </>;
}
```

목록 안에 모두 0으로 초기화된 8개의 요소를 순회하면서 8개의 빈 `<li>` 아이템을 만듭니다. 이것은 메뉴 목록에 8개의 아이템이 있어야 하는 테스트 조건을 만족하므로 새로운 구조는 테스트를 통과합니다.

이제 또 다른 레드-그린-리팩터 루프를 수행했습니다. 이제 피자 이름이 올바르게 표기되는지 확인해봅니다. 두 번째 테스트 케이스에 몇 줄을 추가합니다.

```js
it("renders menu list", () => {
  render(<PizzaShopApp />);
  const menuList = screen.getByRole('list');
  const menuItems = within(menuList).getAllByRole('listitem');

  expect(menuItems.length).toEqual(8);

  expect(within(menuItems[0]).getByText('Margherita Pizza')).
   toBeInTheDocument();
  expect(within(menuItems[1]).getByText('Pepperoni Pizza')).
   toBeInTheDocument();
  expect(within(menuItems[2]).getByText('Veggie Supreme Pizza')).
   toBeInTheDocument();
  //...
});
```

새로 추가된 줄이 테스트를 통과하려면, 피자 이름 목록을 **PizzaShopApp**에 정의하고, map 함수를 통해 `pizzas` 배열을 순회하여 피자 이름을 아이템 목록에 표시해야 합니다.

```js
const pizzas = [
  "Margherita Pizza",
  "Pepperoni Pizza",
  "Veggie Supreme Pizza",
  "Chicken BBQ Pizza",
  "Spicy Meat Feast Pizza",
  "Pasta Primavera",
  "Caesar Salad",
  "Chocolate Lava Cake"
];

export function PizzaShopApp() {
  return <>
    <h1>The Code Oven</h1>
```

```
      <ol>
        {pizzas.map((x) => <li>{x}</li>)}
      </ol>
    </>);
  }
```

이제 테스트를 통과합니다. 코드가 지나치게 단순할 수 있지만, 테스트가 지속적으로 수행되기 때문에 이후 코드 변경으로 인해 기능이 망가지는 것은 걱정하지 않아도 됩니다. 메뉴 목록을 완성했으니 이제 어떻게 장바구니를 만드는지 알아봅니다.

7.7 장바구니 만들기

ShoppingCart 컴포넌트를 만들기 위해, 먼저 빈 컨테이너가 페이지에 표시되는지 확인하는 테스트를 작성합니다. 이 컨테이너 안에는 사용자가 주문할 수 있는 버튼이 포함되어야 합니다.

컨테이너와 버튼이 있는지 확인하는 단순한 테스트부터 시작합니다.

```
it('renders a shopping cart', () => {
  render(<PizzaShopApp />);

  const shoppingCartContainer = screen.getByTestId('shopping-cart');
  const placeOrderButton = within(shoppingCartContainer).
  getByRole('button');

  expect(placeOrderButton).toBeInTheDocument();
});
```

Jest 테스트는 PizzaShopApp 컴포넌트를 렌더링하고 data-testid를 통해 장바구니 컨테이너를 식별합니다. 이 컨테이너 안에서 버튼 역할을 하는 요소를 찾습니다. 테스트는 toBeInTheDocument() 비교[matcher] 함수를 이용해 장바구니 버튼이 렌더링된 결과물에 존재하는지 확인하며 테스트를 종료합니다.

이 테스트를 통과시키기 위해서, data-testid 속성이 있는 div를 컨테이너로 추가하고 그 안에 빈 버튼을 배치합니다.

```jsx
export function PizzaShopApp() {
  return <>
    <h1>The Code Oven</h1>
    <ol>
      {pizzas.map((x) => <li>{x}</li>)}
    </ol>

    <div data-testid="shopping-cart">
      <button></button>
    </div>
  </>;
}
```

테스트를 통과하면, 버튼 기본값이 비활성화되어 있는지를 확인하는 테스트 코드를 추가합
니다.

> ⚠️ 개발 초기에 테스트 코드와 실제 구현 코드를 어떻게 넘나들며 개발하는지 확인하세요. 특히 레드–그
> 린–리팩터 루프에 익숙해질수록 점점 복잡한 테스트를 작성하고 구현을 통해 통과시킬 것입니다. 핵심 목표
> 는 빠른 피드백 루프를 구축하는 것입니다.

이제 테스트에 몇 가지 세부 사항을 추가하여, 버튼의 텍스트를 확인하고 비활성화 상태가 기
본인지 확인합니다. 또한 사용자가 버튼을 누를 수 없는지도 확인해야 합니다.

```js
it('renders a shopping cart', () => {
  render(<PizzaShopApp />);

  const shoppingCartContainer = screen.getByTestId('shopping-cart');
  const placeOrderButton = within(shoppingCartContainer).
   getByRole('button');

  expect(placeOrderButton).toBeInTheDocument();
  expect(placeOrderButton).toHaveTextContent('Place my order');
  expect(placeOrderButton).toBeDisabled();
});
```

새로운 검증이 추가되었으므로 테스트는 실패합니다. 구현을 위해 더 상세한 추가 코드가 필요

하다는 의미입니다. 텍스트와 `disabled` 상태를 추가하는 것으로 간단히 테스트를 통과할 수 있습니다.

```jsx
export function PizzaShopApp() {
  return <>
    <h1>The Code Oven</h1>
    <ol>
      {pizzas.map((x) => <li>{x}</li>)}
    </ol>

    <div data-testid="shopping-cart">
      <button disabled>Place my order</button>
    </div>
  </>;
}
```

모든 테스트를 통과했으므로, 태스크가 완료되었습니다. 태스크 목록 관리는 이렇게 코드를 점진적으로 다듬어 나가며 태스크에 집중하는 데에 큰 도움이 됩니다.

다음으로 메뉴의 아이템을 장바구니에 추가하는 태스크를 살펴봅니다.

7.8 장바구니에 아이템 담기

ShoppingCart의 기본 구조를 만든 후에 몇 가지 검증을 추가하여 동작을 확인해야 합니다. 아이템 하나를 장바구니에 담는 로직을 다음 코드를 통해 확인해봅니다.

```javascript
it('adds menu item to shopping cart', () => {
  render(<PizzaShopApp />);

  const menuList = screen.getByRole('list');
  const menuItems = within(menuList).getAllByRole('listitem');

  const addButton = within(menuItems[0]).getByRole('button');
  userEvent.click(addButton);

  const shoppingCartContainer = screen.getByTestId('shopping-cart');
  const placeOrderButton = within(shoppingCartContainer).
```

```
      getByRole('button');

    expect(within(shoppingCartContainer).getByText('Margherita Pizza')).
      toBeInTheDocument();
    expect(placeOrderButton).toBeEnabled();
  });
```

이 테스트는 **PizzaShopApp** 컴포넌트를 렌더링하고, 메뉴 목록 데이터를 가져오며 그 안의 모든 아이템을 확인합니다. 그 다음 첫 아이템의 [Add] 버튼을 사용자가 클릭하는 행동을 재연합니다. 이후에 장바구니 컨테이너에 다음 2가지가 있는지 확인합니다.

- 추가된 아이템인 [Margherita Pizza]가 장바구니에 표시되어야 합니다.

- [Place my order] 버튼이 활성화되어야 합니다.

메뉴 아이템에 버튼을 먼저 추가하고 사용자 선택을 관리하기 위한 상태를 추가하며, [Place my order] 버튼을 선택에 따라 활성화하도록 합니다.

```
export function PizzaShopApp() {
  const [cartItems, setCartItems] = useState<string[]>([]);

  const addItem = (item: string) => {
    setCartItems([...cartItems, item]);
  }

  return <>
    <h1>The Code Oven</h1>
    <ol>
      {pizzas.map((x) => <li>
        {x}
        <button onClick={() => addItem(x)}>Add</button>
      </li>)}
    </ol>

    <div data-testid="shopping-cart">
      <ol>
        {cartItems.map(x => <li>{x}</li>)}
      </ol>
      <button disabled>Place My Order</button>
    </div>
  </>;
}
```

PizzaAppShop 함수 컴포넌트는 리액트의 useState 훅을 사용하여 cartItems 배열을 관리하고, 아이템을 장바구니에 담는 addItem 함수를 정의합니다. 컴포넌트는 피자 목록을 렌더링하고 각각의 아이템에 [Add] 버튼을 표시합니다. [Add] 버튼을 누르면 addItem 함수가 동작하고 선택한 피자 아이템이 cartItems 배열에 추가됩니다.

장바구니는 cartItems에 담긴 아이템을 목록으로 표시합니다. [Place my order] 버튼의 비활성화 상태는 cartItems 배열의 길이에 따라 바뀌는데 장바구니가 비어 있는 상황, 즉 cartItems.length === 0이면 버튼은 비활성화됩니다.

일단 구현은 문제없어 보이지만, 테스트를 수행하면 실패하면서 터미널에 TestingLibrary ElementError: Found multiple elements with the role "list"라는 오류 메시지가 발생합니다. 이유는 2개의 목록(메뉴 목록과 장바구니 목록)이 하나의 화면에 존재하고 있기 때문입니다. 리액트 테스팅 라이브러리는 어떤 목록에서 [Add] 버튼을 찾을지, 어떤 목록에서 추가된 아이템을 찾을지 혼동하게 됩니다. 보다 상세한 정보인 data-testid 속성을 메뉴 목록에 추가하여 오류를 수정할 수 있습니다.

우선 PizzaShopApp 컴포넌트의 첫 <ol>(순서가 있는 목록 태그)를 data-testid="menu-list" 속성을 가진 div 요소 안으로 이동합니다.

```
<div data-testid="menu-list">
  <ol>
    {pizzas.map((x) => <li>
      {x}
      <button onClick={() => addItem(x)}>Add</button>
    </li>)}
  </ol>
</div>
```

그 후, 다음과 같이 테스트를 수정해서 명시적으로 리액트 테스팅 라이브러리가 menu-list 내의 모든 아이템을 찾을 수 있도록 수정합니다.

```
it('adds menu item to shopping cart', () => {
  render(<PizzaShopApp />);

  const menuItems = within(screen.getByTestId('menu-list')).
getAllByRole('listitem');
```

```js
  const addButton = within(menuItems[0]).getByRole('button');
  userEvent.click(addButton);

  const shoppingCartContainer = screen.getByTestId('shopping-cart');
  const placeOrderButton = within(shoppingCartContainer).getByRole('button');

  expect(within(shoppingCartContainer).getByText('Margherita Pizza')).
toBeInTheDocument();
  expect(placeOrderButton).toBeEnabled();
});
```

테스트를 다시 수행하면 TestingLibraryElementError: Unable to find an element
with the text: Margherita Pizza라는 메시지와 함께 또다시 실패합니다. 이 메시지는
여러 요소에 나누어진 텍스트로 인해 발생합니다. 이런 경우에는 텍스트 일치 조건을 유연하게
판단할 수 있는 함수를 제공해서 문제를 해결할 수 있습니다.

기대하는 [Margherita Pizza] 아이템 문자가 장바구니에 보이지 않습니다. cartItems 상태
가 변했으므로 리액트가 리렌더링을 수행하기 때문입니다. 리액트가 상태 변화를 감지하고 리
렌더링을 수행할 때, 테스트는 이 상황을 기다리지 않습니다. 즉, cartItems가 업데이트되기
전에 테스트가 먼저 수행되었습니다. 리액트에 변화를 처리하고 리렌더링할 수 있도록 잠시 시
간을 줘야 합니다. 테스트 케이스에 async 키워드를 추가하고 userEvent.click 이벤트를 통
한 상태 변화를 기다리게 합니다.

```js
it('adds menu item to shopping cart', async () => {
  render(<PizzaShopApp />);

  const menuItems = within(screen.getByTestId('menu-list')).
getAllByRole('listitem');

  const addButton = within(menuItems[0]).getByRole('button');
  await userEvent.click(addButton);

  const shoppingCartContainer = screen.getByTestId('shopping-cart');
  const placeOrderButton = within(shoppingCartContainer).getByRole('button');

  expect(within(shoppingCartContainer).getByText('Margherita Pizza')).
toBeInTheDocument();
  expect(placeOrderButton).toBeEnabled();
});
```

이 코드 조각에서 async와 await를 사용해 비동기 동작이 완료된 이후에 다음 테스트를 하도록 보장합니다. 테스트 함수는 비동기로 표시되고, Jest가 테스트를 완료된 것으로 간주하기 전에 대기하는 Promise를 반환합니다.

await userEvent.click(addButton); 코드 라인은 특히 중요합니다. userEvent.click은 사용자가 버튼을 클릭하여 상태를 업데이트하거나 리액트 컴포넌트에 영향을 주는 행동을 재연합니다. await를 사용하여 업데이트가 완료된 이후에 다음 테스트 코드가 실행되도록 보장합니다.

userEvent.click의 동작이 완료되었으므로, 테스트는 업데이트된 DOM 또는 상태에 대해 안전하게 작업을 수행합니다. 이는 테스트가 잘못된 코드로 인해 실패하는 것이 아니라, DOM이 모두 업데이트되기 이전에 수행되어 실패하는 것과 같은 부정 오류false negative[1]를 방지하는 데 매우 중요합니다.

모든 테스트가 통과되었으므로 개선점을 찾아보는 단계로 넘어가봅니다.

7.9 애플리케이션 리팩터링

지금 작성된 코드는 이해하기에 썩 나쁘지 않지만 개선할 여지가 충분히 있습니다. 지금까지 작성한 코드를 빠르게 살펴보겠습니다.

```
export function PizzaShopApp() {
  const [cartItems, setCartItems] = useState<string[]>([]);

  const addItem = (item: string) => {
    setCartItems([...cartItems, item]);
  }

  return <>
    <h1>The Code Oven</h1>
    <div data-testid="menu-list">
      <ol>
```

---

1 옮긴이_ 실제로 발생해야 할 오류가 발생하지 않게 되는 경우

```tsx
      {pizzas.map((x) => <li>
        {x}
        <button onClick={() => addItem(x)}>Add</button>
      </li>)}
    </ol>
  </div>

  <div data-testid="shopping-cart">
    <ol>
      {cartItems.map(x => <li>{x}</li>)}
    </ol>
    <button disabled={cartItems.length === 0}>Place my order
     </button>
  </div>
</>);
}
```

우선 리팩터링 기법 중 변수 이름 바꾸기를 사용해 x를 좀 더 의미 있는 이름인 `item`으로 바꿉니다. 그러면 터미널에 `Warning: Each child in a list should have a unique "key" prop`이라는 경고 메시지가 뜹니다. 리액트에서는 렌더링하는 목록 `<li>`의 아이템별로 유일한 key가 필요합니다. 여기에서는 아이템(피자 이름)을 key로 사용하여 문제를 해결합니다.

```tsx
export function PizzaShopApp() {
  const [cartItems, setCartItems] = useState<string[]>([]);

  const addItem = (item: string) => {
    setCartItems([...cartItems, item]);
  }

  return <>
    <h1>The Code Oven</h1>
    <div data-testid="menu-list">
      <ol>
        {pizzas.map((item) => <li key={item}>
          {item}
          <button onClick={() => addItem(item)}>Add</button>
        </li>)}
      </ol>
    </div>

    <div data-testid="shopping-cart">
```

```tsx
      <ol>
        {cartItems.map(item => <li key={item}>{item}</li>)}
      </ol>
      <button disabled={cartItems.length === 0}>Place my order
       </button>
    </div>
  </>);
}
```

메뉴 목록은 외부에 의존하는 것이 없기 때문에 단독의 상태로 둘 수 있으므로, 이를 별도의 새로운 컴포넌트로 만들 수 있습니다.

```tsx
const MenuList = ({
  onAddMenuItem,
}: {
  onAddMenuItem: (item: string) => void;
}) => {
  return (
    <div data-testid="menu-list">
      <ol>
        {pizzas.map((item) => (
          <li key={item}>
            {item}
            <button onClick={() => onAddMenuItem(item)}>Add</button>
          </li>
        ))}
      </ol>
    </div>
  );
};
```

MenuList 컴포넌트는 문자열 매개변수를 전달받아 메뉴 아이템을 표시하는 onAddMenuItem 콜백 함수 prop 하나를 받습니다. 컴포넌트는 문자열 배열인 피자 목록을 렌더링합니다. 피자마다 아이템 목록과 [Add] 버튼을 구성합니다. 버튼을 클릭하면 onAddMenuItem 함수가 호출되고 피자 이름이 매개변수로 전달됩니다. 컴포넌트는 data-testid="menu-list" 속성을 테스트 수행 중에 요소를 찾기 위한 질의로 사용합니다. 전체적으로 이 컴포넌트는 피자 목록을 표시하고 제공된 콜백을 통해 메뉴 아이템 추가를 관리하는 프레젠테이션 컴포넌트의 역할을 합니다.

장바구니 컴포넌트도 유사하게 분리할 수 있습니다.

```tsx
const ShoppingCart = ({ cartItems }: { cartItems: string[] }) => {
  return (
    <div data-testid="shopping-cart">
      <ol>
        {cartItems.map((item) => (
          <li key={item}>{item}</li>
        ))}
      </ol>
      <button disabled={cartItems.length === 0}>Place my order
      </button>
    </div>
  );
};
```

ShoppingCart 컴포넌트는 cartItems 배열을 prop으로 전달받습니다. 이 배열은 장바구니에 담긴 아이템의 이름 목록을 담고 있습니다. 컴포넌트는 장바구니에 담긴 아이템 목록을 렌더링합니다. data-testid="shopping-cart" 속성을 사용하여 테스트를 수행할 때 이 컴포넌트를 식별합니다. 그리고 [Add] 버튼은 목록의 하단에 렌더링됩니다. 버튼은 cartItems 배열이 비어 있으면 비활성화되며, 장바구니에 아이템이 없음을 의미합니다. 정리하면 이 컴포넌트는 장바구니 아이템을 표시하고 주문을 수행하는 기능을 제공합니다.

이렇게 컴포넌트를 추출한 후 메인 컴포넌트인 PizzaShopApp에서 이 컴포넌트들을 사용할 수 있습니다.

```tsx
export function PizzaShopApp() {
  const [cartItems, setCartItems] = useState<string[]>([]);

  const addItem = (item: string) => {
    setCartItems([...cartItems, item]);
  };

  return (
    <>
      <h1>The Code Oven</h1>
      <MenuList onAddMenuItem={addItem} />
      <ShoppingCart cartItems={cartItems} />
    </>
```

```
  );
}
```

비교적 큰 변화가 생기지만 테스트는 항상 어떤 기능도 깨지지 않은 '그린' 상태에 있습니다. 세분화한 모든 태스크를 전부 구현하지 않았지만, 레드-그린-리팩터 루프의 아이디어는 충분히 이해했을 것입니다. 남은 태스크도 지금처럼 테스트를 먼저 작성하고 최소한의 코드로 통과시킨 다음에 개선점을 찾아 나가면 됩니다.

곧바로 구현 단계로 뛰어들고 싶다는 생각 때문에 처음에는 이러한 접근 방식이 낯설 수 있습니다. 하지만 점진적으로 단계를 차근차근 밟아 나가다 보면, 집중력과 생산성을 향상시킬 수 있다는 것을 깨닫게 될 것입니다.

요약

이 장에서는 다양한 형태의 TDD를 알아보고, 복잡한 문제를 다룰 수 있는 수준의 작은 태스크로 나누는 것의 중요성을 강조했습니다. 또한 상향식 접근과 하향식 접근이라는 2가지 방식의 장점과 사용 사례에 대해 살펴보았습니다. 이러한 개념을 실제로 이해하기 위해 피자 가게 애플리케이션을 실습 예제로 구현해보았습니다.

이를 통해 앞서 논의했던 이론과 방법론을 확실히 이해할 수 있었고, 다양한 시나리오에서 TDD를 어떻게 효과적으로 적용할 수 있는지 배웠습니다.

다음 장에서는 리액트 애플리케이션에서의 데이터 관리 방법을 다룹니다. 특히 효과적인 데이터 접근과 조작을 위해 널리 사용되는 디자인 패턴들을 자세히 살펴볼 예정입니다.

PART 3

비즈니스 로직과 디자인 패턴 알아보기

PART 3에서는 비즈니스 로직과 디자인 패턴에 대해 알아봅니다. 상태를 관리할 때 일반적으로 발생하는 문제들을 해결하고, 단일 책임 원칙과 같은 기본 원칙을 준수하여 깔끔하고 효율적인 코드베이스를 유지하는 데에 필수적인 내용입니다.

▶▶▶ **CHAPTER 8**
리액트 데이터 관리

▶▶▶ **CHAPTER 9**
리액트 설계 원칙 적용

▶▶▶ **CHAPTER 10**
합성 패턴

리액트 데이터 관리

모던 프런트엔드 개발은 상태와 데이터 접근에 대한 처리 방식이 애플리케이션의 성패를 좌우합니다. 혼자 작업하든 팀으로 작업하든, 최선의 접근 방식과 일반적인 실패 사례를 이해하는 것이 중요합니다. 이번 장은 리액트 애플리케이션 내에서 상태 관리와 데이터 관리에 대한 효율을 높이는 것이 목표이며, 확장성과 유지보수성에 중점을 둘 것입니다.

리액트에서의 상태 관리는 특히 까다롭습니다. 비즈니스 로직을 코드베이스 내에 어디에 둘지 결정하는 것도 쉽지 않습니다. UI 컴포넌트의 비즈니스 로직이 커지면 재사용성이 떨어집니다. 많은 도메인 객체와 계산 로직들이 의도와 상관없이 UI 컴포넌트에 흩어져 있으면, 로직을 따라가거나 디버깅하기 어렵고 테스트도 쉽지 않습니다. 또한 사용자 경험에 부정적인 영향을 미치는 성능 문제를 야기할 수 있습니다.

또 다른 문제는 Prop Drilling으로, 부모 컴포넌트의 prop을 하위 자식 노드에게 전달할 때 번거로울 뿐만 아니라 오류를 발생시키기 쉽습니다. 이는 종종 동일한 코드 조각이 여러 파일에 중복되는 상황으로 이어지며, 이로 인해 이후의 업데이트 작업이 복잡해집니다.

마지막으로, 리액트 애플리케이션에서 상태를 공유하는 것은 그 자체로 어렵습니다. 다양한 방식이 있지만 여러 컴포넌트 간에 상태 로직을 공유하는 가장 효율적인 방식을 고르는 것은 까다롭습니다. 상태 공유 문제를 자세히 살펴보고 리액트의 Context API가 어떻게 도움이 되는지 알아보겠습니다.

이 장에서는 다음 주제를 다룹니다.

- 비즈니스 로직 누수 현상
- ACL(오류 방지 계층)
- Prop Drilling 문제 살펴보기
- Context API를 통한 Prop Drilling 문제 해결

8.1 비즈니스 로직 누수 현상

비즈니스 로직은 비즈니스 애플리케이션 운영을 위한 규칙과 계산 로직, 절차 등을 의미합니다. 비즈니스 로직과 관련 없는 컴포넌트나 애플리케이션 영역으로 흘러 들어가는 현상을 비즈니스 로직 누수라 합니다.

이 문제는 다양한 프로젝트에서 종종 발생합니다. 리액트에서 비즈니스 로직을 다루는 널리 합의된 접근 방식이 없어 이러한 현상이 나타납니다. 프레임워크의 유연성 덕분에 비즈니스 로직을 컴포넌트나 훅 또는 헬퍼 함수^{helper function}에 직접 작성하는 것이 가능하기 때문에, 로직을 당장 필요한 컴포넌트에 끼워 넣다 보면 로직의 누수로 이어지게 됩니다.

비즈니스 로직의 누수는 로직과 강하게 결합된 컴포넌트를 만들어내고 테스트와 유지보수, 재사용을 어렵게 합니다. 비즈니스 로직이 애플리케이션의 여러 부분에 걸쳐 흩어져 있다면, 코드 중복이 나타나고 일관성이 부족해집니다. 이로 인해 애플리케이션은 오류에 취약해지고 디버깅하기 어려워집니다. 또한, 비즈니스 로직을 수정할 때 여러 곳을 동시에 변경해야 하므로 또 다른 문제가 발생할 위험이 있습니다.

비즈니스 로직이 누수되고 있는지 알 수 있는 다양한 지표들이 있지만, 가장 흔한 징후는 뷰 또

는 UI 컴포넌트 내에서 데이터 변환이 함께 수행되는 것입니다. 여기서 이 문제를 자세히 살펴보고 다음 절에서 해결책에 대해 알아봅니다.

데이터 변환은 특정 형식의 데이터를 다른 모듈이나 원격 서비스를 위한 형태로 변환하는 기능을 의미합니다. 다음 예제는 많은 리액트 애플리케이션에서 사용하는 코드로, UserProfile 함수 컴포넌트를 보여줍니다.

```
function UserProfile({ id }: { id: string }) {
  const [user, setUser] = useState<User | null>(null);

  useEffect(() => {
    async function fetchUser() {
      const response = await fetch(`/api/users/${id}`);
      const data = await response.json();

      setUser({
        id: data.user_identification,
        name: data.user_full_name,
        isPremium: data.is_premium_user,
        subscription: data.subscription_details.level,
        expire: data.subscription_details.expiry,
      });
    }

    fetchUser();
  }, [id]);

  if (!user) {
    return <div>Loading...</div>;
  }

  return (
    <div data-testid="user-profile">
      <h1>{user.name}</h1>
    </div>
  );
}
```

UserProfile은 사용자 데이터를 백엔드 API로부터 가져옵니다. useEffect 혹은 ID가 변경될 때마다 바뀐 ID에 해당하는 데이터를 가져오도록 합니다. 가져온 데이터는 로컬 상태 변수인 user에 저장하고 컴포넌트는 데이터가 있으면 사용자 이름을 보여줍니다. 데이터가 로딩 중이면 **Loading...** 메시지가 표시됩니다.

useEffect 코드 블록에서는 가져온 데이터를 변환한 뒤 그 값을 user 상태 변수에 저장합니다. 특히 가져온 JSON 응답은 프런트엔드 애플리케이션에 더 적합한 새로운 이름으로 변환됩니다. 예를 들면 `data.user_identification`은 `id`로, `data.user_full_name`은 `name`으로 바뀝니다. 이러한 변환은 리액트 컴포넌트를 다루기 쉽게 하고 가독성을 높여줍니다.

이러한 변환은 애플리케이션의 여러 곳에서 발생할 수 있으며, 리액트 컴포넌트뿐만 아니라 훅이나 다른 곳에서도 발생합니다.

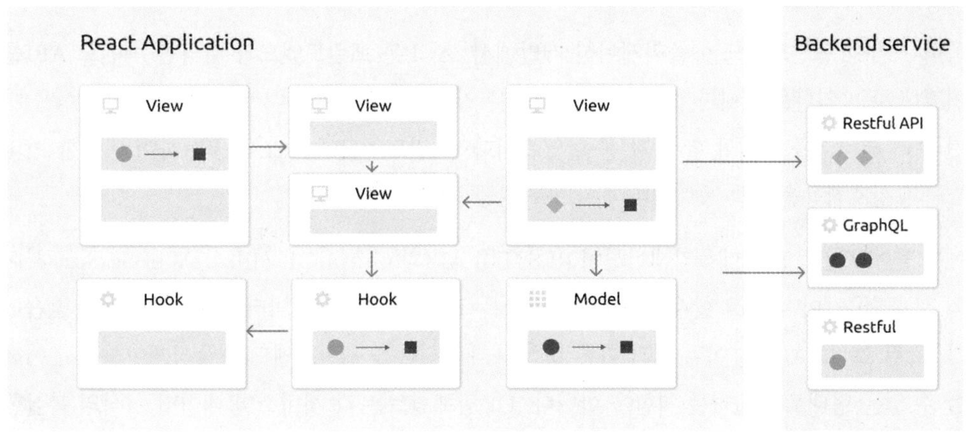

그림 8.1 뷰에서 데이터 변환

백엔드 서비스는 다양한 기술 형태로 데이터를 제공하는데, RESTful API를 활용하거나 GraphQL을 사용하기도 합니다. 프런트엔드의 관점에서는 이러한 형식의 세부 사항은 추상화되어 있습니다. 예를 들어 어떤 컴포넌트는 XML 데이터(그림 8.1에서 다이아몬드)를 내부 타입 X(그림 8.1에서 사각형)로 변환하고, 또 다른 컴포넌트는 GraphQL 엔드포인트를 통해 받은 데이터(그림 8.1에서 원)를 동일한 형태의 내부 타입 X로 변환할 수 있습니다.

이러한 불일치로 인해 여러 코드 영역에서 데이터 변환이 필요해집니다. 이러한 변환이 여러 코드베이스 전반에 중복되면, 특히 백엔드 데이터 구조가 변경될 때 일부 영역에서 업데이트를 놓칠 수도 있습니다.

모든 다양한 변환 작업은 빈 필드 확인, 필드 이름 변경, 불필요한 필드 제거와 함께 데이터 변형이 이루어지는 한 곳으로 모을 수 있습니다. 다음 주제인 ACL(오류 방지 계층)에서 자세히 설명하겠습니다.

8.2 ACL(오류 방지 계층)

소프트웨어 개발에서 ACL은 각각 다른 언어를 사용하는 다른 서브시스템 간의 통역가 또는 중재자 역할을 합니다. 서로 다른 규칙과 구조를 가진 두 시스템을 직접 연결한다면 서로 의도치 않게 영향을 끼칠 수 있고 각각의 고유 도메인 로직을 훼손할 수 있습니다.

특히 복잡한 프런트엔드 애플리케이션 개발에서, ACL은 프런트엔드와 다양한 백엔드 API를 연결해 주는 역할을 합니다. 프런트엔드 개발은 일관성이 부족하거나 복잡한 데이터 형식을 가진 여러 서비스를 다뤄야 할 때가 종종 있습니다. 프런트엔드에 ACL을 구현하여 이러한 서비스들과 상호작용을 하는 통합 인터페이스를 만들 수 있습니다.

예를 들어 프런트엔드 애플리케이션이 RESTFul API와 GraphQL 서비스, WebSocket 서버와 상호작용해야 한다고 합시다. 이 서비스들은 고유의 규칙과 데이터 구조, 복잡성을 갖습니다. 프런트엔드 ACL은 이런 여러 다른 형식의 데이터들을 프런트엔드 애플리케이션에서 이해할 수 있는 형태로 변환하는 역할을 합니다. UI 컴포넌트는 각 서비스별 데이터 형식의 복잡한 세부 사항에 대해 신경 쓰지 않아도 되므로 개발과 테스트, 유지보수를 쉽게 할 수 있습니다.

ACL은 캐시 처리, 오류 변환과 같은 여러 문제를 처리하는 전략 계층으로 활용할 수 있습니다. 이러한 기능들을 한 곳에 집중하면 로직이 여러 프런트엔드 코드베이스에 분산되는 것을 방지하게 되므로 중복 배제(DRY) 원칙을 준수할 수 있습니다.

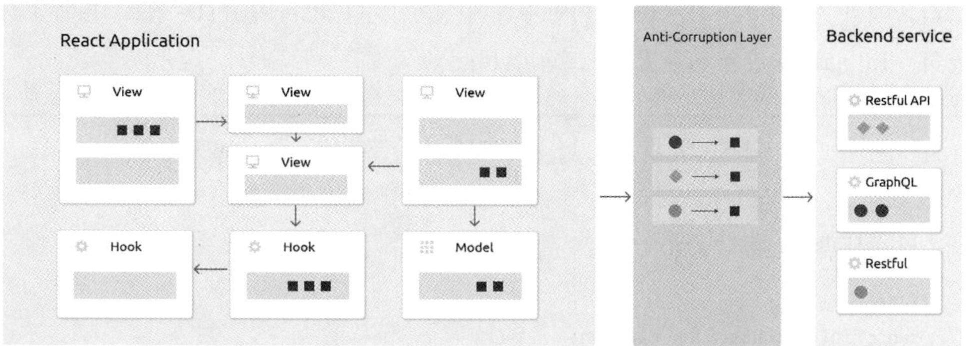

그림 8.2 데이터 변환을 위한 ACL 도입

[그림 8.2]에서 보면 모든 데이터 변환이 한 곳에서 이뤄지고 뷰에서는 이러한 동작을 할 필요가 없어집니다. 다음 절에서 어떻게 이를 코드에 적용할지 살펴봅니다.

8.2.1 일반적인 ACL 사용법

이전 절에 나온 예제 코드에 간단한 함수를 추가하는 것부터 시작해 ACL을 만들어 보겠습니다. 외부 데이터 포맷과 무엇을 사용할지를 확인한 후에 변환 함수를 정의하고 공통 위치에 배치합니다.

먼저, 원격 서버에서 수신하는 사용자 데이터 형식에 대해 정의해봅니다. 타입스크립트를 사용하면 컴파일 타임$^{compile-time}$에 타입을 미리 확인할 수 있어서, 애플리케이션 실행 이전에 데이터 형식의 불일치 여부를 확인할 수 있습니다.

```
type RemoteUser = {
  user_identification: string;
  user_full_name: string;
  is_premium_user: boolean;
  subscription_details: {
    level: string;
    expiry: string;
  };
};
```

그리고 지역 변수로 사용하는 User 타입에 대해 정의합니다. UserProfile 컴포넌트에서 사용하는 id, name과 같은 모든 필드를 포함합니다.

```ts
type UserSubscription = "Basic" | "Standard" | "Premium" | "Enterprise";

type User = {
  id: string;
  name: string;
  isPremium: boolean;
  subscription: UserSubscription;
  expire: string;
};
```

type 정의는 리액트 컴포넌트에서 사용될 user 객체의 구체적인 구조를 정의합니다. subscription 속성은 **Basic**, **Standard**, **Premium**, **Enterprise** 등 4개의 문잣값 중 하나를 가지는 UserSubscription 사용자 정의 열거 타입으로 사용합니다. 그리고 **expire**는 사용자의 구독 만료 시점을 나타내는 문자열입니다.

이 설정을 가지고 transformer.ts 파일에 transformUser 함수를 작성합니다. 이 파일은 방금 정의한 User 타입의 객체를 반환합니다.

```ts
import { RemoteUser, User, UserSubscription } from "./types";

export const transformUser = (remoteUser: RemoteUser): User => {
  return {
    id: remoteUser.user_identification,
    name: remoteUser.user_full_name,
    isPremium: remoteUser.is_premium_user,
    subscription: remoteUser.subscription_details.level as UserSubscription,
    expire: remoteUser.subscription_details.expiry,
  };
};
```

transformer.ts로 분리된 함수 덕분에 컴포넌트는 다음과 같이 단순해집니다.

```ts
async function fetchUserData<T>(id: string) {
  const response = await fetch(`/api/users/${id}`);
  const rawData = await response.json();
```

```tsx
  return transformUser(rawData) as T;
}

function UserProfile({ id }: { id: string }) {
  const [user, setUser] = useState<User | null>(null);

  useEffect(() => {
    async function fetchUser() {
      const response = await fetchUserData<User>(id);
      setUser(response);
    }

    fetchUser();
  }, [id]);

  if (!user) {
      return <div>Loading…</div>;
  }

  return (
    <div data-tested="user-profile">
      <h1>{user.name}</h1>
    </div>
  );
}
```

UserProfile 컴포넌트는 사용자 데이터를 API로부터 가져와서 가공하는 fetchUserData 헬퍼 함수에 의존합니다. 이 설계는 UserProfile 컴포넌트를 원격 데이터 구조로부터 독립된 형태를 갖도록 보호합니다. 이후에 RemoteUser 타입이 변경되더라도, 변경의 범위를 transformer.ts로 제한할 수 있으므로 UserProfile은 바뀌지 않습니다.

별도의 함수를 통해 원격 데이터를 다루고 뷰 레벨의 요구사항에 맞게 가공해 주는 것은 여러 장점이 있습니다. 하지만 백엔드 서비스의 오류로 필요한 데이터를 제공받지 못한다면 복잡도가 높아지게 됩니다. 이러한 상황에 대비하기 위해 대응 로직 또는 기본값을 추가할 필요가 있습니다.

8.2.2 예외 상황 대응 또는 기본값

데이터를 변환할 때 자주 보이는 상황 중 하나는 리액트 뷰에 과도하게 방어적인 프로그램을 작성하는 것입니다. 방어적 프로그래밍은 다양한 상황에서 유용하게 사용되는 좋은 방법이지만, 리액트 컴포넌트 안에서 과도하게 널[null] 체크를 하거나 예외 상황에 대한 대응 코드를 작성하는 것은 코드를 복잡하게 하고 이해하기 어렵게 만듭니다.

> ⚠️ 방어적 프로그래밍은 발생할 수 있는 오류와 실패 또는 예외 상황 등을 자연스럽게 처리하기 위해, 필요한 코드를 작성하는 것을 의미합니다. 애플리케이션이 예상하지 못한 상황에서도 정상으로 복원하기 쉽고 안정적으로 동작하기 위함입니다.

UserProfile 예제 코드에서 원격 서비스 응답 중에 특정 값이 비어 있는 상태가 있을 수 있습니다. 이런 경우 사용자에게 null 또는 undefined를 그대로 보여주지 않고 미리 정의해둔 기본값을 보여주어야 합니다.

이전에 분리해 둔 transformUser 함수를 다시 살펴봅니다.

```
export const transformUser = (remoteUser: RemoteUser): User => {
  return {
    id: remoteUser.user_identification,
    name: remoteUser.user_full_name,
    isPremium: remoteUser.is_premium_user,
    subscription: remoteUser.subscription_details.level as UserSubscription,
    expire: remoteUser.subscription_details.expiry,
  };
};
```

만약 subscription_details 값이 없는 상황이거나 expiry 날짜가 형식에 맞지 않는 값이 백엔드에서 전달되면 어떻게 될까요? 이러한 경우 런타임에 예외를 발생시킬 수 있으므로 기본값을 지정하여 원격 데이터가 올바르지 않은 형식으로 전달될 수 있는 상황에 대비해야 합니다.

컴포넌트에서 렌더링하기 이전 시점에 예외 처리 로직을 추가할 수 있습니다. ACL이 없다면 다음과 같이 UserProfile에 직접 로직을 추가할 것입니다.

```tsx
function UserProfile({ user }: { user: User }) {
  const fullName = user && user.name ? user.name : "Loading…";
  const subscriptionLevel = user && user.subscription ? user.subscription: "Basic";

  const subscriptionExpiry = user && user.expire ? user.expire : "Never";

  return (
    <div>
      <h1>{fullName}</h1>
      <p>Subscription Level: {subscriptionLevel}</p>
      <p>Subscription Expiry: {subscriptionExpiry}</p>
    </div>
  );
}
```

UserProfile 컴포넌트는 user 객체를 prop으로 전달받아서 사용자의 이름과 구독 레벨, 구독 종료일을 표시합니다. 이 중 어떤 값이 빠져 있거나 잘못된 값이라면 **Loading…**, **Basic**, **Never**와 같은 기본 텍스트 값을 표시합니다.

UserProfile 컴포넌트에 이러한 로직이 추가되면서 컴포넌트가 커지고 복잡해졌습니다.

이러한 종류의 로직은 transformUser와 같은 함수로 옮기면 더 효과적으로 테스트할 수 있고 다루기가 더 쉬워집니다.

```tsx
export const transformUser = (remoteUser: RemoteUser): User => {
  return {
    id: remoteUser.user_identification ?? 'N/A',
    name: remoteUser.user_full_name ?? 'Unknown User',
    isPremium: remoteUser.is_premium_user ?? false,
    subscription: (remoteUser.subscription_details?.level ?? 'Basic') as
UserSubscription,
    expire: remoteUser.subscription_details?.expiry ?? 'Never',
  };
};
```

transformUser 함수는 원격 사용자 데이터 구조를 애플리케이션에서 요구하는 user 객체 구조로 매핑해 주면서 각각의 필드값이 빠져 있거나 null이면 기본값을 제공합니다. 예를 들어 remoteUser.user_identification 필드가 null이면 **N/A**를 기본 ID값으로 사용합니다.

여기서 여러 중첩된 하위 속성에 대한 별도 확인 없이도 안전하게 접근하기 위해 옵셔널체이 닝^{optional chaining}(?)을 사용했습니다. subscription_details나 level 속성의 값이 null 또는 undefined면, subscription 속성값 역시 undefined가 되고 오류는 발생하지 않습니다. 여 기서 연산자 왼쪽 값이 null이나 undefined가 아니라면 왼쪽의 값을 사용하고, 그렇지 않으 면 오른쪽 값을 사용하는 null 병합 연산자^{nullish coalescing}(??)를 통해 예외 처리를 했습니다.

이 모든 변환과 예외 처리 로직은 ACL에서 이루어졌습니다. 원격 또는 로컬 데이터 형태가 바 뀌면 변경 사항은 이 곳에서 쉽게 적용할 수 있으며, 사용하고 있는 곳의 전체 코드베이스를 모 두 살펴볼 필요는 없습니다.

이렇게 ACL 패턴은 효과적으로 비즈니스 로직을 뷰에서 분리할 수 있습니다. 하지만 이 외에 도 리액트 애플리케이션에서 데이터를 다룰 때 또 다른 어려움이 있습니다. 컴포넌트 사이에 데이터를 공유할 때 Prop Drilling을 피해야 하는 것이 대표적입니다. 다음 절에서 Context API를 통해 이를 해결하는 방법을 살펴봅니다.

8.3 Prop Drilling 문제 살펴보기

Prop Drilling은 데이터가 필요하지 않은 여러 계층으로 이루어진 컴포넌트들을 통과하여 하 위 계층으로 데이터를 전달해야 할 때 발생하는 문제입니다. 이러한 구조는 코드 가독성을 떨 어뜨리고 유지보수하기 어렵게 만듭니다.

통합 검색 컴포넌트가 있다고 가정해봅니다. 이 컴포넌트는 책 목록, 메뉴 목록, 티켓 목록과 같은 검색 결과 목록을 전달받아 표시합니다. 검색 목록뿐만 아니라, 검색 상자를 통해 긴 목록 에서 필요한 것만 필터링할 수 있게 합니다.

> Type to search...

1. **Clean Code**

   A book by Robert C. Martin that focuses on best practices for writing clean, maintainable code.

   `Select`

2. **Design Patterns**

   Written by the Gang of Four, this book explores various design patterns for object-oriented software engineering.

   `Select`

3. **You Don't Know JS**

   A series of books by Kyle Simpson that delves deep into the core mechanisms of JavaScript.

   `Select`

4. **The Pragmatic Programmer**

그림 8.3 검색 목록 컴포넌트

얼핏 보면 코드는 꽤 직관적이고 그리 복잡하지 않아 보입니다.

```tsx
import React, { ChangeEvent, useState } from "react";

export type Item = {
  id: string;
  name: string;
  description: string;
};

const SearchableList = ({ items }: { items: Item[] }) => {
  const [filteredItems, setFilteredItems] = useState<Item[]>(items);

  const handleChange = (e: ChangeEvent<HTMLInputElement>) => {
    setFilteredItems(
      items.filter((item) => item.name.includes(e.target.value))
    );
  };

  return (
    <div>
      <input type="text" onChange={handleChange} />
      <ul>
```

```jsx
      {filteredItems.map((item, index) => (
        <li key={index}>{item.name}</li>
      ))}
    </ul>
  </div>
  );
};

export default SearchableList;
```

이 코드는 사용자 입력에 따라 목록을 보여주고 필터링하는 SearchableList 리액트 컴포넌트를 정의합니다. 전체 목록을 먼저 표시하고 입력창의 텍스트 변화에 따라 필터링된 목록으로 갱신합니다.

컴포넌트가 진화하고 다양한 사용자 시나리오로 활용될수록 코드베이스의 복잡도가 높아지면서 추가적인 레이아웃 변경과 코드의 추가로 이어집니다. [그림 8.4]의 오른쪽에 설명한 것처럼 검색 목록의 입력은 SearchInput, List와 ListItem 등 3개의 하위 컴포넌트로 세분화할 수 있습니다.

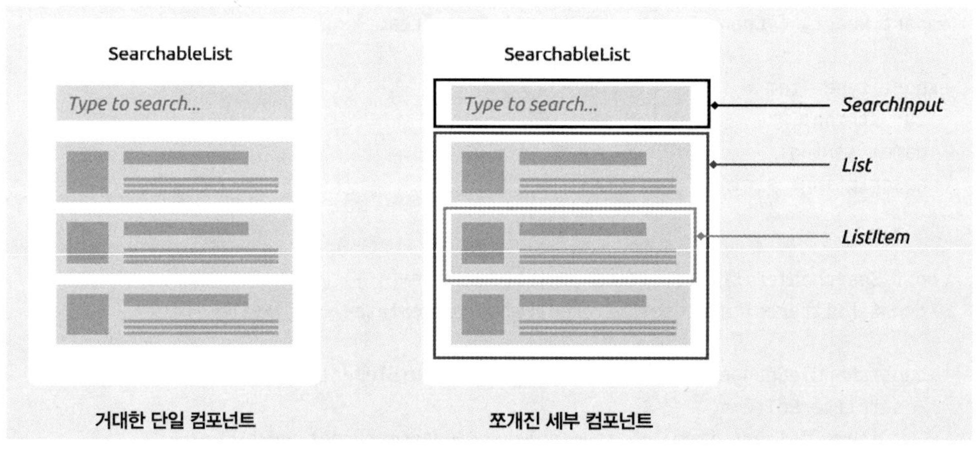

그림 8.4 검색 목록 컴포넌트를 더 작은 컴포넌트로 세분화함

[그림 8.4]의 오른쪽 상단의 사각형 부분인 SearchInput 컴포넌트는 사용자의 입력을 받습니다. 그 아래 사각형으로 표시된 List는 가장 조그마한 사각형으로 표시된 여러 개의 ListItem을 담고 있습니다. 각각의 ListItem은 제목과 설명, 버튼과 같은 요소를 가집니다.

별도로 분리한 개별 컴포넌트를 자세히 살펴봅니다.

```tsx
const ListItem = ({ item }: { item: Item }) => {
  return (
    <li>
      <h2>{item.name}</h2>
      <p>{item.description}</p>
    </li>
  );
};
```

ListItem은 아이템의 이름과 설명을 표시합니다. 세부 기능 추가가 필요하면 이 파일만 직접 수정하면 됩니다.

그리고 각 ListItem들은 다음과 같이 List 컴포넌트로 감싸고 있습니다.

```tsx
const List = ({ items }: { items: Item[] }) => {
  return (
    <section data-testid="searchable-list">
      <ul>
        {items.map((item) => (
          <ListItem item={item} />
        ))}
      </ul>
      <footer>Total items: {items.length}</footer>
    </section>
  );
};
```

List는 모든 아이템 목록을 담는 컨테이너로 쓰이며, footer를 통해 아이템의 요약 정보를 표시합니다.

마지막으로, 사용자가 입력한 정보를 받아서 검색을 요청하는 SearchInput 컴포넌트가 있습니다.

```tsx
const SearchInput = ({ onSearch }: { onSearch: (keyword: string) => void }) => {
  const handleChange = (e: ChangeEvent<HTMLInputElement>) => {
    onSearch(e.target.value);
  };
```

```tsx
  return <input type="text" onChange={handleChange} />;
};

const SearchableList = ({ items }: { items: Item[] }) => {
  const [filteredItems, setFilteredItems] = useState<Item[]>(items);

  const onSearch = (keyword: string) => {
    setFilteredItems(items.filter((item) => item.name.includes(keyword)));
  };

  return (
    <div>
      <SearchInput onSearch={onSearch} />
      <List items={filteredItems} />
    </div>
  );
};
```

이러한 코드의 분리는 내부 구조의 변경일 뿐이며, 각 부분을 쉽게 읽고 이해하기 위한 것입니다. SearchableList 컴포넌트의 prop은 바뀌지 않았으므로, 사용자는 이러한 내부 구조의 변화를 알지 못합니다.

그런데 만약 항목의 인기도와 검색 기능의 활용도를 분석하기 위한 사용자 상호작용 추적이라는 추가 기능 요청이 들어온다면, 아이템을 클릭했을 때 호출할 onItemClicked 콜백 함수와 검색이 수행될 때 호출할 onSearch 콜백 함수를 전달받을 2개의 prop을 추가해야 합니다.

이를 위해 SearchableList에서 사용하는 새로운 타입을 만들어줍니다.

```tsx
type SearchableListProps = {
  items: Item[];
  onSearch: (keyword: string) => void;
  onItemClicked: (item: Item) => void;
};

const SearchableList = ({
  items,
  onSearch,
  onItemClicked,
}: SearchableListProps) => {
  //...
```

```
};
```

onSearch와 onItemClicked를 전달하기 위해 ListItem에 변경이 필요합니다. prop에 on
ItemClicked를 추가하고 항목을 클릭하면 호출합니다.

```
const ListItem = ({
  item,
  onItemClicked,
}: {
  item: Item;
  onItemClicked: (item: Item) => void;
}) => {
  return (
    <li onClick={() => onItemClicked(item)}>
      <h2>{item.name}</h2>
      <p>{item.description}</p>
    </li>
  );
};
```

하지만 ListItem은 외부에 직접 노출되지 않기 때문에, prop은 부모 컴포넌트인 List로부터
전달받습니다. 따라서 List 컴포넌트의 prop에 onItemClicked를 추가해야 합니다.

```
const List = ({
  items,
  onItemClicked,
}: {
  items: Item[];
  onItemClicked: (item: Item) => void;
}) => {
  return (
    <section data-testid="searchable-list">
      <ul>
        {items.map((item) => (
          <ListItem item={item} onItemClicked={onItemClicked} />
        ))}
      </ul>
      <footer>Total items: {items.length}</footer>
    </section>
  );
```

```
};
```

List 컴포넌트는 onItemClicked prop을 전달받아 ListItem에 가공 없이 그대로 전달해주는데, 여기서 코드 스멜의 징후가 보입니다. 컴포넌트의 기능과 직접 연관이 없는 부분을 다루고 있기 때문입니다.

그리고 onItemClick prop은 List 컴포넌트의 부모 컴포넌트인 SearchableList로부터 다음과 같이 전달받습니다.

```
const SearchableList = ({
  items,
  onSearch,
  onItemClicked,
}: SearchableListProps) => {
  const [filteredItems, setFilteredItems] = useState<Item[]>(items);

  const handleSearch = (keyword: string) => {
    setFilteredItems(items.filter((item) => item.name.
      includes(keyword)));
    };

  return (
    <div>
      <SearchInput onSearch={handleSearch} />
      <List items={filteredItems} onItemClicked={onItemClicked} />
    </div>
  );
};
```

onItemClicked prop은 우선 List 컴포넌트로 전달되고, 여기서 아무런 사용 없이 ListItem 컴포넌트로 바로 전달됩니다. 이것이 전형적인 Prop Drilling입니다. SearchInput 컴포넌트에도 같은 현상이 일어날 수 있습니다. 바깥의 컴포넌트에 prop을 추가하고 컴포넌트 트리를 따라 전달하는 것이 늘어날수록, 전체 코드 구조는 점점 더 다루기 어렵게 될 것입니다.

다음 절에서 살펴볼 Context API는 Prop Drilling 문제를 깔끔하게 해결하기에 적합합니다 (2장에서 Context API의 기초적인 부분을 이미 다루었으니 참조하기 바랍니다).

8.4 Context API를 통한 Prop Drilling 문제 해결

Context API를 사용해 Prop Drilling 문제를 다루는 기본 원리는 동일한 부모 컴포넌트에 속한 모든 하위 컴포넌트가 공용으로 사용하는 컨테이너를 만드는 것입니다. 이렇게 하면 명시적으로 부모에서 자식 컴포넌트로 prop을 전달할 필요가 없어집니다. 하위 컴포넌트는 필요할 때 언제든지 공용 컨텍스트에 직접 접근할 수 있습니다. Context API의 또 다른 장점은 컨텍스트가 변경되면 자동으로 컴포넌트를 다시 렌더링해준다는 것입니다.

앞서 다뤘던 검색 목록 컴포넌트 예제의 Prop Drilling 문제를 살펴봅시다. List 컴포넌트에서는 onItemClicked prop은 필요하지 않습니다. 이제 List와 ListItem 컴포넌트 사이에 또 하나의 요소를 추가해야 한다고 가정해봅니다. onItemClicked prop을 실제 사용하게 될 컴포넌트에 전달해야 하는데 여러 개의 컴포넌트 레이어를 통해 prop을 전달해야 한다면 복잡도는 더 높아질 것입니다.

우선 적절한 타입으로 컨텍스트를 정의합니다.

```
import { createContext } from "react";
import { Item } from "./types";

type SearchableListContextType = {
  onSearch: (keyword: string) => void;
  onItemClicked: (item: Item) => void;
};

const noop = () => {};

const SearchableListContext = createContext<SearchableListContextType>({
  onSearch: noop,
  onItemClicked: noop,
});

export { SearchableListContext };
```

이 코드는 SearchableListContext라는 리액트 컨텍스트를 정의합니다. 컨텍스트에 담는 onSearch와 onItemClicked의 타입을 정의하고, noop(동작 없음) 함수를 기본값으로 초기화합니다.

이제 검색 목록을 컨텍스트로 감싸 모든 자식 컴포넌트에 컨텍스트를 제공할 수 있습니다.

```
const SearchableList = ({
  items,
  onSearch,
  onItemClicked,
}: SearchableListProps) => {
  const [filteredItems, setFilteredItems] = useState<Item[]>(items);

  const handleSearch = (keyword: string) => {
    setFilteredItems(items.filter((item) => item.name.
      includes(keyword)));
  };

  return (
    <SearchableListContext.Provider value={{ onSearch, onItemClicked}}>
      <SearchInput onSearch={handleSearch} />
      <List items={filteredItems} />
    </SearchableListContext.Provider>
  );
};
```

SearchableList 컴포넌트는 자식 컴포넌트인 SearchInput과 List를 SearchableList
Context.Provider 안에 감싸고 있습니다. 이는 자식 컴포넌트들이 prop을 통해 명시적으로
전달받지 않더라도 컨텍스트에 있는 onSearch와 onItemClicked 함수에 접근할 수 있게 합
니다. handleSearch 함수는 검색 키워드 입력에 따라 아이템을 필터링해줍니다.

이는 List 컴포넌트를 onItemClicked를 추가하기 이전 상태로 되돌릴 수 있음을 뜻합니다.

```
const List = ({ items }: { items: Item[] }) => {
  return (
    <section data-testid="searchable-list">
      <ul>
        {items.map((item) => (
          <ListItem item={item} />
        ))}
      </ul>
      <footer>Total items: {items.length}</footer>
    </section>
  );
};
```

ListItem의 경우 컨텍스트를 통해 `onItemClicked`에 곧바로 접근할 수 있습니다.

```tsx
const ListItem = ({ item }: { item: Item }) => {
  const { onItemClicked } = useContext(SearchableListContext);

  return (
    <li onClick={() => onItemClicked(item)}>
      <h2>{item.name}</h2>
      <p>{item.description}</p>
    </li>
  );
};
```

이제 `ListItem` 컴포넌트는 useContext 훅을 사용하여 SearchableListContext에 있는 `onItemClicked` 함수에 접근합니다. 목록의 항목을 클릭하면, 클릭한 아이템을 매개변수로 전달하여 `onItemClicked`를 호출합니다.

마찬가지로 SearchInput 컴포넌트도 SearchableList를 통해 추가 prop을 전달하지 않고, 필요한 것을 컨텍스트에서 직접 가져오면 됩니다.

```tsx
const SearchInput = ({ onSearch }: { onSearch: (keyword: string) => void }) => {
  const { onSearch: providedOnSearch } = useContext(SearchableListContext);

  const handleChange = (e: ChangeEvent<HTMLInputElement>) => {
    onSearch(e.target.value);
    providedOnSearch(e.target.value);
  };

  return <input type="text" onChange={handleChange} />;
};
```

SearchInput 컴포넌트는 useContext 훅을 사용하여 SearchableListContext에 있는 onSearch 함수에 접근합니다. 입력값이 바뀌면 onSearch 지역 함수와 컨텍스트 함수를 같이 호출하여 효과적으로 외부와 내부의 행동을 병합합니다.

이와 같이 Context API를 활용하면 더욱 깔끔한 코드 구조를 구현할 수 있습니다. 컴포넌트 계층 구조에 따라 prop을 내려줘야 하는 번거로움 없이 하위 컴포넌트의 구조를 손쉽게 조정할 수 있습니다. 이렇게 컴포넌트 인터페이스를 단순화하여 읽고 이해하기 쉬워집니다.

요약

이 장에서는 리액트 개발에서 가장 까다로운 문제로 꼽히는 비즈니스 로직 누수와 Prop Drilling으로 인한 복잡도 증가, 그리고 공유 상태 관리의 어려움을 알아보았습니다. 이러한 문제를 해결하기 위해 ACL(오류 방지 계층)과 Context API 같은 해결 방법도 함께 소개했습니다. 이를 활용하면 코드베이스를 더욱 간소화하여 유지보수하기 쉬워지므로 장기 프로젝트에 더 효과적입니다.

다음 장에서는 코딩 스킬을 정교하게 다듬어 줄 리액트 설계 패턴에 대해 알아보겠습니다.

CHAPTER 9 리액트 설계 원칙 적용

설계 원칙은 소프트웨어 개발에서 시간이 지나도 코드베이스의 유지보수성, 확장성, 그리고 가독성을 보장하기 위한 기본 원칙입니다. 끊임없이 변화하는 기술 환경 속에서도 설계 원칙을 준수한다면 프로젝트의 장기적인 성공을 이끌어낼 수 있으며, 버그가 빈번하게 발생하는 '코드 지옥'도 피할 수 있습니다.

리액트 애플리케이션은 라이브러리의 선언적 특성과 컴포넌트 기반의 구조로 인해 설계 원칙이 더욱 중요합니다. 리액트는 작고 독립된 컴포넌트로 복잡한 UI를 만들 수 있습니다. 이러한 모듈화된 접근 방식은 리액트의 강점이지만, 설계 원칙을 지키지 않으면 관리하기 어려운 코드가 되기 쉽습니다.

일반적인 리액트 프로젝트에서는 컴포넌트를 중첩하면서 상태와 행위를 공유하고 애플리케이션의 다른 영역에서 컴포넌트를 재사용합니다. 설계 원칙을 따르지 않으면 복잡한 의존관계로 인해 코드를 변경하기 어렵거나 읽기 어려워집니다. 예를 들어, 단일 책임 원칙single responsibility principle(SRP)을 준수하지 않는다면 컴포넌트 테스트와 리팩터링이 어려워지고, 인터페이스 분리 원칙interface segregation principle(ISP)을 무시하면 특정 유스 케이스에 묶여 컴포넌트의 재사용성이 떨어집니다.

리액트가 업데이트되면서 훅hook과 동시성 모드concurrent mode 같은 새로운 기능이 추가되었고, 설계 원칙 중심의 접근 방식은 이러한 기능 변화를 최소한의 코드 수정으로 적용할 수 있게 합니다. 이는 기술 부채를 해결하는 것보다 기능 개발, 버그 수정, 비즈니스 가치 전달 등 본질에 집중할 수 있게 합니다.

리액트 개발에 설계 원칙의 적용은 단순한 방법론을 넘어 필수적인 요소입니다. 이는 복잡성에 대응하기 위한 사전적인 조치로, 코드를 읽고 테스트하고 유지보수하기 쉽게 만듭니다.

이번 장에서는 깔끔하고 유지보수하기 쉬운 코드베이스를 만드는 핵심 개념인 단일 책임 원칙(SRP)을 다시 알아봅니다. 간단한 문자열 변환 함수에서 시작해 이 원칙이 어떻게 복잡한 render prop 패턴으로 확장되어 리액트 컴포넌트의 구조와 가독성을 향상시키는지 살펴봅니다.

또한 혁신적인 컴포넌트 설계 원칙인 의존관계 역전 원칙Dependency Inversion Principle(DIP)을 소개합니다. 이 절에서는 세부적인 구현보다는 인터페이스에 집중할수록 컴포넌트 재사용성과 이해도를 높일 수 있음을 알아볼 것입니다.

이 장의 후반부에서는 리액트 애플리케이션이 커지고 복잡해질수록 그 중요성이 강조되는 명령과 조회 책임 분리Command and Query Responsibility Segregation(CQRS) 원칙을 다룹니다. 명령과 조회 책임을 분리하는 전략을 통해 더욱 다루기 쉽고 확장 가능한 애플리케이션이 될 수 있을 것입니다.

이번 장은 앞으로 리액트 개발의 강력한 기반을 다질 수 있도록 설계 원칙의 전반적인 이해를 목표로 합니다. 이 장에서는 다음 주제를 다룹니다.

- 단일 책임 원칙
- 의존관계 역전 원칙
- 명령과 조회 책임 분리 원칙

기술적 요구사항

이번 장의 소스 코드는 다음 주소에서 확인할 수 있습니다.

https://github.com/jm-chong/react-design-pattern/tree/main/code/src/ch9

9.1 단일 책임 원칙

앞서 4장에서는 리액트 컴포넌트 설계 관점에서 단일 책임 원칙을 살펴보았습니다. 이 원칙은 다양한 프로그래밍 원칙의 기반이 되는 보편적인 개념입니다. 이제 몇 가지 실제 사례를 통해 자세히 알아보겠습니다.

단일 책임 원칙의 핵심은 컴포넌트의 주요 역할을 정확히 파악하는 것입니다. 컴포넌트가 수행해야 할 핵심 기능을 분리하면, 부가적인 기능들을 리팩터링하고 추상화하기 쉬워집니다.

단일 책임 원칙은 상위 레벨의 가이드라인으로, 코드 레벨 수준에 직접 적용하기 적합합니다. 이 원칙을 구현하는 방법은 다양하지만, 특히 복잡도가 높아지는 상황에서는 어느 시점에 적용할지 잘 파악해야 합니다.

가장 많이 사용되는 2가지 기술은 render prop과 합성^{composition}입니다. render prop은 리액트 컴포넌트 간 코드 공유를 위해 함수 prop을 이용하는 기술입니다. render prop으로 구현된 컴포넌트는 자체적으로 렌더링 로직을 구현하는 대신 리액트 요소를 반환하고 이를 호출하는 함수를 사용합니다. 반면에 합성은 작고 재사용 가능한 컴포넌트들을 만들어 이들을 조합해 더 복잡한 UI 요소를 만드는 기술입니다.

이제 render prop과 합성을 사용한 각각의 예제를 통해 단일 책임 원칙을 어떻게 실전에 적용하는지 확인해봅니다.

9.1.1 render prop 패턴을 통한 단일 책임 원칙 적용

간단한 함수 컴포넌트인 Title입니다.

```
const Title = () => <div>Title | This is a title</div>
```

이 컴포넌트는 정적인 문자열을 표시할 뿐입니다. 다른 제목을 표시하려면 title prop이 필요합니다.

```
const Title = ({ title }: { title: string }) => <div>Title | {title} </div>;
```

이렇게 바꾸면 컴포넌트는 고정된 Title ┆ 문자열 뒤쪽에 title prop으로 전달받은 어떠한 문자도 표시할 수 있습니다. title의 첫 문자를 대문자로 바꾸도록 기능을 추가해봅니다.

고차 함수인 아래 코드 조각의 transformer 매개변수를 사용하여 Title 컴포넌트를 다음과 같이 수정할 수 있습니다.

```
const Title = ({
  title,
  transformer,
}: {
  title: string;
  transformer: (s: string) => string;
}) => <div>Title | {transformer(title)}</div>;
```


이제 타이틀은 완전히 사용자 요구사항에 맞게 바뀔 수 있습니다. 타이틀을 단순한 div 태그보다 h3 태그로 표현하고 싶다면 어떻게 해야 할까요? JSX 요소를 반환하는 리액트 컴포넌트를 넘겨주면 됩니다.

```
const Title = ({
  title,
  render,
}: {
  title: string;
  render: (s: string) => React.ReactNode;
}) => <div>{render(title)}</div>;
```

render prop을 사용한 코드를 살펴보면 title을 넘겨서 함수를 호출하였습니다.

render prop을 사용하기 위해 다음 코드와 같이 대괄호 안쪽에 익명 함수를 넘겼습니다.

```
<Title
  title="This is a title"
  render={(s: string) => {
    const formatted = s.toUpperCase();
    return <h3>{formatted}</h3>;
  }}
/>
```

리액트에서 고차 함수의 이름을 꼭 render로 할 필요는 없습니다. 보다 직관적인 설계를 위해 prop 이름을 children으로 바꿔봅니다.

```
const Title = ({
  title,
  children,
}: {
  title: string;
  children: (s: string) => React.ReactNode;
}) => <div>{children(title)}</div>;
```

이렇게 하면 children을 일반 함수처럼 호출할 수 있습니다.

```
<Title title="This is a title">
  {(s: string) => {
    const formatted = s.toUpperCase();
    return <h3>{formatted}</h3>;
  }}
</Title>
```

Title 컴포넌트는 title prop과 render prop인 child 함수를 전달받습니다. child 함수는 문자 s를 받아 대문자로 바꾸고, h3 태그에 표시합니다. Title 컴포넌트는 전달받은 title prop과 함께 별도 렌더링을 위해 child 함수를 호출합니다.

리액트에서 render prop 패턴은 prop으로 함수를 컴포넌트에 전달합니다. 이 함수는 JSX를 반환하며, 컴포넌트 일부 영역의 렌더링을 담당하게 됩니다. 이 패턴은 부모 컴포넌트가 자식 컴포넌트의 렌더링 로직을 제어할 수 있게 하므로 컴포넌트를 더욱 유연하게 하고 재사용할 수 있게 만들어 줍니다. 특히 여러 컴포넌트로 동작을 공유할 때 유용합니다.

여기서 가장 중요한 패턴인 추상화를 눈여겨봐야 합니다. 처음에는 h2 또는 h3 태그를 헤더의 특정 구현으로만 생각했지만, 조금 더 넓은 시야에서 살펴보면 모두 리액트 컴포넌트 또는 ReactNode로 추상화하여 생각할 수 있습니다.

이를 통해 render prop 또는 자식 컴포넌트를 고차 함수로 사용하는 것의 유용함을 알 수 있습니다. 이는 단순한 기능을 넘어서 우리가 만들어낸 추상화 표현 수준을 나타냅니다. h3와 같은 특정 HTML 태그에 국한되지 않고, JSX 요소 형식이라면 제목부터 완전히 스타일링된 컴포넌트까지 어떤 것이든 전달할 수 있습니다.

render prop을 사용하여 새롭게 만든 일반화된 컴포넌트로 재사용 가능한 프레임워크를 만들었습니다. 범용적으로 사용하는 코드를 한 번만 작성했다는 것이 중요합니다.

render prop을 통한 합성은 핵심 로직을 변경하지 않고 컴포넌트 동작을 확장하거나 사용자에 맞게 지정할 수 있는 좋은 기술입니다. 각 컴포넌트가 하나의 역할을 잘 수행하기 때문에 컴포넌트를 깔끔하게 모듈화하며 테스트하기 쉽게 유지합니다. render prop을 통해 Title 컴포넌트가 어떻게 개선되는지를 확인했으니, 이제 합성에 대해 살펴보겠습니다.

9.1.2 합성을 통한 단일 책임 원칙 적용

합성은 이 책의 많은 부분에서 사용한 개념이며 그 핵심에는 단일 책임 원칙이 있습니다. 시스템의 각 부분이 제 역할을 잘 수행한다면 이를 함께 합성할 수 있습니다. 구체적인 예를 살펴보겠습니다.

편리한 기능이 추가된 Avatar 컴포넌트가 디자인 시스템에 있다고 가정합니다. 사용자 컴포넌트에 name prop을 전달하면, 아바타 위로 마우스를 가져갔을 때 하단에 사용자의 이름을 내용으로 표시하는 툴팁tooltip이 보이게 됩니다.

그림 9.1 툴팁이 있는 Avatar 컴포넌트

내부적으로 Avatar는 이를 구현하기 위해 또다른 **Tooltip** 컴포넌트를 활용합니다.

```tsx
import Tooltip from "./Tooltip";

type AvatarProps = {
  name?: string;
  role?: string;
  url: string;
};

const Avatar = ({ name, role, url }: AvatarProps) => {
  if (name) {
    return (
      <Tooltip name={name} role={role}>
        <div className="rounded">
          <img src={url} alt={`${name}'s profile`} />
        </div>
      </Tooltip>
    );
  }

  return (
    <div className="rounded">
      <img src={url} alt="" />
    </div>
  );
};
```

Avatar 컴포넌트는 name과 url, role 3개의 prop을 제공받은 URL을 통해 이미지를 표시

합니다. name prop이 제공되면 Tooltip 컴포넌트 안에 이미지를 감싸 마우스를 위에 가져
갔을 때 보여줍니다. div 태그는 rounded 클래스로 스타일링하여 아바타를 원 안에 표시합
니다.

Avatar 컴포넌트의 원래 코드는 Tooltip 기능과 밀접하게 연관되어 있습니다. 사용자가 보다
세부적인 툴팁의 기능을 원한다면, 이렇게 강하게 연결되어 있는 코드를 유지하기 쉽지 않습니
다. prop을 추가하여 툴팁의 기능을 수정하기 위해서는 Avatar 컴포넌트 코드를 변경해야 하
므로 관리하기 까다로워집니다.

Tooltip을 Avatar 안으로 넣는 대신 Avatar 컴포넌트를 이미지를 보여주는 본연의 기능에
만 집중하게 만들어봅니다. 이 단순화된 버전은 툴팁을 제거하여 번들 사이즈를 줄이고 유지하
기 편하게 만듭니다. 단순화된 Avatar 컴포넌트는 다음과 같습니다.

```
const Avatar = ({ name = "", url }: AvatarProps) => (
  <div className="rounded">
    <img src={url} alt={name} title={name} />
  </div>
);
```

이렇게 Avatar와 Tooltip 컴포넌트는 각자의 역할을 하면서 서로 합성할 수 있게 되었습니
다. 필요한 경우에 Avatar를 Tooltip으로 감싸서 다음과 같은 형태로 사용할 수 있습니다.

```
import Avatar from "./Avatar";
import Tooltip from "./Tooltip";

const MyAvatar = () => (
  <Tooltip name="Juntao Qiu" role="Software Engineer">
    <Avatar
      name="Juntao Qiu"
      url="https://avatars.githubusercontent.com/u/122324"
    />
  </Tooltip>
);
```

"Juntao Qiu" 아바타를 표시하는 MyAvatar 컴포넌트를 정의합니다. (만약 여기에 이름이
필요하지 않다면 Tooltip을 사용하지 않습니다.) 아바타 위에 마우스를 가져가면, Juntao

Qiu 이름과 함께 툴팁이 표시됩니다.

이 접근 방식을 통해 사용자는 **Avatar**에 영향을 주지 않으면서 **Tooltip**의 기능을 자유롭게 변경하거나 심지어 다른 툴팁 라이브러리로 교체할 수 있습니다.

결국 분리를 통해 코드의 모듈화가 향상되며, 라이브러리 사용자는 실제로 필요한 기능만 구현하고 그에 따른 복잡도만 관리하면 됩니다.

render prop과 합성 예제를 통해, 모던 웹 개발에서 단일 책임 원칙의 본질을 강조했습니다. 단일 책임 원칙은 하나의 책임을 잘 수행하는 컴포넌트를 만들어 유지관리가 쉽고 재사용 가능하며 유연하게 합니다.

다음으로, 또 다른 관점에서 설계 원칙을 보완해 주는 의존관계 역전 원칙에 대해 알아봅니다.

9.2 의존관계 역전 원칙

의존관계 역전 원칙Dependency Inversion Principle(DIP)은 유지보수 가능하며 유연하고 확장 가능한 소프트웨어를 만들기 위해 필요한 SOLID 5가지 원칙[1] 중 하나로, 이 원칙은 구체적인 구현보다는 추상화에 초점을 맞춥니다.

의존관계 역전 원칙은 대규모 시스템을 구축하고 유지 관리할 때 직면하는 문제들을 해결합니다. 그중 하나는 단단하게 결합된 모듈로 인해 발생하는 문제입니다. 상위 레벨의 모듈이 하위 레벨의 모듈에 의존관계를 맺게 되면, 하위 레벨 모듈을 조금만 변경해도 광범위한 영향을 미쳐 시스템 전체의 변경이 필요합니다.

9.2.1 의존관계 역전 원칙의 원리

상위 레벨 모듈과 하위 레벨 모듈 관점에서 시스템 알림 기능을 생각해봅시다. 이메일이나 SMS 메시지 중 사용자가 원하는 형태로 알림을 보내고자 합니다.

---

1 SOLID의 5가지 원칙은 단일 책임 원칙(single responsibility principle), 개방-폐쇄 원칙(Open-Closed Principle), 리스코프 치환 원칙(Liskov Substitution Principle), 인터페이스 분리 원칙(interface segregation principle), 의존관계 역전 원칙(Dependency Inversion Principle)을 의미합니다.

```typescript
class EmailNotification {
  send(message: string, type: string) {
    console.log(`Sending email with message: ${message}, type: ${type}`);
  }
}

class Application {
  private emailNotification: EmailNotification;

  constructor(emailNotification: EmailNotification) {
    this.emailNotification = emailNotification;
  }

  process() {
    // 사용자 응답에 반응하는 동작을 수행
    this.emailNotification.send("Some events happened", "info");
  }
}

const app = new Application(new EmailNotification());
app.process();
```

EmailNotification 클래스는 message와 type 매개변수를 가진 send 메서드가 있습니다. 이 메서드는 이메일이 message 내용과 type의 형태로 전송되었음을 표시하는 로그를 남깁니다. 반면에 Application 클래스는 사용자 상호작용을 흉내내는 process 메서드를 갖습니다. 이 메서드 내에서 Application은 EmailNotification의 인스턴스를 사용하여 process 메서드를 호출할 때마다 이메일을 전송합니다.

여기서 주목할 점은 Application이 EmailNotification과 강하게 연관되어 있다는 점입니다. 따라서 알림을 전송하는 방식을 이메일에서 SMS로 변경하려면 Application 클래스를 직접 수정해야 합니다. 이는 단일 책임 원칙을 위반하며 시스템의 유연성을 떨어뜨립니다.

이 문제를 해결하기 위해서는 Notification 인터페이스를 추가하고 EmailNotification을 인터페이스에 맞게 구현합니다. 이제 인터페이스 규격을 만족하는 여러 개의 구현체를 만들 수 있습니다. Application은 EmailNotification 클래스 대신 Notification 인터페이스에 의존하기 때문에, Notification 인터페이스를 준수하는 어떤 구현체도 사용할 수 있습니다. 그러므로 쉽게 SMSNotification 클래스로 바꿀 수 있습니다. 이 내용을 다음 코드와 같이 구현할 수 있습니다.

```typescript
interface Notification {
  send(message: string, type: string): void;
}

class EmailNotification implements Notification {
  send(message: string, type: string) {
    console.log(`Sending email with message: ${message}, type: ${type}`);
  }
}

class Application {
  private notifier: Notification;

  constructor(notifier: Notification) {
    this.notifier = notifier;
  }

  process() {
    // 사용자 응답에 반응하는 동작을 수행
    this.notifier.send("Some event happened", "info");
  }
}
```

send 메서드를 가지는 Notification 인터페이스를 정의하고, 이를 준수하는 EmailNotifi cation 클래스를 구현하였습니다. Application 클래스는 Notification 인터페이스를 준 수하는 클래스를 통해 인스턴스를 생성할 수 있습니다. process 메서드에서 Application은 이 인스턴스 객체를 사용하여 알림을 보냅니다. 이러한 설정은 Application 클래스를 특정 알림 동작으로부터 분리하여, 유연하게 기능을 확장하거나 변경할 수 있게 해줍니다.

예를 들면 EmailNotification을 SMSNotification으로 바꾸기 위해서는, Application 클래스를 변경할 필요 없이 Notification 인터페이스 규격을 따르는 구현체를 제공하면 됩 니다.

```typescript
const app = new Application(new EmailNotification());
app.process();

// or
```

```
const app = new Application(new SMSNotification());
app.process();
```

여기까지 의존관계 역전의 원칙 원리에 대해 알아보았습니다. 이제 또 다른 예제를 통해 리액트 애플리케이션에서 이 원칙을 어떻게 적용하는지 살펴보겠습니다.

9.2.2 버튼 클릭 로그 수집에 의존관계 역전 원칙 적용하기

애플리케이션 전반에 걸쳐 사용할 범용 버튼 컴포넌트를 만든다고 생각해봅니다. 버튼을 클릭할 때마다 로그 수집을 위한 이벤트를 전송하고 싶다면, 정확히 어떻게 이벤트를 전송할지는 버튼 컴포넌트에 구현하지 않고 추상화해야 합니다.

문제는 범용 버튼은 여러 제품에서 이미 사용되고 있고, 모든 곳에서 로그 수집 기능이 필요하지는 않습니다. 그래서 단순히 onClick 핸들러를 변경하면 많은 사용자에게 불편을 끼칠 수 있습니다.

현재 구현되어 있는 Button 컴포넌트 코드입니다.

```
const Button = ({ onClick: provided, name, ...rest }: ButtonProps) => {
  const onClick = (e) => {
    // 로그 분석 서버로 전송하는 이벤트 발생
    return provided(e);
  };

  return <button onClick={onClick} {...rest} />;
};
```

기존의 버튼을 감싸서, 클릭 핸들러를 가로채는 새로운 컴포넌트를 만듭니다.

```
import Button from "../button/Button";

const FancyButton = ({
  onClick: originalOnClick,
  ...rest
}: FancyButtonProps) => {
  const onClick = (e) => {
    // 로그 분석 서버로 전송하는 이벤트 발생
```

```
      console.log('sending analytics event to a remote server');
      return originalOnClick(e);
  };

    return <Button onClick={onClick} {...rest} />;
  };
```

새로 작성한 FancyButton 컴포넌트는 기본 Button 컴포넌트를 감싸고 있습니다. 클릭하면 FancyButton은 로그 수집 이벤트를 원격 서버로 전송한 후에, 원래의 onClick 함수를 실행합니다. 이외의 다른 prop들은 직접 Button 컴포넌트로 넘겨줍니다.

여기서 문제는 Button 컴포넌트를 사용하는 여러 곳에서 유사한 로그 수집 코드들을 포함하게 되어, 코드베이스에 반복되는 로직이 많아지게 됩니다. 이러한 중복은 로그 수집 코드를 변경해야 할 때 여러 위치에서 수정해야 하므로 오류 발생 가능성이 높아 바람직하지 않습니다.

이제 의존관계 역전 원칙을 적용해봅시다. 기존의 Button 컴포넌트에 변경이 필요하지만, 로그 수집 이벤트를 컴포넌트 안에서 직접 전송하는 대신에 인터페이스를 분리하여 버튼이 인터페이스에 의존하도록 합니다. 이 인터페이스를 준수하는 구현체는 여러 가지가 있습니다.

Notification 예제와 같이, EmailNotification은 알림을 전송하는 방법 중 하나입니다. 이 예제에서 어떤 구현체는 이벤트를 전송하도록 만들었지만, 로그 수집이 필요 없는 경우에는 빈 구현체를 전달합니다.

이렇게 바꾸기 위해서는 새로운 인터페이스 타입을 정의하고, 인터페이스 규격에 맞는 구현체를 담아둘 컨텍스트가 필요합니다.

```
import { createContext } from "react";

export interface InteractionMeasurement {
  measure(name: string | undefined, timestamp?: number): void;
}

export default createContext<InteractionMeasurement | null>(null);
```

이 코드는 measure 메서드를 포함한 인터페이스를 가지는 InteractionMeasurement라는 이름의 리액트 컨텍스트를 생성합니다. 이 메서드는 name과 timestamp 매개변수를 선택적으로 받을 수 있습니다. 컨텍스트의 초깃값은 null입니다.

Button 컴포넌트 안에서 useContext를 통해 정의한 컨텍스트에 접근할 수 있습니다.

```
import InteractionContext, {InteractionMeasurement} from "./InteractionContext";

const Button = ({ name, onClick: providedOnClick, children }:ButtonType) => {
  const interactionContext = useContext<InteractionMeasurement | null>(
    InteractionContext
  );

  const handleClick = useCallback(
    (e) => {
      interactionContext &&
      interactionContext.measure(name, e.timeStamp);
      providedOnClick(e);
    },
    [providedOnClick, interactionContext, name]
  );

  return <button onClick={handleClick}>{children}</button>;
};
```

이 코드는 InteractionContext를 활용하여 클릭을 추적하는 Button 컴포넌트를 구현합니다. 버튼을 클릭하면 컨텍스트의 measure 메서드를 버튼의 이름과 클릭 이벤트의 타임스탬프를 인자로 전달하여 호출합니다. 이후에 추가로 제공되는 onClick 로직을 실행합니다. 이 방법으로 클릭 추적은 컨텍스트로 추상화하였고, Button 컴포넌트는 재사용성과 유지보수성이 향상되었습니다.

interactionContext가 null이면, measure 함수는 호출되지 않고 컴포넌트는 prop으로 전달받은 providedOnClick 함수만 실행합니다. 이를 통해 InteractionContext의 제공 여부에 따라 로그 수집 기능을 선택적으로 적용할 수 있습니다.

이러한 접근 방식으로 앞서 언급한 문제점을 완벽하게 해결할 수 있습니다. 로그 수집 기능을 사용하고 싶다면 Button을, InteractionMeasurement 구현체를 포함하는 컨텍스트 내에서 사용하면 됩니다.

또 다른 예제로 InteractionContext 인스턴스 안에서 Button을 사용한 FormApp 애플리케이션이 있다고 가정해봅니다.

```tsx
import InteractionContext from "./InteractionContext";
import Button from "./AnalyticsButton";

const FormApp = () => {
  const context = {
    measure: (e: any, t: any) => {
      // 이벤트와 발생시각 타임스탬프를 서버로 전송
      console.log(`sending to remote server ${e}: ${t}`);
    },
  };

  const onClick = () => {
    console.log("submit");
  };

  return (
    <InteractionContext.Provider value={context}>
      <form>
        <Button name="submit-button" onClick={onClick}>
          Submit
        </Button>
      </form>
    </InteractionContext.Provider>
  );
};
```

FormApp 컴포넌트는 자체적인 분석 로직을 context 객체 안의 measure 함수에 정의했습니다. 그리고 InteractionContext.Provider를 통해 자식 컴포넌트로 전달합니다. form 안의 버튼을 클릭하면 버튼의 onClick 로직이 실행될 뿐만 아니라 measure 함수도 실행되어, 이벤트와 타임스탬프 데이터를 원격 서버에 분석 용도로 전달합니다. 이 설정은 Button 컴포넌트에 별도 구현 없이도 컨텍스트 기반의 분석을 가능하게 합니다.

로그 수집 기능이 필요하지 않은 사용자는 기존처럼 Button 컴포넌트를 사용하면 됩니다.

```tsx
import Button from "../button/Button";

const App = () => {
  const onClick = () => {
    console.log("checkout");
  };
```

```
  return (
    <Button name="checkout-button" onClick={onClick}>
      Checkout
    </Button>
  );
};
```

이 방식은 극도의 동적인 유연함을 제공하여 공통 컴포넌트를 설계할 때 매우 유용합니다. 코드 재사용성과 시스템의 유지보수성을 높여줄 뿐만 아니라 전체 코드 번들 사이즈를 줄일 수 있습니다.

이런 시나리오에서 부가적인 context 객체를 더하는 것이 처음에는 과해 보일 수 있습니다. 하지만 여러 팀과 협업을 수행하는 대규모 코드베이스에서 이러한 방식은 합리적입니다. 예를 들어 상품 팀에서 보고 싶은 통계 분석은 공통 컴포넌트와 원자 컴포넌트를 만드는 것이 목표인 디자인 시스템 팀과는 다를 것입니다. 디자인 시스템 팀은 통계적인 분석에는 관심이 없을 수 있습니다. 이런 환경에서 Button 컴포넌트를 직접 수정하는 것은 실용적이지 않거나 어려울 수 있습니다.

다음으로, 단일 책임 원칙의 또 다른 형태라 볼 수 있는 명령과 조회 책임 분리 원칙에 대해 소개하겠습니다.

9.3 명령과 조회 책임 분리 원칙

명령과 조회 책임 분리 원칙Command and Query Responsibility Segregation(CQRS)은 소프트웨어 설계에서 메서드나 함수는 시스템의 상태를 수정하는 명령이거나 시스템 상태에 대한 정보를 조회하여 반환하는 쿼리 둘 중에 하나여야 하며, 2가지가 동시에 수행되지 않아야 한다는 원칙입니다.

명령(또는 수정) 메서드는 액션 또는 객체의 상태 변경을 수행하며 값을 반환하지 않습니다. 반면에 조회Queries 메서드는 객체의 상태를 변경 없이 읽습니다. 명령과 조회를 분리하면 컴포넌트 사이에 결합을 분리하여 테스트와 유지보수 및 코드 변경을 쉽게 만듭니다. 또한 동작에 대한 추론이 쉬워져 시스템 전반적인 설계를 개선할 수 있습니다.

이 원칙은 시스템 아키텍처 설계와 같은 대규모 작업에서 널리 사용되지만, 코드 레벨에서도 사용할 수 있습니다. ShoppingCart 컴포넌트를 예제로 설명하겠습니다.

```
type Item = {
  id: string;
  name: string;
  price: number;
};

const ShoppingApplication = () => {
  const [cart, setCart] = useState<Item[]>([]);

  const addItemToCart = (item: Item) => {
    setCart([...cart, item]);
  };

  const removeItemFromCart = (id: string) => {
    setCart(cart.filter((item) => item.id !== id));
  };

  const totalPrice = cart.reduce((total, item) => total + item.price, 0);

  return (
    <div>
      <ProductList addToCart={addItemToCart} />

      <h2>Shopping Cart</h2>
      <ul>
        {cart.map((item) => (
          <li key={item.id}>
            {item.name} - {item.price}
            <button onClick={() => removeItemFromCart(item.id)}>Remove</button>
          </li>
        ))}
      </ul>
      <p>Total Price: {totalPrice}</p>
    </div>
  );
};
```

ShoppingApplication 컴포넌트는 useState 훅을 통해 장바구니 상품목록인 Item 배열

을 관리합니다. addItemToCart 함수는 새로운 아이템을 장바구니에 추가하고 removeItem
FromCart는 특정 id에 해당하는 장바구니 상품을 제거합니다. totalPrice는 상품의 총가격
을 계산합니다.

컴포넌트는 장바구니에 담긴 아이템을 상품 가격 합계와 함께 표시합니다. 각 아이템에는 [Re
move] 버튼이 있고 이를 클릭하면 removeItemFromCart를 호출합니다. 이때 ProductList
컴포넌트도 함께 렌더링 되며, addItemToCart를 prop으로 전달받아 장바구니에 상품을 추
가할 수 있습니다.

이전 코드는 언뜻 괜찮아 보이지만, 몇 가지 문제가 있습니다. 한 종류의 상품을 중복해서 담으
면 아이템 키의 중복이 발생하고 리액트는 고유 키[unique key] 경고를 표시합니다. 뿐만 아니라 이
상황에서 [Remove] 버튼을 클릭하면, ID에 해당하는 장바구니의 모든 상품을 삭제해 버리는
문제가 발생합니다.

문제를 수정하려면 새로운 uniqKey 필드를 Item 타입에 추가합니다. 그리고 cart 배열에 아
이템을 추가하기 전에 고유 키를 생성해야 합니다. 생성한 고유 ID를 통해 아이템을 id 필드
대신 uniqKey를 통해 제거할 수 있습니다. 코드는 다음과 같습니다.

```
const addItemToCart = (item: Item) => {
  setCart([...cart, { ...item, uniqKey: `${item.id}-${Date.now()}` }]);
};


const removeItemFromCart = (key: string) => {
  setCart(cart.filter((item) => item.uniqKey !== key));
};
```

그리고 JSX에서 장바구니를 렌더링하는 방법도 변경합니다.

```
<h2>Shopping Cart</h2>
<ul>
  {cart.map((item) => (
    <li key={item.uniqKey}>
      {item.name} - {item.price}
      <button onClick={() => removeItemFromCart(item.uniqKey)}>
        Remove
      </button>
    </li>
```

```
    ))}
  </ul>
```

코드는 현재 범위 내에서 적절해 보입니다. 하지만 ShoppingApplication 컴포넌트에 더 많은 상태와 계산 로직이 추가된다면, 체계화된 구조를 유지하기 위해 명령과 조회 책임 분리 원칙을 적용해 볼 수 있습니다.

이제 리액트 Context API와 useReducer 훅을 사용하여 ShoppingApplication 컴포넌트에 명령과 조회 책임 분리 원칙을 적용해보겠습니다.

9.3.1 useReducer 훅

리액트의 useReducer 훅은 함수 컴포넌트에서 상태 관리를 하는 데 사용됩니다. 특히 다음 상태가 이전 상태에 의존하여 변하거나, 복잡한 상태 로직일 때 유용합니다. useReducer 훅은 reduce 함수와 초기 상태를 2개의 인자로 받습니다. 그리고 현재 상태와 업데이트를 수행하기 위한 dispatch 메서드를 반환합니다.

첫 번째 인자인 reduce 함수는 현재 상태와 상태 업데이트에 필요한 정보를 담은 action 객체를 전달받습니다. 이 함수는 액션 타입과 페이로드payload에 따라 새로운 상태를 반환합니다. 두 번째 인자인 초기 상태는 호출했을 때 초깃값으로 사용됩니다.

ShoppingApplication 컴포넌트의 reduce 함수를 정의합니다.

```
const initState = {
  items: [],
  totalPrice: 0,
};

type ShoppingCartState = {
  items: Item[];
  totalPrice: number;
};

type ActionType = {
  type: string;
  payload: Item;
};
```

```
const shoppingCartReducer = (
  state: ShoppingCartState = initState,
  action: ActionType
) => {
  switch (action.type) {
    case "ADD_ITEM": {
      const item = {
      ...action.payload,
       uniqKey: `${action.payload.id}-${Date.now()}`,
      };
      return { ...state, items: [...state.items, item] };
  }

    case "REMOVE_ITEM":
      const newItems = state.items.filter(
        (item) => item.uniqKey !== action.payload.uniqKey
      );
      return { ...state, items: newItems };
    default:
      return state;
  }
};
```

ShoppingCartReducer는 현재 상태와 액션, 이 2개의 인자를 전달받는 함수입니다.

- 현재 상태는 ShoppingCartState 타입으로, 아이템 배열과 totalPrice를 포함합니다.
- 액션은 ActionType 타입으로, string 타입의 액션과 페이로드로 Item 객체를 포함합니다.

reducer 함수 안에서 switch 문은 어떤 액션을 처리할지 결정합니다. "ADD_ITEM" 케이스는 새로운 아이템을 items 배열에 추가합니다. 아이템은 고유 키인 uniqKey를 가지며, 다른 아이템과 구분할 때 사용합니다. "REMOVE_ITEM" 케이스는 items 배열에서 이 고유 키에 해당하는 아이템을 제거합니다.

이 구조를 사용하여, reducer 함수는 여러 액션에 반응하는 장바구니의 상태를 예측 가능하게 관리합니다. reducer 함수는 평범한 자바스크립트 순수 함수입니다. 어떻게 동작하는지를 확인하기 위해 다음 코드를 통해 reducer 함수를 테스트합니다.

```javascript
const item = {
  id: "p1",
  name: "iPad",
  price: 666,
};

let x = shoppingCartReducer(initState, {
  type: "ADD_ITEM",
  payload: item,
});

console.log(x);
```

그리고 다음과 같은 결과를 얻을 수 있습니다(여러분이 직접 실행했을 때 uniqKey 값은 아이템을 추가한 시각 값을 기준으로 생성하기 때문에 다음과 다를 수 있습니다).

```json
{
  "items": [
    {
      "id": "p1",
      "name": "iPad",
      "price": 666,
      "uniqKey": "p1-1696059737801"
    }
  ],
  "totalPrice": 0
}
```

reducer 함수가 무엇이고 주어진 입력에 어떻게 동작하는지 알아보았습니다. 이제 애플리케이션과 어떻게 연결할 수 있을지 살펴보겠습니다.

9.3.2 컨텍스트 안에서 reducer 함수 사용하기

reducer 함수를 통해 명령과 조회 책임 분리 원칙을 구현하여 단순한 장바구니 예제를 만들어봅니다. 우선 장바구니의 상태를 관리하기 위해 컨텍스트가 필요하고, 조회 함수를 노출하여 컴포넌트에서 사용할 수 있도록 합니다.

```typescript
import React, { createContext, useContext, useReducer } from "react";
import { Item } from "./type";

type ShoppingCartContextType = {
  items: Item[];
  addItem: (item: Item) => void;
  removeItem: (item: Item) => void;
};

const ShoppingCartContext = createContext<ShoppingCartContextType | null>(null);

export const ShoppingCartProvider = ({
  children,
}: {
  children: React.ReactNode;
}) => {
  const [state, dispatch] = useReducer(shoppingCartReducer, {
    items: [],
    totalPrice: 0,
  });

  const addItem = (item: Item) => {
    dispatch({type: ADD_ITEM, payload: item});
  };

  const removeItem = (item: Item) => {
    dispatch({type: REMOVE_ITEM, payload: item});
  };

  return (
    <ShoppingCartContext.Provider value={{items: state.items, addItem,
removeItem}}>
      {children}
    </ShoppingCartContext.Provider>
  );
};
```

장바구니 상태 관리를 위해 리액트 컨텍스트를 만들었습니다. ShoppingCartProvider 안
에서 useReducer 훅을 통해 장바구니의 액션을 다룹니다. addItem과 removeItem 두 함수
는 액션을 처리하여 장바구니를 수정합니다. Provider 컴포넌트는 장바구니 상태를 만들고
ShoppingCartContext를 통해 이 함수들을 자식 컴포넌트에서 사용할 수 있게 합니다. 따라

서 장바구니 안쪽에 중첩된 하위 컴포넌트들과 상호작용할 수 있습니다.

addItem과 removeItem은 명령과 조회 책임 분리 원칙에서 명령 함수에 해당하며, 데이터를 반환하지 않고 상태만 변경합니다. 데이터를 가져오려면 조회 함수를 다음과 같이 정의합니다.

```
export const useTotalPrice = () => {
  const context = useContext<ShoppingCartContextType>(
    ShoppingCartContext
  );

  const {items} = context;

  return items.reduce((acc, item) => acc + item.price, 0);
};
```

여기서 useTotalPrice 사용자 정의 훅을 만들었습니다. 이 훅은 장바구니에 담긴 상품의 전체 가격을 계산합니다. 리액트의 useContext 훅을 통해 ShoppingCartContext에 있는 장바구니 데이터에 접근합니다. 이후에 reduce 메서드를 통해 장바구니 안의 모든 상품의 가격을 0부터 시작하여 누적하여 더합니다.

```
const ShoppingApplication = () => {
  const context = useContext(ShoppingCartContext);
  const { items, addItem, removeItem } = context;
  const totalPrice = useTotalPrice();

  return (
    <div>
      <ProductList addToCart={addItem} />

      <h2>Shopping Cart</h2>
      <ul>
        {items.map((item) => (
          <li key={item.uniqKey}>
            {item.name} - {item.price}
            <button onClick={() => removeItem(item)}>Remove</button>
          </li>
        ))}
      </ul>
      <p>Total Price: {totalPrice}</p>
    </div>
```

```
  );
};
```

ShoppingApplication 컴포넌트는 쇼핑 애플리케이션의 메인 인터페이스 역할을 합니다. 리액트의 useContext 훅을 사용하여 장바구니 컨텍스트에 접근하고, 장바구니에 담긴 아이템 목록(items)과 장바구니 담기 함수(addItem), 장바구니 제거 함수(removeItem)를 제공합니다. 컴포넌트는 useTotalPrice 사용자 정의 훅을 통해 장바구니에 담긴 상품의 총 금액을 계산합니다.

가장 바깥의 App 컴포넌트에서 ShoppingCartProvider 컴포넌트로 ShoppingApplication 컴포넌트를 감쌀 수 있습니다.

```
<ShoppingCartProvider>
  <ShoppingApplication />
</ShoppingCartProvider>
```

명령과 조회 책임 분리 원칙은 수정과 조회의 관점에서 시스템을 분리하여 확장성과 유지보수성을 높이고, 전체 구조를 단순하게 만들어주는 디자인 패턴입니다. 본문에서는 장바구니 기능 구현을 통해 이 원칙을 설명했습니다. 아이템 추가 또는 삭제와 같은 장바구니의 상태를 수정하는 명령은 장바구니의 아이템 목록을 가져오고 전체 가격을 계산하는 조회 로직과 분리했습니다. 리액트 Context API와 사용자 정의 훅을 사용하여 깔끔하게 분리할 수 있었고, 각각의 책임을 효과적으로 나눌 수 있었습니다. 이러한 접근 방식은 코드 가독성을 향상시킬 뿐만 아니라 이후에 애플리케이션의 확장과 관리를 용이하게 만듭니다.

요약

이 장에서는 중요한 설계 원칙에 대해 설명했습니다. 컴포넌트의 기능에 집중하고 이해하기 쉽게 해주는 단일 책임 원칙, 모듈화와 테스트 가능한 코드를 만들어 주는 의존관계 역전 원칙, 명령과 조회를 명확히 분리하여 유지보수성을 향상시켜주는 명령과 조회 책임 분리 원칙을 살펴보았습니다. 이러한 원칙들은 확장성 있는 고품질의 소프트웨어를 만드는 데 탄탄한 기반이 될 것입니다.

다음 장에서는 리액트 애플리케이션 설계를 한층 더 정교하게 만들어주는 합성 패턴에 대해 알아보겠습니다.

CHAPTER 10 ▶ 합성 패턴

확장과 유지보수가 쉬운 사용자 인터페이스를 만드는 일은 생각보다 까다롭습니다. 개발자가 가장 먼저 직면하게 되는 문제는 코드베이스가 커져도 모듈화된 구조를 유지하여 재사용성과 가독성을 확보하는 것입니다. 컴포넌트가 서로 얽히고 결합된 구조일수록, 유지보수와 테스트가 까다로울 뿐만 아니라 새로운 팀원이 프로젝트에 적응하는 데에도 많은 시간이 걸립니다.

합성은 이러한 문제를 해결하기 위해 체계적이고 확장 가능하며 깔끔한 코드베이스를 만들 수 있게 해주는 강력한 기술입니다. 하나의 거대한 컴포넌트에 여러 가지 기능을 만들지 않고, 작고 다루기 편한 조각으로 분리하여 다양한 방법으로 이를 조합할 수 있습니다. 이러한 접근 방식은 로직을 간소화하고 재사용성을 향상시키며 관심사를 명확하게 분리할 수 있습니다.

이번 장에서는 리액트에서의 합성을 이해해봅니다. 고차 컴포넌트와 훅을 다루기 전에 고차 함수와 같은 기반 기술에 대해 알아봅니다. 이 기술들이 어떻게 합성 원칙과 자연스럽게 이어지는지를 배우면서 더욱 강력한 리액트 애플리케이션을 구축할 수 있습니다. 이후에 UI 없이 로직만을 별도로 분리하여 압도적인 유연성을 제공하는 헤드리스 컴포넌트에 대해 깊이 있게 알아봅니다. 이 장에서는 다음 주제를 다룹니다.

- 고차 컴포넌트를 통한 합성의 이해
- 리액트 훅
- 드롭다운 목록 컴포넌트 만들기
- 헤드리스 컴포넌트 패턴

10.1 고차 컴포넌트를 통한 합성의 이해

합성은 소프트웨어 설계 전반에서 가장 중요한 기술 중 하나이며, 다양한 수준에서 적용할 수 있습니다. 고차 함수에 대해 알아보고, 이를 활용하여 리액트에서 합성을 구현하는 고차 컴포넌트에 대해 살펴봅니다.

10.1.1 고차 함수

앞서 9장에서 고차 함수의 몇 가지 예제를 알아보았습니다. 워낙 중요한 개념이니 좀 더 자세히 알아보겠습니다. 고차 함수higher-order function는 다른 함수를 인자로 받거나, 함수를 반환하거나 또는 2가지 특징을 모두 가진 함수를 의미합니다. 함수를 매개변수로 받을 수 있다는 것은 많은 장점이 있으며, 특히 합성을 할 때 유리합니다.

다음과 같은 예제 코드가 있습니다.

```
const report = (content: string) => {
  const header = "=== Header ===";
  const footer = "=== Footer ===";

  return [header, content, footer].join("\n");
};
```

report 함수는 헤더, 제공되는 내용, 푸터를 포함하는 규격화된 리포트를 생성합니다. 예를 들어 hello world를 입력하면 다음과 같이 출력됩니다.

```
=== Header ===
```

```
hello world
=== Footer ===
```

만약 내용을 대문자로 출력하고 싶다면 content.toUpperCase()를 통해 쉽게 구현할 수 있습니다. 하지만 현재 상태 그대로를 원하는 사용자도 있기 때문에 report 함수에 조건문을 추가하는 방법을 통해 모든 사용자의 요구를 만족시킬 수 있습니다. 또 다른 방법으로, transformer 함수를 전달받아 문제를 해결할 수 있습니다.

이 방식을 통해 사용자가 문자열을 원하는 방식으로 수정할 수 있습니다.

```
const report = (content: string, transformer: (s: string) => string) => {
  const header = "=== Header ===";
  const footer = "=== Footer ===";

  return [header, transformer(content), footer].join("\n");
};
```

기본 transformer 함수를 제공하여, 형식에 변경이 필요하지 않은 사용자는 기존 방식 그대로 사용할 수도 있습니다.

```
const report = (
  content: string,
  transformer: (s: string) => string = (s) => s
) => {
  const header = "=== Header ===";
  const footer = "=== Footer ===";

  return [header, transformer(content), footer].join("\n");
};
```

report 함수는 정의된 헤더와 푸터로 문자열을 생성하고 메인 콘텐츠를 그 사이에 넣습니다. 그리고 콘텐츠 문자와 transformer 함수는 선택적으로 전달받습니다. transformer 함수가 제공되면 콘텐츠를 수정하고, transformer 함수가 없으면 콘텐츠는 바뀌지 않습니다. 결과는 변환 작업을 수행한 내용 또는 본문 그대로의 내용이 담긴 규격화된 리포트입니다. 이것이 고차 함수가 본질적으로 어떻게 합성 가능한 코드를 작성하도록 도와주는지를 보여주는 예제입니다.

함수 합성을 통한 프로그래밍 접근 방식을 리액트 애플리케이션에도 적용할 수 있습니다. 기능을 추가하는 컴포넌트는 표준 함수로만 구현할 수 있는 것은 아닙니다. 리액트에서는 고차 컴포넌트high-order components(HOC)를 통해 이를 구현할 수 있습니다.

10.1.2 고차 컴포넌트

HOC는 컴포넌트를 전달받아 새로운 개선된 버전의 컴포넌트를 반환하는 함수입니다. HOC의 원리는 단순합니다. 기존의 컴포넌트에 기능을 추가할 수 있도록 하는 것입니다. 이 패턴은 특정 기능을 여러 컴포넌트에 재사용하고자 할 때 특히 유용합니다.

예제를 살펴봅시다.

```
const checkAuthorization = () => {
  // 권한을 확인하거나 또는 로컬스토리지를 확인해 원격 서버로 요청을 보냄
}

const withAuthorization = (Component: React.FC): React.FC => {
  return (props: any) => {
    const isAuthorized = checkAuthorization();
    return isAuthorized ? <Component {...props} /> : <Login />;
  };
};
```

이 코드 조각에서는 권한 확인을 위해 checkAuthorization 함수를 정의하였습니다. 다음으로 withAuthorization HOC를 만들었습니다. 이 HOC는 Component를 인자로 받아서 새로운 함수를 반환합니다. 반환된 함수를 렌더링할 때 권한이 있는 사용자라면 처음에 전달받은 Component를 렌더링하고, 권한이 없는 사용자인 경우에는 Login을 렌더링합니다.

이제 로그인한 사용자만 사용할 수 있는 ProfileComponent가 있다고 생각해봅니다. withAuthorization을 통해 새로운 보안 기능이 추가된 ProfileComponent를 만들 수 있습니다.

```
const Profile = withAuthorization(ProfileComponent);
```

Profile이 렌더링될 때, 먼저 사용자가 권한이 있는지 확인합니다. 권한이 있으면 ProfileComponent를 렌더링하고, 그렇지 않으면 Login 컴포넌트로 리다이렉트합니다.

HOC가 `withAuthorization`을 통해 어떻게 권한을 관리하는지 알아봤습니다. 이제 더욱 발전된 사용자 인터페이스에 대해 알아봅니다. ExpandablePanel 컴포넌트를 통해 HOC가 어떻게 UI 요소의 상호작용과 상태 변화를 관리하는지 알아봅니다.

10.1.3 ExpandablePanel 컴포넌트 구현하기

가장 기본적인 ExpandablePanel 컴포넌트부터 시작해봅시다. 제목과 본문 영역으로 구성된 이 컴포넌트는 이름에서 알 수 있듯이, 본문 영역이 접혀 있다가 제목을 누르면 펼쳐집니다.

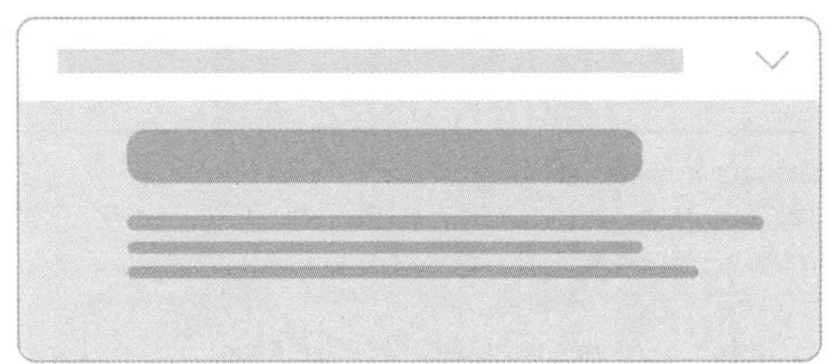

그림 10.1 펼쳐지는 패널

이 코드는 꽤 단순합니다.

```
export type PanelProps = {
  heading: string;
  content: ReactNode;
};

const ExpandablePanel = ({ heading, content }: PanelProps) => {
  const [isOpen, setIsOpen] = useState<boolean>(false);

  return (
    <article>
      <header onClick={() => setIsOpen((isOpen) =>!isOpen)}>
        {heading}
      </header>
      {isOpen && <section>{content}</section>}
    </article>
  );
};
```

좀 더 나아가, 렌더링 시점에 패널이 자동으로 펼쳐지고 몇 초 후에 접히도록 만들어봅니다.

```tsx
const AutoCloseExpandablePanel = ({ heading, content }: PanelProps) => {
  const [isOpen, setIsOpen] = useState<boolean>(true);
  useEffect(() => {
    const id = setTimeout(() => {
      setIsOpen(false);
    }, 3000);

    return () => {
      clearTimeout(id);
    };
  }, []);

  return (
    <article>
      <header onClick={() => setIsOpen((isOpen) =>!isOpen)}>
        {heading}
      </header>
      {isOpen && <section>{content}</section>}
    </article>
  );
};
```

변경한 버전에서 **isOpen**의 초깃값을 **true**로 하여 패널이 펼쳐진 채로 시작합니다. 이후에 **useEffect**를 통해 타이머를 설정하여 3,000ms(3초) 후에 접히도록 합니다.

자동으로 접히는 컴포넌트는 안내, 알림, 툴팁 등 잠시 후 사라지는 컴포넌트들과 같이 UI 개발에서 흔히 볼 수 있는 패턴입니다. 이 코드를 쉽게 재사용하기 위해서 자동으로 접히는 로직을 HOC로 분리합니다.

```tsx
interface Toggleable {
  isOpen: boolean;
  toggle: () => void;
}

const withAutoClose = <T extends Partial<Toggleable>>(
  Component: React.FC<T>,
  duration: number = 2000
) => (props: T) => {
```

```tsx
  const [show, setShow] = useState<boolean>(true);

  useEffect(() => {
    if (show) {
      const timerId = setTimeout(() => setShow(false), duration);
      return () => clearTimeout(timerId);
    }
  }, [show]);

  return (
    <Component
      {...props}
      isOpen={show}
      toggle={() => setShow((show) => !show)}
    />
  );
};
```

어떤 컴포넌트가 들어와도 자동 닫기 기능을 추가할 수 있도록 제네릭 HOC 형태의 `withAutoClose`를 정의했습니다. 이 HOC는 자동 닫기의 지연 간격을 설정하는 매개변수를 전달받을 수 있습니다. 기본값은 2,000ms(2초)로 설정되어 있습니다.

다른 컴포넌트와의 유연한 결합을 위해 `PanelProps`를 확장하여 선택값인 `Toggleable` 속성을 추가했습니다.

```tsx
type PanelProps = {
heading: string;
  content: ReactNode;
} & Partial<Toggleable>;
```

이제 `ExpandablePanel`을 리팩터링하여 `withAutoClose`에서 전달받은 `isOpen`과 토글 prop을 사용할 수 있습니다.

```tsx
const ExpandablePanel = ({
  isOpen,
  toggle,
  heading,
  content,
}: PanelProps) => {
```

```
  return (
    <article>
      <header onClick={toggle}>{heading}</header>
      {isOpen && <section>{content}</section>}
    </article>
  );
};
```

이 설정을 사용하면 자동 닫기 버전의 ExpandablePanel을 쉽게 만들 수 있습니다.

```
export default withAutoClose(ExpandablePanel, 3000);
```

withAutoClose로 캡슐화한 자동 닫기 로직은 다양한 컴포넌트에서 재사용할 수 있습니다.

```
const AutoDismissToast = withAutoClose(Toast, 3000);
const TimedTooltip = withAutoClose(Tooltip, 3000);
```

하나의 HOC를 다른 HOC에 적용할 수 있기 때문에 HOC는 합성할 때 더욱 유용합니다. 이는 함수형 프로그래밍의 함수 합성 원칙에도 적합합니다.

이제 또 다른 HOC인 withKeyboardToggle을 알아봅니다. 이 HOC는 패널의 기능을 추가하여 키보드 입력을 통해 패널을 접거나 펼칠 수 있게 해줍니다.

```
const noop = () => {};

const withKeyboardToggle =
  <T extends Partial<Toggleable>>(Component: React.FC<T>) =>
  (props: T) => {
    const divRef = useRef<HTMLDivElement>(null);

    const handleKeyDown = (event: KeyboardEvent<HTMLDivElement>) => {
      if (event.key === "Enter" || event.key === " ") {
        event.preventDefault();
        (props.toggle ?? noop)();
      }

      if (event.key === "Escape" && divRef.current) {
        divRef.current.blur();
      }
```

```
    };

    return (
      <div onKeyDown={handleKeyDown} tabIndex={0} ref={divRef}>
        <Component {...props} />
      </div>
    );
  };

export default withKeyboardToggle;
```

withKeyboardToggle HOC에서, 참조(divRef)를 통해 감싸고 있는 div에 접근하여 키보드 상호작용을 가능하게 하였습니다. handleKeyDown 함수는 Enter, Space와 Escape 키의 동작을 정의하는데, Enter 또는 Space 키는 패널의 상태를 토글하고 Escape 키는 패널에 포커싱을 해제하도록 합니다. 이러한 키보드 이벤트 제어는 감싼 컴포넌트가 키보드 조작에 반응하도록 만듭니다.

withKeyboardToggle과 withAutoClose를 합성하여 새로운 컴포넌트인 AccesibleAutoClosePanel을 만들어봅니다.

```
const AccessibleAutoClosePanel =
withAutoClose(withKeyboardToggle(ExpandablePanel), 2000);
```

withAutoClose(withKeyboardToggle(ExpandablePanel), 2000); 표현식에서 withKeyboardToggle은 먼저 ExpandablePanel에 적용되어 키보드 토글 기능을 추가합니다. 이 결과는 withAutoClose에 전달되고, 2,000ms 이후 자동으로 패널이 닫히는 기능이 또 추가됩니다. 이러한 HOC 체이닝의 결과로 키보드 토글링과 자동 닫기 기능을 상속받은 새로운 컴포넌트 AccessibleAutoClosePanel이 만들어집니다.

이 코드는 하나의 기능을 가진 단순한 컴포넌트들을 어떻게 중첩하고 합성해서 복잡한 기능을 만드는지 보여줍니다. [그림 10.2]에서 자세히 설명합니다.

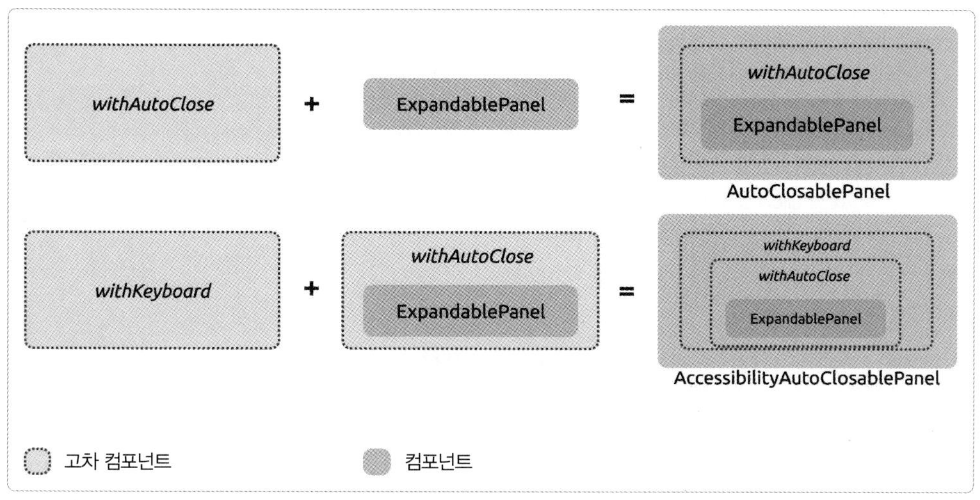

그림 10.2 고차 컴포넌트

객체 지향 프로그래밍에 익숙하다면 이 개념이 데코레이터^{decorator} 패턴과 유사하기 때문에 낯설지 않을 것입니다. 익숙하지 않더라도, 구조를 변경하는 대신 추가 객체를 감싸서 동작을 동적으로 추가한다고 생각하면 이해하기 쉽습니다. 이 방식은 원래 객체의 기능을 변경하지 않고 기능을 확장할 수 있으므로 서브클래스보다 훨씬 유연합니다.

HOC는 클래스 컴포넌트와 함수형 컴포넌트 시나리오에서 모두 유용하게 사용할 수 있으며, 리액트 훅은 여기서 더 나아가 좀 더 가벼운 형태로 합성을 가능하게 합니다. 다음은 훅에 대해 알아보겠습니다.

10.2 리액트 훅

훅은 상태가 있는 로직을 컴포넌트에서 분리할 수 있게 하여 독립적인 테스팅과 재사용을 가능하게 해줍니다. 컴포넌트 구조를 바꾸지 않고도 상태가 있는 로직을 재사용할 수 있게 합니다. 기본적으로 훅을 사용하면 함수 컴포넌트에서 리액트의 상태 또는 기타 생명주기 기능들을 연동할 수 있습니다.

ExpandablePanel 컴포넌트 예제를 살펴봅니다.

```tsx
const useAutoClose = (duration: number) => {
  const [isOpen, setIsOpen] = useState<boolean>(true);

  useEffect(() => {
    if (isOpen) {
      const timerId = setTimeout(() => setIsOpen(false), duration);
      return () => clearTimeout(timerId);
    }
  }, [duration, isOpen]);

  const toggle = () => setIsOpen((show) => !show);

  return { isOpen, toggle };
};

export default useAutoClose;
```

useAutoClose 훅에서 isOpen 상태와 토글 함수를 통해 상태를 바꿉니다. useEffect 함수는 타이머를 설정하여 isOpen이 true인 경우에만 그 상태를 false로 지정된 시간 후에 변경합니다. 그리고 타이머를 해제하는 함수를 반환하여 메모리 누수를 방지합니다.

이 훅을 최소한의 수정으로 ExpandablePanel에 결합합니다.

```tsx
const ExpandablePanel = ({ heading, content }: PanelProps) => {
  const { isOpen, toggle } = useAutoClose(2000);

  return (
    <article>
      <header onClick={toggle}>{heading}</header>
      {isOpen && <section>{content}</section>}
    </article>
  );
};
```

isOpen과 toggle prop을 지우고, useAutoClose 훅에서 반환되는 값을 사용하고, 자동 닫기 기능을 자연스럽게 적용했습니다.

다음으로 키보드 탐색 기능을 통합합니다. 키보드 이벤트를 통해 패널의 토글을 제어하는 또 다른 훅인 useKeyboard를 적용합니다.

```typescript
const useKeyboard = (toggle: () => void) => {
  const handleKeyDown = (event: KeyboardEvent) => {
    if(event.key === "Enter" || event.key === " ") {
      event.preventDefault();
      toggle();
    }
  };

  return { handleKeyDown };
};
```

useKeyboard를 ExpandablePanel에 삽입하는 것은 간단합니다.

```typescript
const ExpandablePanel = ({ heading, content }: PanelProps) => {
  const { isOpen, toggle } = useAutoClose(2000);
  const { handleKeyDown } = useKeyboard(toggle);

  return (
    <article onKeyDown={handleKeyDown} tabIndex={0}>
      <header onClick={toggle}>{heading}</header>
      {isOpen && <section>{content}</section>}
    </article>
  );
};
```

여기서는 useKeyboard에서 가져온 handleKeyDown을 통해 키 입력을 감지하고, 컴포넌트 내 키보드 상호작용에 대한 처리를 강화하였습니다.

[그림 10.3]에서 훅이 ExpandablePanel과 어떻게 연결되는지 HOC를 통해 감싸는 방법과 비교하여 확인할 수 있습니다.

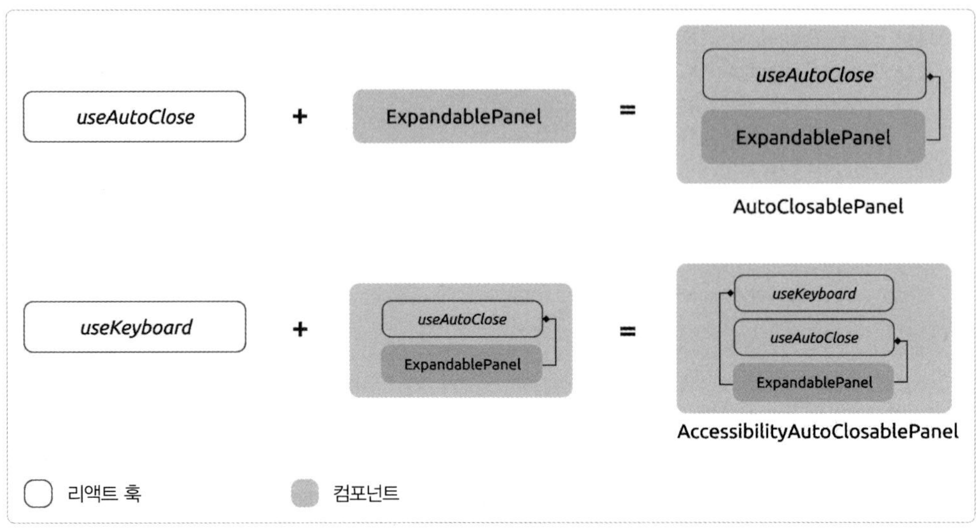

그림 10.3 훅을 대체하여 사용

훅은 재사용이 가능한 로직을 포함하며, 컴포넌트와 분리되어 있지만 쉽게 결합할 수 있습니다. HOC를 통해 감싸는 접근법과 달리 훅은 플러그인 형태의 방식을 제공하여 리액트를 통해 가벼운 형태로 관리하기 쉽습니다. 이러한 훅의 특성은 코드 모듈화를 쉽게 해줄 뿐만 아니라, 보다 깔끔하고 직관적인 형태로 컴포넌트의 기능을 덧붙일 수 있게 해줍니다.

훅은 생각보다 다양한 기능을 제공합니다. UI와 관련된 상태를 관리하는 것뿐만 아니라, 데이터를 가져오거나 페이지 단위의 키보드 단축키 처리와 같은 전역 이벤트 핸들링 등 UI의 부수효과를 다룰 때도 사용합니다. 앞서 키보드 이벤트를 다룰 때 어떤 방식으로 사용하는지를 확인했습니다. 이제 훅을 통해 네트워크 요청을 어떻게 간소화하는지 알아보겠습니다.

10.2.1 원격 데이터 가져오기

이전 장에서 일반적인 방법인 useEffect를 통해 데이터 가져오기를 다루었습니다. 원격 서버에서 데이터를 가져올 때 보통 3개의 독립된 상태인 loading, error, data가 필요합니다.

다음은 이 상태를 구현하는 코드입니다.

```
//...
  const [loading, setLoading] = useState<boolean>(false);
  const [data, setData] = useState<Item[] | null>(null);
  const [error, setError] = useState<Error>();

  useEffect(() => {
    const fetchData = async () => {
      setLoading(true);

      try {
        const response = await fetch("/api/users");

        if (!response.ok) {
            const error = await response.json();
            throw new Error(`Error: ${error.error || response.status}`);
        }

        const data = await response.json();
        setData(data);
      } catch (e) {
        setError(e as Error);
      } finally {
        setLoading(false);
      }
    };

    fetchData();
  }, []);

//...
```

여기서 리액트 훅을 사용해 비동기 데이터 가져오기를 구현하고 loading, error, data 상태의 초깃값을 설정했습니다. useEffect 안에서 fetchData 함수는 사용자 데이터를 "/api/users" 엔드포인트에서 가져오려고 시도합니다. 성공하면 데이터가 저장되며, 실패하면 오류가 기록됩니다. 결과와 상관없이 로딩 상태를 갱신하여 완료 상태를 반영합니다. useEffect는 컴포넌트가 초기에 마운트 되었을 때 한 번만 실행됩니다.

10.2.2 깔끔하고 재사용성을 높이는 리팩터링

데이터 가져오기 로직을 컴포넌트 안에 직접 넣어도 잘 동작하겠지만, 이는 재사용하기 쉬운 방법은 아닙니다. 데이터 가져오기 로직을 별도의 함수로 분리하여 리팩터링해봅시다.

```
const fetchUsers = async () => {
  const response = await fetch("/api/users");

  if(!response.ok) {
    const error = await response.json();
    throw new Error('Something went wrong');
  }

  return await response.json();
};
```

fetchUsers 함수 안에서 데이터 가져오기 로직을 일반적인 훅의 형태로 바꿀 수 있습니다. 훅은 fetch 함수를 전달받아 이와 관련된 loading, error, data 상태를 관리합니다.

```
const useService = <T,>(fetch: () => Promise<T>) => {
  const [loading, setLoading] = useState<boolean>(false);
  const [data, setData] = useState<T | null>(null);
  const [error, setError] = useState<Error>();

  useEffect(() => {
    const fetchData = async () => {
      setLoading(true);

      try {
        const data = await fetch();
        setData(data);
      } catch(e) {
        setError(e as Error);
      } finally {
        setLoading(false);
      }
    };

    fetchData();
  }, [fetch]);
```

```
    return {
      loading,
      error,
      data
    };
  }
```

이제 useService 혹은 애플리케이션 전반에서 데이터를 가져오기 위해 재사용할 수 있게 되었습니다. 다음의 코드 예제에서 볼 수 있듯이, 다양한 유형의 데이터를 가져올 수 있도록 깔끔하게 추상화되었습니다.

```
const { loading, error, data } = useService(fetchProducts);
// or
const { loading, error, data } = useService(fetchTickets);
```

이 리팩터링을 통해 데이터 가져오기 로직을 단순화할 뿐만 아니라, 애플리케이션의 여러 다른 시나리오에서도 재사용할 수 있도록 만들었습니다. 이후에 만들 드롭다운 컴포넌트를 지속적으로 개선하고, 고급 기능과 최적화에 대해 더 깊이 배울 수 있는 기반이 되어줄 것입니다.

상태와 로직을 관리하는 훅과 그 기능에 대해 살펴보았으니, 이를 활용하여 복잡한 UI 컴포넌트인 드롭다운 목록을 처음부터 만들어 보겠습니다. 이 예제는 훅에 대한 이해도를 높여주고 인터랙티브한 UI 요소를 만드는 실용적인 예제를 보여줍니다.

10.3 드롭다운 목록 컴포넌트 만들기

드롭다운 목록은 다양한 곳에서 사용하는 일반적인 컴포넌트입니다. 기본적인 경우에는 브라우저에서 제공하는 기본 컴포넌트를 사용할 수 있지만, 더 많은 옵션을 제공하는 고급 버전을 통해 더 나은 사용자 경험을 제공할 수 있습니다.

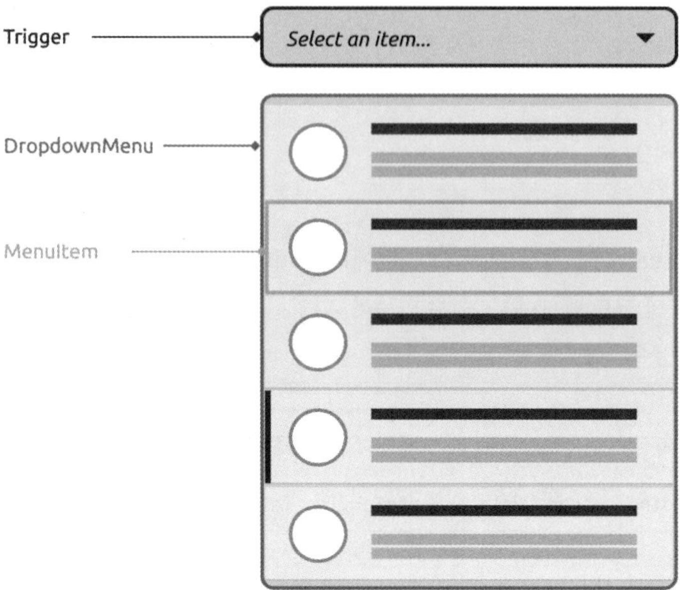

그림 10.4 드롭다운 목록 컴포넌트

아무것도 없는 상태에서 새롭게 만들려면 완벽한 구현을 위해서는 생각했던 것보다 더 많은 노력이 필요합니다. 키보드 탐색, 스크린 리더와의 호환성을 고려하는 등의 접근성, 모바일 기기에서의 사용성 등을 고려해야 합니다.

간단하게 데스크톱 환경에서 마우스 클릭만을 지원하는 버전부터 시작해서, 점점 다양한 기능들을 추가하여 실제 기능에 가깝도록 구현해봅시다. 목표는 실제 제품 수준의 드롭다운 목록이 아니라, 몇 가지 소프트웨어 설계 패턴을 연습하는 것에 있습니다(실무에서는 이렇게 완전히 처음부터 만드는 것보다 잘 만들어진 라이브러리를 이용하는 것을 권장합니다).

우선 사용자가 클릭할 수 있는 요소와 목록 패널을 보여주고 감추는 기능을 제어하는 상태가 필요합니다. 초깃값으로 패널을 감추도록 하며, 요소를 클릭하면 패널을 보여줍니다.

```typescript
import { useState } from "react";

interface Item {
  icon: string;
  text: string;
  id: string;
```

```typescript
  description: string;
}

type DropdownProps = {
  items: Item[];
};

const Dropdown = ({ items }: DropdownProps) => {
  const [isOpen, setIsOpen] = useState(false);
  const [selectedItem, setSelectedItem] = useState<Item | null>(null);

  return (
    <div className="dropdown">
      <div className="trigger" tabIndex={0} onClick={() =>
        setIsOpen(!isOpen)}>
          <span className="selection">
            {selectedItem ? selectedItem.text : "Select an item..."}
          </span>
      </div>
      {isOpen && (
        <div className="dropdown-menu">
          {items.map((item) => (
            <div
              key={item.id}
              onClick={() => setSelectedItem(item)}
              className="item-container"
            >
              <img src={item.icon} alt={item.text} />
              <div className="details">
                <div>{item.text}</div>
                <small>{item.description}</small>
              </div>
            </div>
          ))}
        </div>
      )}
    </div>
  );
};
```

여기에서 드롭다운 컴포넌트의 기본 구조를 만들었습니다. useState 훅을 사용해 isOpen과
selectedItem 상태를 통해 드롭다운의 동작을 제어합니다. 요소를 클릭하면 드롭다운 메뉴

를 토글하며, 아이템을 선택하면 selectedItem 상태를 업데이트합니다.

컴포넌트를 좀 더 다루기 쉽고 보기 편한 작은 조각으로 나누어 봅니다. 사용자 클릭을 다루는
Trigger 컴포넌트부터 분리합니다.

```tsx
const Trigger = ({
  label,
  onClick,
}: {
  label: string;
  onClick: () => void;
}) => {
  return (
    <div className="trigger" tabIndex={0} onClick={onClick}>
      <span className="selection">{label}</span>
    </div>
  );
};
```

마찬가지로, 아이템 목록을 렌더링하는 DropdownMenu 컴포넌트를 분리합니다.

```tsx
const DropdownMenu = ({
  items,
  onItemClick,
}: {
  items: Item[];
  onItemClick: (item: Item) => void;
}) => {
  return (
    <div className="dropdown-menu">
      {items.map((item) => (
        <div
          key={item.id}
          onClick={() => onItemClick(item)}
          className="item-container"
        >
          <img src={item.icon} alt={item.text} />
          <div className="details">
            <div>{item.text}</div>
            <small>{item.description}</small>
          </div>
        </div>
```

```
    ))}
  </div>
);
};
```

이제 **Dropdown** 컴포넌트 안에서 분리한 컴포넌트로 간단히 대체하고, 해당하는 상태를 prop으로 전달하여 순수하게 제어되는 상태 없는 컴포넌트로 사용합니다.

```
const Dropdown = ({ items }: DropdownProps) => {
  const [isOpen, setIsOpen] = useState(false);
  const [selectedItem, setSelectedItem] = useState<Item | null>(null);

  return (
    <div className="dropdown">
      <Trigger
        label={selectedItem ? selectedItem.text : "Select an item..."}
        onClick={() => setIsOpen(!isOpen)}
      />
      {isOpen && <DropdownMenu items={items}
        onItemClick={setSelectedItem} />}
    </div>
  );
};
```

드롭다운의 각각 다른 부분을 위한 특별한 컴포넌트를 만들어 관심사를 분리했기 때문에 코드가 좀 더 정리되었고 다루기 쉬워졌습니다. 결과는 다음과 같습니다.

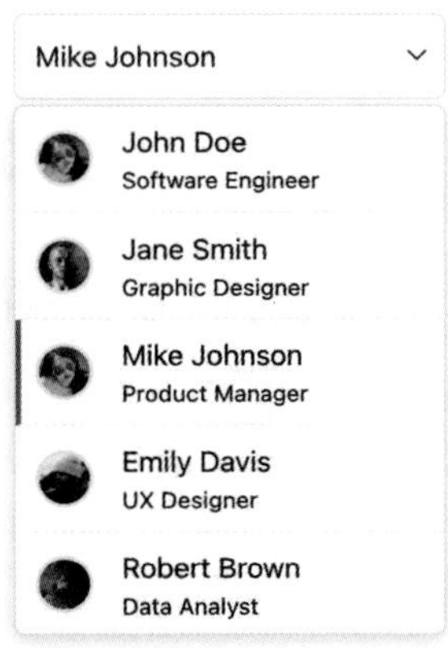

그림 10.5 기본적인 구현 목록

[그림 10.5]처럼 기본적인 드롭다운 목록이 노출됩니다. 이제 키보드 탐색 기능을 추가하여 접근성 높은 컴포넌트를 만들어 보겠습니다.

10.3.1 키보드 탐색 구현하기

드롭다운 목록에 키보드 탐색 기능을 추가하면, 마우스로 제한된 상호작용의 대안을 제공하게 되어 사용자 경험을 향상시킵니다. 특히 웹페이지에서 자연스러운 탐색이 가능합니다. onKey Down 이벤트 처리를 어떻게 할지 알아봅시다.

우선 handleKeyDown 함수를 Dropdown 컴포넌트의 onKeyDown 이벤트에 추가합니다. 여기서 switch 문을 사용해서 특정 키 입력에 따른 행동을 연결합니다. 예를 들어 Enter 또는 Space 키를 누르면 드롭다운을 토글합니다. 마찬가지로 ArrowDown과 ArrowUp 키는 아이템 목록을 탐색하고 처음이나 끝에 다다르면 순환될 수 있도록 해야 합니다.

```
const Dropdown = ({ items }: DropdownProps) => {
  // ... 이전의 상태 변수들 ...

  const handleKeyDown = (e: React.KeyboardEvent) => {
    switch (e.key) {
      // ... 조건 블록 영역 ...
    }
  };

  return (
    <div className="dropdown" onKeyDown={handleKeyDown}>
      {/* ... 그외 JSX 구문 ... */}
    </div>
  );
};
```

뿐만 아니라, DropdownMenu 컴포넌트를 수정해서 selectedIndex prop을 추가해야 합니다. 이 prop은 지금 선택한 아이템을 강조 표시하고 aria-selected 속성을 설정하여, 시각적인 피드백을 제공하고 접근성을 높이기 위해서 필요합니다.

```
const DropdownMenu = ({
  items,
```

```tsx
    selectedIndex,
    onItemClick,
  }: {
    items: Item[];
    selectedIndex: number;
    onItemClick: (item: Item) => void;
  }) => {
    return (
      <div className="dropdown-menu" role="listbox">
        {/* ... 그외 JSX 구문 ... */}
      </div>
    );
  };
```

다음으로, 상태와 키보드 이벤트 처리 로직을 useDropdown 사용자 훅으로 분리하여 캡슐화할 수 있습니다. 이 훅은 필요한 상태와 함수를 담은 객체를 반환합니다. 이 객체를 분해하여 Dropdown 컴포넌트에서 사용할 수 있으므로 코드를 깔끔하고 유지보수하기 쉽게 만듭니다.

```tsx
const useDropdown = (items: Item[]) => {
  // ... 상태 변수들 ...

  const handleKeyDown = (e: React.KeyboardEvent) => {
    // ... switch 구문 ...
  };

  const toggleDropdown = () => setIsOpen((isOpen) => !isOpen);

  return {
    isOpen,
    toggleDropdown,
    handleKeyDown,
    selectedItem,
    setSelectedItem,
    selectedIndex,
  };
};
```

이제 Dropdown 컴포넌트는 단순해지고 가독성이 높아졌습니다. useDropdown 훅을 통해 상태와 키보드 반응 처리를 다루게 하여, 관심사를 깔끔하게 분리하였고 이해하기 쉬워졌습니다.

```tsx
const Dropdown = ({ items }: DropdownProps) => {
  const {
    isOpen,
    selectedItem,
    selectedIndex,
    toggleDropdown,
    handleKeyDown,
    setSelectedItem,
    } = useDropdown(items);

  return (
    <div className="dropdown" onKeyDown={handleKeyDown}>
      <Trigger
        onClick={toggleDropdown}
        label={selectedItem ? selectedItem.text : "Select an item..."}
      />
      {isOpen && (
        <DropdownMenu
          items={items}
          onItemClick={setSelectedItem}
          selectedIndex={selectedIndex}
        />
      )}
    </div>
  );
};
```

이렇게 여러 번의 수정을 거쳐 드롭다운 목록 컴포넌트에 키보드 탐색 기능을 구현하였습니다. 예제에서는 훅을 이용하여 복잡한 상태와 로직을 구조화, 모듈화 하는 방식을 설명하였고, 이는 이후 UI 컴포넌트의 기능 개선 및 추가에 유용할 것입니다.

코드를 리액트 개발자 도구를 사용해 시각화할 수 있습니다. 다음 그림을 보면 hooks 영역에 모든 상태 목록이 표시됩니다.

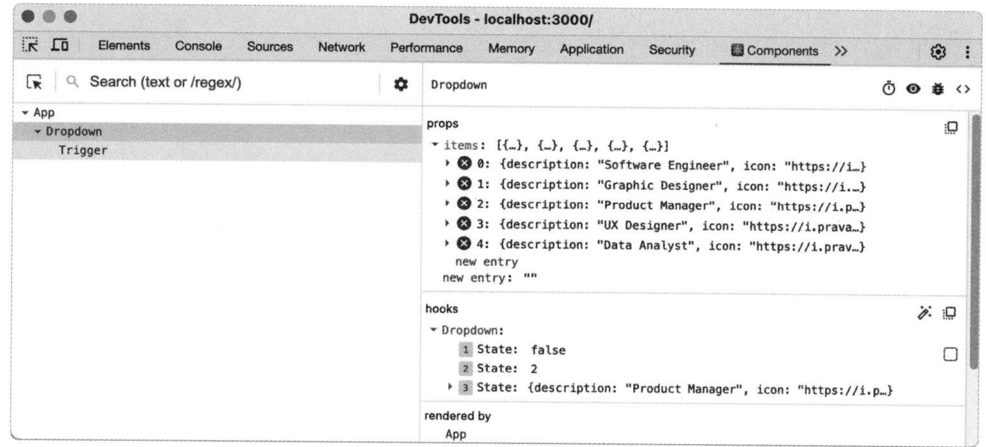

그림 10.6 크롬 개발자 도구를 통한 훅 영역에서 상탯값 확인

로직을 훅으로 추출하는 것은 동일한 기본 기능을 유지하면서도 다른 UI를 구현해야 할 때 유용합니다. 이를 통해 상태 관리와 상호작용 로직을 UI 렌더링으로부터 분리할 수 있으며, 로직을 건드리지 않고도 UI를 변경하기 쉽게 해줍니다.

훅을 사용한 작은 컴포넌트를 활용하여 코드 구조를 개선시키는 것에 대해 살펴보았습니다. 하지만 좀 더 복잡한 상태를 관리해야 한다면 어떻게 해야 할까요? 드롭다운 데이터를 API를 통해 가져오고 비동기 요청을 다루는 추가적인 상태 관리가 필요한 시나리오에서도 여전히 이러한 구조가 유용할까요?

원격으로 데이터를 가져오는 시나리오에서는 로딩, 오류, 데이터 상태 등 추가적인 상태 관리가 필요합니다. [그림 10.7]처럼 데이터에 즉시 접근할 수 없는 상황도 다루어야 합니다. 원격 API를 로딩 중이거나 보여줄 수 없는 상황을 대비해봅시다.

로딩   오류   성공

그림 10.7 여러 가지 상태

이러한 상태들은 일반적이면서도 사용자 경험에 많은 영향을 끼칩니다. 예를 들어 드롭다운 목록으로 국가 이름을 나타내야 하는 경우, 목록을 열었을 때 이름들은 여전히 로딩 중일 수 있으며 이때 그 상태를 표시해야 합니다. 뿐만 아니라 원격 데이터 접근이 불가능하거나 그 외 다른 오류가 발생한다면, 오류 메시지를 표시해야 합니다.

기존 코드를 확장할 때는 추가로 도입할 상태에 대해 신중히 고려해야 합니다. 신규 기능을 추가하면서도 코드의 단순함을 유지하는 전략에 대해 알아봅니다.

10.3.2 드롭다운 컴포넌트의 단순한 구조 유지하기

원격 데이터 가져오기 기능을 추가하면서 useService와 useDropdown 훅을 이용한 덕분에 Dropdown 컴포넌트의 구조가 그리 복잡해지지 않았습니다. 컴포넌트 코드는 가장 단순한 형태를 유지하면서도, 데이터 수신 상태를 효과적으로 관리하고 전달받은 데이터를 기반으로 콘텐츠를 렌더링합니다.

```
const Dropdown = () => {
  const { data, loading, error } = useService(fetchUsers);

  const {
    toggleDropdown,
    dropdownRef,
    isOpen,
    selectedItem,
```

```jsx
    selectedIndex,
    updateSelectedItem,
    getAriaAttributes,
  } = useDropdown<Item>(data || []);

  const renderContent = useCallback(() => {
    if (loading) return <Loading />;
    if (error) return <Error />;
    if (data) {
      return (
        <DropdownMenu
          items={data}
          updateSelectedItem={updateSelectedItem}
          selectedIndex={selectedIndex}
        />
      );
    }
    return null;
  }, [loading, error, data, updateSelectedItem, selectedIndex]);

  return (
    <div
      className="dropdown"
      ref={dropdownRef as RefObject<HTMLDivElement>}
      {...getAriaAttributes()}
    >
      <Trigger
        onClick={toggleDropdown}
        text={selectedItem ? selectedItem.text : "Select an item..."}
      />
      {isOpen && renderContent()}
    </div>
  );
};
```

이렇게 useService 훅을 사용해 가져온 데이터의 상태를 관리하고, useDropdown 훅을 통해 드롭다운에 특화된 상태와 상호작용 로직을 관리했습니다. renderContent 함수는 렌더링 로직을 데이터 수신 상태에 따라 로딩, 오류 또는 데이터가 올바르게 표시되도록 합니다.

관심사를 분리하고 훅을 사용하여 예제의 Dropdown 컴포넌트는 깔끔하고 직관적인 코드 구조를 유지하였습니다. 리액트에서의 로직 합성은 이렇게 강력합니다. 이 패턴은 헤드리스 컴포넌트 패턴이라는 특별한 이름을 가지고 있습니다.

10.4 헤드리스 컴포넌트 패턴

헤드리스 컴포넌트 패턴Headless Component pattern은 JSX 코드를 기본 로직으로부터 깔끔하게 분리하는 강력한 방법입니다. JSX로 선언적 UI를 구성하는 것은 자연스럽지만, 상태를 관리하는 것은 쉽지 않습니다. 이 문제를 해결하고자 등장한 헤드리스 컴포넌트는 상태 관리의 모든 복잡한 문제들을 떠맡으며 새로운 차원의 추상화 방법을 제시했습니다.

헤드리스 컴포넌트는 로직을 캡슐화해서 담고 있지만 렌더링과 관련된 것은 없는 함수를 뜻합니다. 렌더링 영역은 사용자에게 맡김으로써, UI 렌더링에 있어서 고도의 유연성을 제공합니다. 이 패턴은 각각 다른 형태로 나타내야 하는 영역에서 복잡한 로직을 재사용하고 싶을 때 매우 유용합니다.

다음 코드에서 `useDropdownLogic` 혹은 로직을 담고 있지만 UI 요소는 없습니다. `MyDropdown` 컴포넌트는 헤드리스 컴포넌트를 사용하여 렌더링만 담당하고 있습니다.

```
function useDropdownLogic() {
  // ... 모든 드롭다운 로직
  return {
    // ... 외부에 공개되는 로직
  };
}


function MyDropdown() {
  const dropdownLogic = useDropdownLogic();
  return (
    // ... dropdownLogic을 이용하여 UI 렌더링
  );
}
```

시각적 표현 영역에서 헤드리스 컴포넌트는 얇은 인터페이스 계층으로 볼 수 있습니다. 한쪽은 JSX 뷰 영역과 상호작용하고 다른 쪽은 밑부분의 데이터 영역과 상호작용을 합니다. 데이터 모델링에 대해서는 8장에서 다루었고 11장에서 다시 살펴보겠습니다. 이 패턴은 특히 UI에서 동작과 상태 관리 측면만 시각적 표현 영역과 분리하여 다루고자 할 때 유용합니다.

[그림 10.8]을 살펴보면 코드가 몇 개의 계층으로 이루어져 있다고 생각할 수 있습니다. JSX는 가장 윗부분에서 애플리케이션의 룩 앤드 필 영역을 담당합니다. 헤드리스 컴포넌트(여기에서

는 훅)는 상태가 있는 로직을 관리하며, 그 밑에 있는 도메인 계층은 데이터 변환과 매핑을 담당하는 로직을 다룹니다. 보다 자세한 내용은 11장과 12장에서 다룰 것입니다.

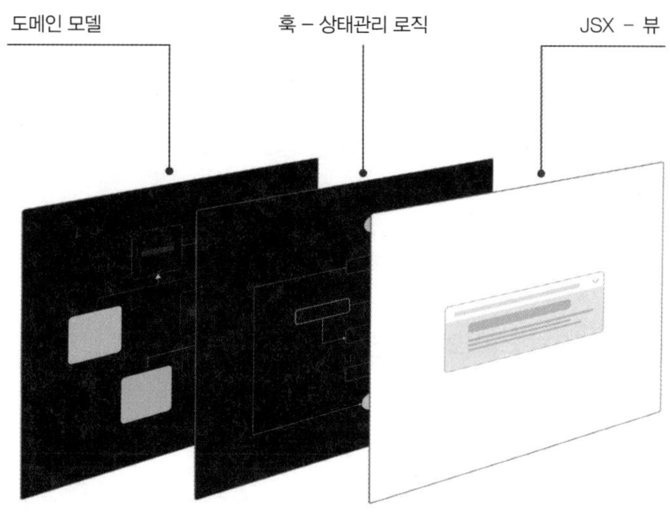

훅을 이용한 헤드리스 컴포넌트

그림 10.8 헤드리스 컴포넌트 패턴

HOC 또는 render prop 패턴으로 헤드리스 컴포넌트를 구현할 수 있지만, 리액트 훅을 통해 구현하는 것이 더 일반적입니다. 헤드리스 컴포넌트 패턴 안에서 공유 가능한 로직은 캡슐화되어 있고, 상태 로직의 변경 없이도 다른 UI와 자연스럽게 연결할 수 있습니다.

10.4.1 헤드리스 컴포넌트 패턴의 장단점

헤드리스 컴포넌트 패턴은 다음과 같은 장점이 있습니다.

- **재사용성**: 헤드리스 컴포넌트 패턴 안에 캡슐화된 로직은 여러 컴포넌트에서 재사용할 수 있습니다. 이를 통해 코드베이스에서 중복 배제 원칙(DRY)을 강화할 수 있습니다.
- **관심사 분리**: 로직을 렌더링과 분리하기 때문에, 헤드리스 컴포넌트는 명확하게 관심사를 분리하여 유지보수하기 쉬운 코드의 기반이 됩니다.

- **유연성**: UI 구현에 필요한 동일한 핵심 로직을 공유함으로써, 서로 다른 디자인 요구사항 또는 프레임
  워크에 적용하기 쉽습니다.

하지만 다음과 같은 단점 또한 존재합니다.

- **높은 진입장벽**: 헤드리스 컴포넌트 패턴이 익숙하지 않은 개발자들에게는 학습할 시간이 필요합니다.
  이에 따라 초기 개발 속도가 늦어질 수 있습니다.
- **과도한 추상화**: 신중하게 관리하지 않으면, 헤드리스 컴포넌트로 인한 추상화는 코드를 따라가기 어렵
  게 만들 수 있습니다.

10.4.2 지원하는 라이브러리와 추가로 알아볼 내용

헤드리스 컴포넌트 패턴은 다양한 라이브러리에서 지원하고 있습니다. 몇 가지 유명한 라이브
러리와 그 특징을 소개합니다.

- **React Aria**: 어도비에서 만든 접근성을 강조한 라이브러리입니다. 훅 모음을 통해 키보드 상호작용,
  포커싱, Aria 애너테이션 등을 다룹니다. 접근성 높은 UI 컴포넌트를 쉽게 만들 수 있습니다.
- **Headless UI**: 스타일 요소 없이 접근성을 완벽히 지원하는 UI 컴포넌트 라이브러리로, Tailwind
  CSS와 통합하기 편리한 구조로 설계되었습니다. 동작과 접근성의 기반을 제공하므로 사용자는 이를
  토대로 원하는 스타일의 컴포넌트를 만들 수 있습니다.
- **React Table**: 리액트에서 빠르고 확장하기 편리한 테이블과 데이터 그리드를 만들 수 있는 헤드리스
  유틸리티입니다. 유연한 훅을 통해 복잡한 테이블을 쉽게 만들고 UI 영역 표현은 사용자가 마음대로 그
  릴 수 있습니다.
- **Downshift**: 작고 가벼운 라이브러리로 접근성이 좋고 사용자 정의가 쉬운 드롭다운과 콤보 박스 UI를
  만들 수 있습니다. 렌더링 측면을 제외한 대부분의 로직을 라이브러리에서 다룹니다.

이러한 라이브러리들은 헤드리스 컴포넌트 패턴의 골격을 구현하여 지원하고 있어, 높은 수준
의 상호작용과 접근성을 지원하는 UI를 쉽게 만들 수 있습니다. 이번 절에서 살펴본 예제 코드
를 통해 헤드리스 컴포넌트 패턴의 기초적인 사용법을 익혔지만, 실제 제품화된 수준의 개발이
필요한 경우에는 라이브러리를 활용하여 강력한 기능과 접근성이 높고 사용자화 가능한 컴포
넌트를 만드는 것이 현명합니다.

요약

이 장에서는 HOC와 리액트 훅을 활용해 코드베이스의 가독성을 유지하면서 컴포넌트 로직을 개선하는 방법을 살펴보았습니다. 펼쳐지는 패널과 드롭다운 목록을 만들어 보면서 HOC를 사용하여 합성하는 방법과 훅을 통해 상태 로직을 캡슐화하여 제공하는 방법을 설명했습니다. 또한 드롭다운 목록에 비동기 데이터 불러오기를 도입하는 예제를 통해, 데이터 로딩 시나리오에서 훅을 활용하여 상태 관리를 단순하게 하는 방법을 알아보았습니다.

이어서 JSX 코드에서 로직을 분리하여 상태 관리를 위한 탄탄한 프레임워크를 제공하는 헤드리스 컴포넌트 패턴을 알아보았습니다. 예제를 통해 이러한 기능 분리가 어떻게 재사용 가능하고 접근성이 높으며 사용자 정의가 가능한 컴포넌트를 만드는지 보여주었습니다. 나아가, React Table, Downshift, React Aria, Headless UI 등과 같은 헤드리스 컴포넌트 패턴을 지원하는 라이브러리를 소개하여 바로 사용 가능한 솔루션을 제시했습니다.

다음 장에서는 앞서 논의한 패턴을 직접 구현해보고 구조적으로 모듈성을 높이는 전략을 살펴보겠습니다. 그리고 대규모 애플리케이션을 개발하면서 발생하는 문제도 함께 다뤄봅니다.

PART 4

실무에서의 구현

PART 4에서는 지금까지 살펴본 지식들을 활용해서 실무에 적용해보겠습니다. 리액트 애플리케이션에 계층화된 아키텍처를 사용하고 E2E 프로젝트를 구현해 볼 것입니다. 지금까지 논의했던 모든 원칙과 패턴 및 사례의 핵심을 요약하여 설명합니다.

▶▶▶ **CHAPTER 11**
리액트 계층 구조 애플리케이션

▶▶▶ **CHAPTER 12**
E2E 프로젝트 구현하기

▶▶▶ **CHAPTER 13**
리액트 안티패턴 원칙 돌아보기

리액트 계층 구조 애플리케이션

리액트 애플리케이션이 점차 커지고 복잡해지면 코드를 효율적으로 관리하기 어려워집니다. 기능은 선형적으로 추가되지만, 코드의 복잡도는 기하급수적으로 증가하여 읽는 것뿐만 아니라 테스트와 유지보수도 어려워집니다. 계층 구조^{Layered Architecture}는 백엔드 시스템뿐만 아니라 클라이언트 애플리케이션 개발에도 유용한 설계 방식입니다.

애플리케이션을 계층화하면 핵심 문제들을 해결할 수 있습니다.

- **관심사 분리**: 서로 다른 계층은 각기 다른 책임을 다루게 되므로 코드베이스를 쉽게 이해하고 찾아볼 수 있습니다.
- **높은 재사용성**: 비즈니스 로직과 데이터 모델을 애플리케이션 전반에서 재사용하기 쉬워집니다.
- **테스트 용이성**: 계층 구조는 단위 테스트와 통합 테스트를 작성하기 수월하게 하므로 더욱 탄탄한 애플리케이션을 만들 수 있습니다.
- **유지보수성**: 계층 구조로 설계하면 애플리케이션이 커지더라도 기능을 추가하기가 수월합니다.

이번 장에서는 리액트 애플리케이션에서의 계층 구조에 대한 개념을 알아본 후, 애플리케이션 중심 계층을 분리하고 정교한 데이터 모델을 정의하며 전략 패턴을 사용하는 방법에 대해 설명합니다. 단계별 예제를 통해 이 개념들을 실무에서 어떻게 구현하는지 알아보고 대규모 애플리케이션 개발에서 이러한 개념들이 필요한 이유에 대해서도 알아볼 것입니다.

이 장에서는 다음 주제를 다룹니다.

- 리액트 애플리케이션의 진화

- 코드 오븐 애플리케이션 개선하기

- 장바구니 컴포넌트 구현

- 계층 구조 알아보기

이번 장의 소스 코드는 다음 주소에서 확인할 수 있습니다.
https://github.com/jm-chong/react-design-pattern/tree/main/code/src/ch11

11.1 리액트 애플리케이션의 진화

애플리케이션의 규모에 따라 각기 다른 전략이 필요합니다. 소규모 프로젝트나 일회성 프로젝트의 경우, 모든 로직을 리액트 컴포넌트에 작성할 수 있습니다. 이러한 경우, 하나 또는 몇 개의 컴포넌트만으로도 충분합니다. 이렇게 단순한 역할을 하는 리액트 컴포넌트 코드는 HTML과 유사해 보이는데, 몇몇 변수나 상태만으로도 페이지를 동적으로 만들 수 있고 전체적으로 코드를 이해하거나 수정하기 쉽습니다.

하지만 애플리케이션의 코드베이스가 커지면서 체계화되지 않은 코드들이 계속 추가되면, 유지보수가 어려운 상태가 됩니다. 이렇게 되면 개발자가 코드를 읽고 이해하는 데 많은 시간이 소요되어, 작은 기능을 추가하는 것조차 오래 걸리게 됩니다.

여기에서 소개할 몇 가지 방법으로 리액트 애플리케이션을 설계하면, 새로운 기능 추가에 큰 노력이 들지 않고 확장과 수정이 용이할 것입니다. 간단한 구조부터 시작하여 점차 진화시켜 나가며 대규모의 문제들을 다뤄봅니다.

11.1.1 단일 컴포넌트 애플리케이션

가장 단순한 리액트 애플리케이션인 단일 컴포넌트 애플리케이션을 만드는 것부터 시작해보겠습니다.

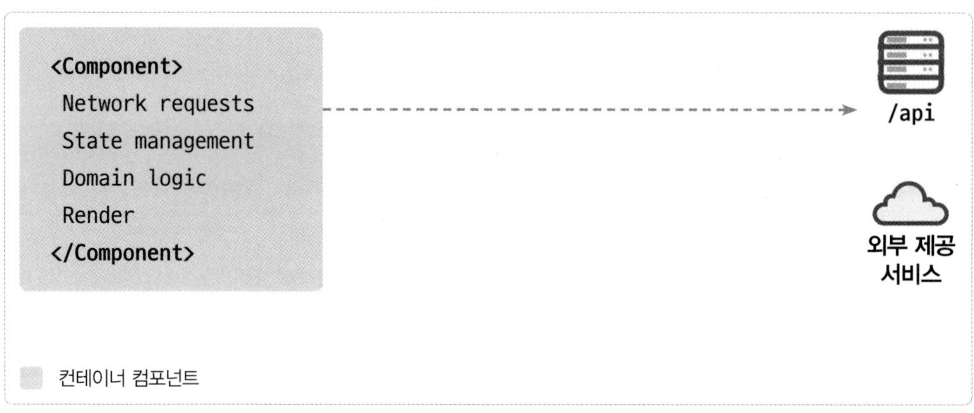

그림 11.1 단일 컴포넌트 애플리케이션

단일 컴포넌트는 원격 서버로부터 데이터를 가져오고 내부 상태를 관리하며 도메인 로직 처리, 렌더링과 같은 다양한 작업을 수행합니다. 이러한 방식은 하나의 폼을 다루거나 다른 프레임워크에서 리액트로 전환하는 과정을 설명하고 이해시키고자 하는 경우에 적합합니다.

하지만 모든 기능을 하나의 컴포넌트 안에 구현하면 코드를 이해하고 관리하기가 어려워집니다. 특히 아이템 목록을 순회하며 개별 컴포넌트를 생성하는 것과 같은 로직을 다룰 때는, 컴포넌트의 코드가 금세 많아지게 됩니다. 이처럼 복잡해진 컴포넌트는 더 작은 단위의 책임을 가진 여러 컴포넌트로 분리할 필요가 있습니다.

11.1.2 복합 컴포넌트 애플리케이션

단일 컴포넌트를 여러 개로 분할하면 각 컴포넌트의 기능 구현에 집중할 수 있다는 장점이 있습니다. 이렇게 분할하면 HTML 결과에 어떤 영향을 미치는지 살펴보겠습니다.

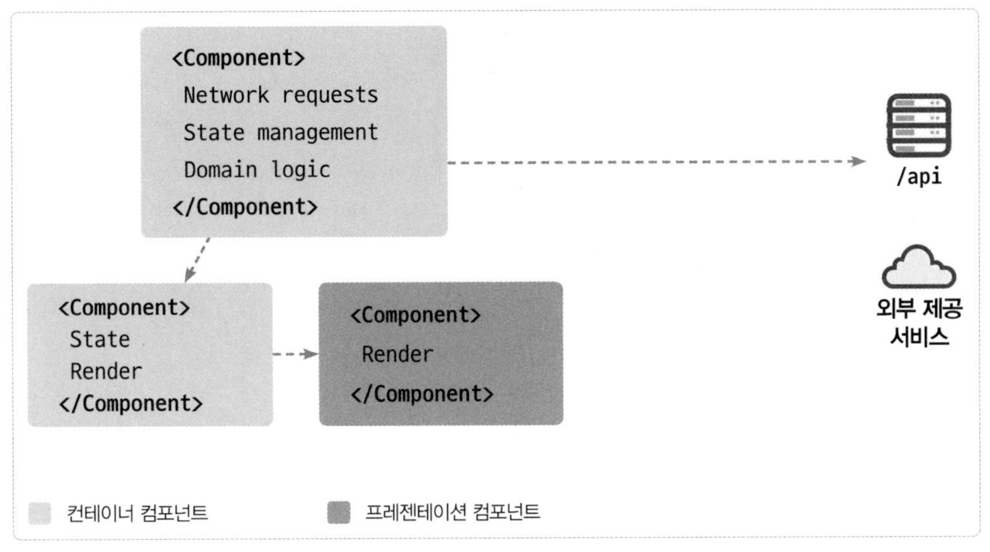

그림 11.2 복합 컴포넌트 애플리케이션

단일 컴포넌트를 복합 컴포넌트로 변경하면 컴포넌트마다 역할이 나뉘게 됩니다. 예를 들어 하나의 컴포넌트는 목록의 렌더링을 맡게 되고, 다른 컴포넌트는 개별 목록 요소를 렌더링하며, 또 다른 컴포넌트는 데이터를 가져와서 자식 컴포넌트에 전달합니다.

컴포넌트의 역할이 분명해진 것은 좋지만, 애플리케이션이 커질수록 역할이 뷰 계층을 넘어 확장됩니다. 네트워크 요청을 보내거나 뷰에서 사용할 수 있는 형태로 데이터를 가공하거나, 서버에 전달할 데이터를 모으는 등의 작업이 추가되기 때문입니다. 또한, 데이터를 가져온 후에 변환하는 로직이 필요할 수도 있습니다. 이러한 로직을 뷰 내부에 가지고 있는 것은 사용자 인터페이스와 직접 관련이 없기 때문에 적절하지 않아 보입니다. 결과적으로 어떤 컴포넌트는 내부 상태가 과도하게 늘어나서 혼란스럽게 됩니다.

11.1.3 훅을 이용한 상태 관리

이러한 로직은 분리하여 다루는 것이 좋습니다. 다행히 리액트에서는 사용자가 직접 훅을 만들
수 있습니다. 훅은 상태가 바뀔 때 상태와 로직을 공유할 수 있는 좋은 방법입니다.

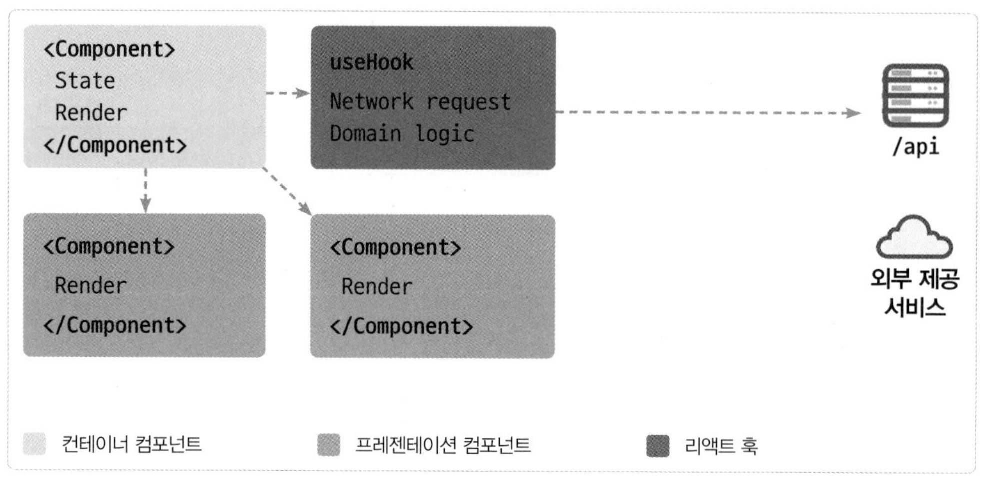

그림 11.3 훅을 이용한 상태 관리

컴포넌트에서 여러 요소를 분리했습니다. 몇 개의 순수 프레젠테이션 컴포넌트와 상태가 있고
컴포넌트로 만들 수 있게 해주는 재사용 가능한 훅, 그리고 데이터 요청 등의 기능을 다루는 컨
테이너 컴포넌트가 있습니다.

이 단계에서는 계산 로직들이 뷰와 훅, 기능 함수 등에 흩어져 있는 것이 일반적입니다. 구조화
가 잘 되지 않으면 이후 코드 변경에 취약하여 오류를 유발할 수 있습니다. 예를 들어 렌더링을
위해 데이터를 가져왔을 때 데이터 구조가 뷰와 다르면 변환이 필요합니다. 하지만 이 변환 로
직이 어디에 위치해야 하는지 명확하지 않습니다.

11.1.4 비즈니스 모델 분리

이렇게 로직들을 별도로 분리하면 여러 장점이 있다는 것을 알 수 있습니다. 분리를 통해 로직의 결합도를 높이고 뷰와 독립하여 구성할 수 있습니다. 또한 몇 가지 뷰 객체로 분리할 수 있습니다.

단순한 객체들을 통해 데이터를 다른 형태로 변환하기 쉬워지고, 비어 있는 값인지 확인하고 필요에 따라 기본값을 추가할 수 있습니다. 도메인 객체가 늘어날수록 상속이나 다형성을 통해 더욱 깔끔하게 만들 수도 있습니다. 따라서 다른 곳에서 유용한 디자인 패턴들을 프런트엔드 애플리케이션에 적용할 수 있습니다.

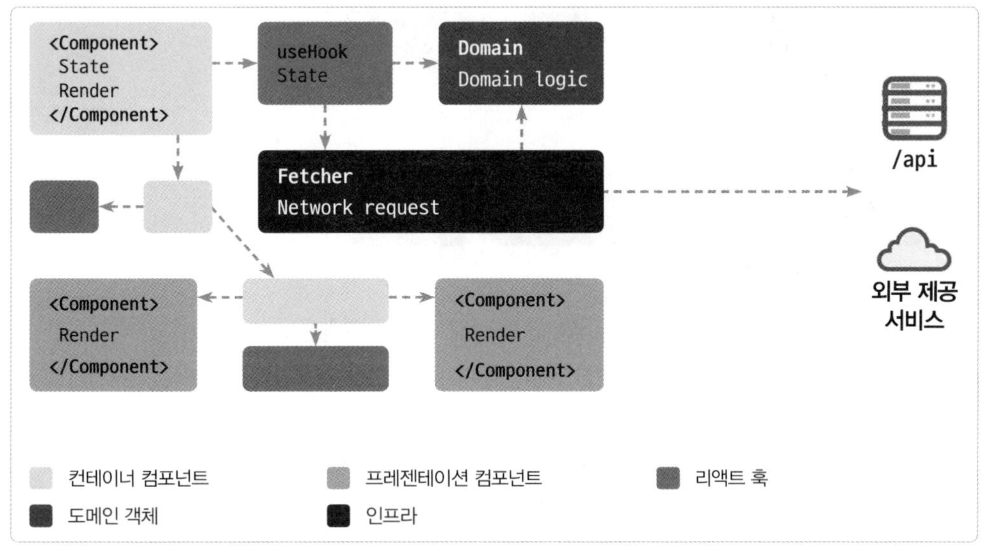

그림 11.4 비즈니스 모델 분리

이제 코드베이스가 여러 요소로 확장되었고 그 역할에 따라 경계가 분명해졌습니다. 상태 관리를 위해 훅을 사용하였으며, 아바타를 표시하는 사용자 객체, 구체적인 결제 방법을 표시하는 PaymentMethod 객체 등을 통해 도메인 개념을 표현하고 있습니다.

여러 요소들을 뷰와 분리하여 코드베이스를 확장할 수 있었습니다. 이제 변화에 효과적으로 대응할 수 있는 애플리케이션 구조로 바꿔 보겠습니다.

11.1.5 계층화된 프런트엔드 애플리케이션

애플리케이션이 커지게 되면, 어떤 특정한 패턴을 찾을 수 있습니다. 사용자 인터페이스와도 관련 없고, 원격 서버, 로컬 스토리지, 캐시 등의 데이터 출처에 영향을 받지 않는 객체 집합을 찾을 수 있습니다. 이러한 객체들을 모아 별도 계층으로 분리할 수 있습니다.

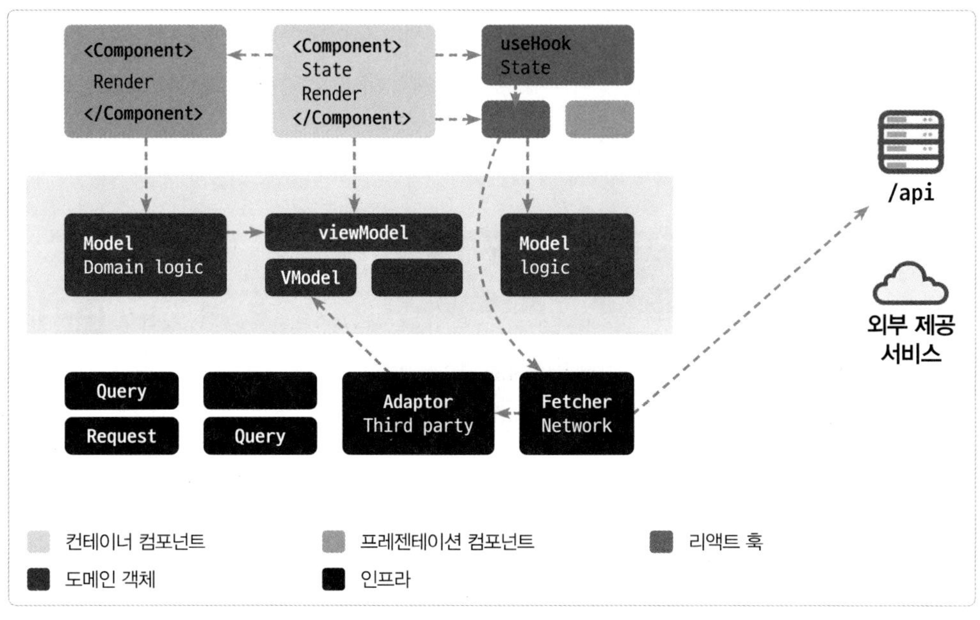

그림 11.5 계층화된 프런트엔드 애플리케이션

[그림 11.5]에서 뷰와 다른 부분들을 물리적으로 격리된 별도의 폴더에 분리했습니다. 만약에 모델을 수정해야 한다면 뷰 폴더를 찾아보지 않아도 되고, 반대로 뷰를 수정할 때도 모델 폴더를 찾아볼 필요가 없습니다.

이것은 애플리케이션 발전 과정에 대한 전반적인 설명이며, 코드를 최소한 어떤 방향으로 구성해야 하는지 정할 필요가 있습니다. 대규모 애플리케이션은 다양한 모듈과 기능들로 구성되어 있으며 각각 애플리케이션의 여러 관심사를 다루도록 만들어져 있습니다. 네트워크 요청을 다루는 모듈, 구글 로그인 API 또는 결제 중계 클라이언트 등과 같이 여러 데이터 공급사들의 인터페이스를 맞춰주는 모듈 등이 있습니다.

그러나 모델을 어떻게 정의하고 뷰나 훅에서 이 모델을 어떻게 접근할 것인지와 같은 구체적으로 고려해야 할 사항들이 있습니다. 이러한 세부 사항들은 애플리케이션에 이론을 적용하기 전에 신중히 고려해야 합니다.

다음 절에서는 7장에서 소개했던 코드 오븐 애플리케이션을 확장하면서 대규모 애플리케이션에 필수적인 패턴과 설계 이론에 대해 설명하겠습니다.

11.2 코드 오븐 애플리케이션 개선하기

7장에서 기본 구조를 탄탄하게 다지기 위해 테스트 주도 개발을 적용하여 코드 오븐이라는 피자 가게 애플리케이션을 개발했습니다.

그림 11.6 코드 오븐 애플리케이션

7장에서는 기능 구현에 대해 자세히 다루지 않았지만, 이번 장에서는 설정을 확장해보겠습니다. 다양한 설계 방식에 따라 복잡도를 관리하는 데 어떤 도움을 주는지 살펴봅니다.

이전에 구현했던 코드는 다음과 같습니다.

```
export function PizzaShopApp() {
  const [cartItems, setCartItems] = useState<string[]>([]);

  const addItem = (item: string) => {
    setCartItems([...cartItems, item]);
  };

  return (
    <>
      <h1>The Code Oven</h1>
      <MenuList onAddMenuItem={addItem} />
      <ShoppingCart cartItems={cartItems} />
    </>
  );
}
```

그리고, 데이터 모양은 다음과 같다고 가정했습니다.

```
const pizzas = [
  "Margherita Pizza",
  "Pepperoni Pizza",
  "Veggie Supreme Pizza"
];
```

이 설정을 통해 소비자는 식당에서 어떤 것을 제공하는지 확인할 수 있지만, 온라인 주문을 할 수 있다면 좀 더 유용할 것입니다. 하지만 현재 온라인 주문에 필수적인 피자 가격 정보와 설명이 없습니다. 특히 피자 영양 정보를 다루는 설명은 반드시 추가되어야 합니다.

다시 보니, 메뉴 데이터를 자바스크립트 코드로 구성하는 것은 적절해 보이지 않습니다. 보통 데이터 호스팅 서비스를 통해 세부 정보를 제공합니다.

세부 정보를 표시하기 위해 *https://tinyurl.com/4zpypmbu* 원격 데이터 호스팅을 통해 데이터를 제공받는다고 가정해보겠습니다.

```
[
  {
    "id": "p1",
    "name": "Margherita Pizza",
    "price": 10.99,
    "description": "Classic pizza with tomato sauce and mozzarella",
    "ingredients": ["Tomato Sauce", "Mozzarella Cheese", "Basil", "Olive Oil"],
    "allergyTags": ["Dairy"],
    "calories": 250,
    "category": "Pizza"
  },
  //...
]
```

애플리케이션과 이 데이터의 차이를 줄이기 위해서 우선 원격 데이터 타입을 다음과 같이 정의합니다.

```
type RemoteMenuItem = {
  id: string;
  name: string;
  price: number;
  description: string;
  ingredients: string[];
  allergyTags: string[];
  category: string;
  calories: number;
};
```

원격 메뉴 데이터를 사용하려면 useEffect를 통해 데이터를 가져오고 이것을 아이템에 표시해야 합니다. MenuList 컴포넌트 내에서 수정하여 이를 표시합니다.

```
const MenuList = ({
  onAddMenuItem,
}: {
```

```tsx
    onAddMenuItem: (item: string) => void;
  }) => {
    const [menuItems, setMenuItems] = useState<string[]>([]);

    useEffect(() => {
      const fetchMenuItems = async () => {
        const result = await fetch('https://tinyurl.com/4zpypmbu');
        const menuItems = await result.json();

        setMenuItems(menuItems.map((item: RemoteMenuItem) => item.name));
      }

      fetchMenuItems();
    }, []);

    return (
      <div data-testid="menu-list">
        <ol>
        {menuItems.map((item) => (
          <li key={item}>
            {item}
            <button onClick={() => onAddMenuItem(item)}>Add</button>
          </li>
        ))}
        </ol>
      </div>
    );
  };
```

여기서 MenuList 컴포넌트는 초기 렌더링 시 외부 API에서 메뉴 아이템 목록을 가져와서 목록을 표시합니다. 각 아이템은 [Add] 버튼이 있고, 이 버튼을 누르면 MenuList의 prop을 매개변수로 전달하여 onAddMenuItem 함수를 호출합니다.

데이터를 가져온 후에 RemoteMenuItem 형식의 데이터를 문자열로 변환하여 테스트를 통과하는지 확인합니다.

이제 데이터에 있는 가격과 영양 정보를 UI 컴포넌트에 표시합니다. 하지만 한번에 모든 데이터를 표시하면, 화면의 많은 영역을 차지할 수 있으므로 처음 3개만을 표시합니다. 그리고 category 속성을 type 속성으로 이름을 변경합니다.

우선 데이터를 구조화할 수 있도록 새로운 타입을 정의합니다.

```typescript
type MenuItem = {
  id: string;
  name: string;
  price: number;
  ingredients: string[];
  type: string;
};
```

`MenuItem` 타입은 아이템의 id, name, price, ingredients와 type 속성을 가지고 있습니다. 이제 `MenuList` 컴포넌트에 새로운 타입을 적용해보겠습니다.

```typescript
const MenuList = ({
  onAddMenuItem,
}: {
  onAddMenuItem: (item: string) => void;
}) => {
  const [menuItems, setMenuItems] = useState<MenuItem[]>([]);

  useEffect(() => {
    const fetchMenuItems = async () => {
      const result = await fetch('https://tinyurl.com/4zpypmbu');
      const menuItems = await result.json();

      setMenuItems(menuItems.map((item: RemoteMenuItem) => {
        return {
          id: item.id,
          name: item.name,
          price: item.price,
          type: item.category.toUpperCase(),
          ingredients: item.ingredients.slice(0, 3),
        };
      })
    );
    }

    fetchMenuItems();
  }, []);

  return (
    <div data-testid="menu-list">
      <ol>
        {menuItems.map((item) => (
```

```jsx
          <li key={item.id}>
            <h3>{item.name}</h3>
            <span>${item.price}</span>
            <div>
              {item.ingredients.map((ingredients) => (
            <span>{ingredient}</span>
              ))}
            </div>
            <button onClick={() => onAddMenuItem(item.name)}>Add</button>
          </li>
        ))}
      </ol>
    </div>
  );
};
```

MenuList 컴포넌트에서 MenuItem 타입을 useState 훅에서 사용할 수 있도록 수정했습니다. useEffect 안에서 API를 호출하는 데 사용하는 fetchMenuItems 함수는 메뉴 아이템을 가져와서 필요한 MenuItem 형식으로 변환합니다. ingredients 배열에서 처음 3개의 아이템만을 남기도록 하는 로직도 포함됩니다.

각 MenuItem 컴포넌트는 이후에 컴포넌트 내에서 목록의 항목으로 렌더링됩니다. 아이템의 이름과 가격 그리고 ingredients 배열을 돌면서 각각의 영양성분을 표시합니다.

이 코드는 잘 동작하지만 몇 가지 확인해야 할 점이 있습니다. 네트워크 요청과 데이터 변환, 렌더링 로직이 하나의 컴포넌트에 엮여 있습니다. 뷰 영역과 관련된 코드와 그렇지 않은 코드를 분리해서 좀 더 깔끔하고 유지하기 쉬운 코드로 만들어야 합니다.

11.2.1 사용자 정의 훅을 통한 MenuList 리팩터링

이제 사용자 정의 훅을 통해 데이터를 가져오는 방법에 익숙해졌을 것입니다. 훅은 가독성을 높이고 로직을 깔끔하게 정리할 수 있는 방법입니다. 이번 시나리오에서는 menuItems 상태와 데이터 요청 로직을 별도의 훅으로 분리하여 MenuList 컴포넌트를 더욱 깔끔하게 만들고자 합니다.

useMenuItems 훅을 만들어 보겠습니다.

```typescript
const useMenuItems = () => {
  const [menuItems, setMenuItems] = useState<MenuItem[]>([]);

  useEffect(() => {
    const fetchMenuItems = async () => {
      const result = await fetch('https://tinyurl.com/4zpypmbu');
      const menuItems = await result.json();

      setMenuItems(
        menuItems.map((item: RemoteMenuItem) => {
          // ... RemoteMenuItem을 MenuItem 형식으로 변환
        })
      );
    };

    fetchMenuItems();
  }, []);

  return { menuItems };
};
```

useMenuItems 훅 안에서 menuItems 상태를 빈 배열로 초기화했습니다. 훅이 마운트되면
fetchMenuItem 함수를 호출하여 별도의 URL에서 데이터를 가져옵니다. 데이터를 가져온 후
변환 작업이 수행되어 RemoteMenuItem 객체를 MenuItem 객체로 변환합니다. 세부적인 변환
작업 내용은 생략했지만, 원격 데이터를 필요한 포맷으로 바꾸는 작업은 여기에서 이루어집니
다. 이후 변환된 메뉴 아이템은 menuItems 상태에 저장됩니다.

이제 MenuItem 컴포넌트에서 useMenuItems를 호출하여 menuItems 배열을 얻으면 됩니다.

```typescript
const MenuList = ({
  onAddMenuItem,
}: {
  onAddMenuItem: (item: string) => void;
}) => {
  const { menuItems } = useMenuItems();
  //...
};
```

MenuList 컴포넌트를 간소화한 상태로 돌려놓아 하나의 책임만을 가질 수 있도록 하므로 이

리팩터링은 꽤 유용합니다. 그런데 useMenuItems 훅을 들여다보면 몇 가지 데이터 변환 작업이 이뤄지고 있음을 알 수 있습니다. 데이터를 가져와서 description과 calories와 같은 불필요한 원격 데이터 필드를 제거합니다. 또한 처음 3개의 영양 정보만을 남기도록 로직이 내부에 구현되어 있습니다. 이러한 변환 로직을 한곳에 모아두어 깔끔하고 관리하기 쉬운 코드로 만들어야 합니다.

11.2.2 클래스 기반의 모델로 변환

8장에서 다룬 ACL(오류 방지 계층) 패턴을 적용하는 것은 데이터를 효율적으로 다룰 수 있는 좋은 전략입니다. 타입스크립트의 클래스를 사용해서 데이터와 로직을 한 곳에 모아 모델로 캡슐화할 수 있습니다. 여기서 중요한 점은 다음과 같이 정의된 MenuItem 타입을 클래스로 바꾸고, 모든 변환 로직을 이곳에 모으는 것입니다. 이 설정은 이후 데이터 형태의 변경이나 관련 로직을 다루는 별도의 허브 역할을 하게 됩니다.

MenuItem을 타입에서 클래스로 바꾸기는 쉽습니다. 생성자constructor에서 RemoteMenuItem을 전달받고 몇 가지 게터getter 함수를 통해 데이터에 접근합니다.

```ts
export class MenuItem {
  private readonly _id: string;
  private readonly _name: string;
  private readonly _type: string;
  private readonly _price: number;
  private readonly _ingredients: string[];

  constructor(item: RemoteMenuItem) {
    this._id = item.id;
    this._name = item.name;
    this._price = item.price;
    this._type = item.category;
    this._ingredients = item.ingredients;
  }

  // ... id, name, price 비공개 멤버 변수를 반환하는 getter 함수

  get type() {
    return this._type.toLowerCase();
  }
}
```

```
  get ingredients() {
    return this._ingredients.slice(0, 3);
  }
}
```

MenuItem 클래스에서 id, name, type, price, ingredients는 private readonly 멤버 변수로 정의했습니다. 생성자는 이 속성들을 RemoteMenuItem 객체로부터 전달받아 초기화합니다. 다음으로 게터 메서드를 통해 읽기 전용 속성에 접근합니다. 특히 ingredients 게터는 ingredients 배열에서 3개의 값만 반환합니다.

얼핏 보기에는 단순한 타입 정의보다 더 많은 코드가 있는 것처럼 보이지만, 데이터를 효과적으로 캡슐화하고 제어된 형태로 노출합니다. 데이터 불변 원칙과 캡슐화 원칙에도 잘 맞습니다. 클래스 구조는 ingredients 배열을 잘라내는 것과 같은 동작을 클래스 안에 깔끔하게 담을 수 있다는 장점이 있습니다.

새로운 클래스를 적용해서 useMenuItems 훅이 간결해집니다.

```
export const useMenuItems = () => {
  //...

  useEffect(() => {
    const fetchMenuItems = async () => {
      //...
      setMenuItems(
        menuItems.map((item: RemoteMenuItem) => {
          return new MenuItem(item);
        })
      );
    };

    fetchMenuItems();
  }, []);

  return { menuItems };
};
```

useMenuItems는 메뉴 아이템을 가져와서 매핑하기만 하면 각 메뉴 항목에 대해 새로운 MenuItem 인스턴스를 생성합니다. 이전에 훅 안에 있던 로직들이 상당히 정리되었습니다.

클래스 기반의 모델의 장점

단순 타입에서 클래스 기반 모델로 바꾸면 다음과 같은 장점들이 있습니다.

- **캡슐화**: 클래스는 관련된 속성과 메서드를 한 곳에 위치하게 하여 깔끔한 구조화가 가능합니다. 그리고 데이터 접근을 제한할 수 있어 제어하기 쉽고, 데이터 무결성을 유지할 수 있습니다.
- **메서드**: 메뉴 아이템과 관련된 복잡한 작업이 있을 때, 클래스가 제공하는 구조를 활용하여 데이터 조작이든 별도의 비즈니스 로직이든 상관없이 메서드를 정의할 수 있습니다.
- **상속과 다형성**: 메뉴 아이템에 상속이나 다형성 개념이 필요할 때 클래스 구조는 필수적입니다. 각각 다른 메뉴 아이템 타입을 공통의 기본 클래스에서 상속받아 필요한 행동을 재정의할 수 있습니다.
- **일관된 인터페이스**: 클래스는 특히 여러 애플리케이션 영역에서 메뉴 아이템을 다룰 때 데이터의 일관된 인터페이스를 보장합니다.
- **읽기 전용 속성**: 클래스는 읽기 전용 속성을 정의할 수 있으므로 데이터 수정을 제한할 수 있습니다. 데이터 무결성을 유지하고 불변 데이터 구조에서 작업하기 위한 필수적인 요소입니다.

이제 애플리케이션의 장바구니 기능으로 넘어가서 이번 절에서 배운 새로운 데이터 모델 예제들을 적용해보겠습니다.

11.3 장바구니 컴포넌트 구현

사용자가 결제하기 전에 담아둔 상품에 대해 확인할 수 있는 인터페이스를 제공하는 것을 목표로 장바구니 컴포넌트를 구현해봅니다. 상품을 표시하는 것뿐만 아니라 할인 정책을 표시하여 사용자에게 혜택 정보를 제공하고자 합니다.

7장에서는 다음과 같이 기본적인 장바구니 컴포넌트를 정의했습니다.

```
export const ShoppingCart = ({ cartItems }: { cartItems: string[] }) => {
  return (
    <div data-testid="shopping-cart">
      <ol>
        {cartItems.map((item) => (
          <li key={item}>{item}</li>
        ))}
      </ol>
```

```
      <button disabled={cartItems.length === 0}>Place My Order</button>
    </div>
  );
};
```

ShoppingCart 컴포넌트는 문자 배열 `cartItems` prop을 전달받고, 순서가 있는 목록 `<ol>`이 포함된 `div` 태그 컨테이너를 반환합니다. `cartItems` 배열의 아이템들은 각각 목록 `<li>` 컴포넌트로 렌더링됩니다. 목록 하단에는 [Place My Order] 버튼이 렌더링되는데, `cartItems` 배열이 비어 있으면 버튼은 비활성화 처리됩니다.

하지만 사용자 경험을 개선하기 위해서 각 아이템의 가격과 전체 금액을 아이템 목록 아래와 [Place My Order] 버튼 사이에 표시해야 합니다. 따라서 다음과 같이 컴포넌트 기능을 보완 해봅니다.

```
export const ShoppingCart = ({ cartItems }: { cartItems: MenuItem[] }) => {
  const totalPrice = cartItems.reduce((acc, item) => (acc += item.price), 0);

  return (
    <div data-testid="shopping-cart" className="shopping-cart">
      <ol>
        {cartItems.map((item) => (
          <li key={item.id}>
            <h3>{item.name}</h3>
            <span>${item.price}</span>
          </li>
        ))}
      </ol>
      <div>Total: ${totalPrice}</div>
      <button disabled={cartItems.length === 0}>Place My Order</button>
    </div>
  );
};
```

ShoppingCart 컴포넌트는 이제 단순한 문자열이 아닌 `MenuItem` 객체 배열로 구성된 `cartItems` prop을 전달받습니다. 장바구니 아이템의 전체 가격을 계산하기 위해 `reduce` 메 서드를 사용합니다. 이 메서드는 각각의 아이템을 순회하면서 가격을 누적하여 더합니다. 이후 에 장바구니에 담긴 아이템 이름과 가격을 표시하는 목록을 JSX 마크업 형태로 반환합니다.

개편된 장바구니 컴포넌트는 사용자가 주문한 내용을 명확하게 확인할 수 있으며, 이어서 논의할 할인 정책을 적용할 수 있는 기반이 되었습니다.

11.3.1 아이템별 할인 적용하기

아이템에 따라 각각 다른 할인 정책이 있다고 가정해봅니다. 예를 들어 피자는 3가지 이상의 토핑을 얹으면 10% 할인을 해주고, 큰 사이즈의 파스타는 15% 할인을 해줍니다.

이를 구현하기 위해서는 우선 `MenuItem` 클래스에 `calculateDiscount` 필드를 추가합니다.

```
export class MenuItem {
  //... 비공개 내부 필드

  constructor(item: RemoteMenuItem) {
    //... 선언문
  }

  get calculateDiscount() {
    return this.type === 'pizza' && this.toppings >= 3 ? this.price * 0.1 : 0;
  }
}
```

여기서 문제가 발생합니다. 파스타에는 토핑이 없으므로 타입 오류가 발생합니다.

문제를 해결하기 위해서는 우선 `IMenuItem` 인터페이스를 분리합니다. 그 다음에 `PizzaMenuItem`과 `PastaMenuItem` 클래스를 분리한 인터페이스에 맞추어 구현합니다.

```
export interface IMenuItem {
  id: string;
  name: string;
  type: string;
  price: number;
  ingredients: string[];

  calculateDiscount(): number;
}
```

다음으로 인터페이스를 구현할 추상 클래스를 정의합니다. `PizzaMenuItem`과 `PastaMenu Item`은 이 추상 클래스를 각각 확장합니다.

```typescript
export abstract class AbstractMenuItem implements IMenuItem {
  private readonly _id: string;
  private readonly _name: string;
  private readonly _price: number;
  private readonly _ingredients: string[];

  protected constructor(item: RemoteMenuItem) {
    this._id = item.id;
    this._name = item.name;
    this._price = item.price;
    this._ingredients = item.ingredients;
  }

  static from(item: IMenuItem): RemoteMenuItem {
    return {
      id: item.id,
      name: item.name,
      price: item.price,
      category: item.type,
      ingredients: item.ingredients,
    };
  }

  //. .. 게터 함수들

  abstract calculateDiscount(): number;
}
```

`AbstractMenuItem` 클래스에 `from` 정적 메서드를 추가했습니다. 이 메서드는 `IMenuItem` 인스턴스를 전달받아 애플리케이션의 필수 필드인 `RemoteMenuItem` 인스턴스를 반환합니다.

`calculateDiscount` 메서드는 추상 메서드로 정의되어 있으며, 자식 클래스에서 실제 할인 계산 로직을 구현해야 합니다.

실제 `calculateDiscount` 로직을 서브 클래스에 구현합니다. `PizzaMenuItem`은 `Abstract MenuItem`을 확장하고 `calculateDiscount`를 구현하기만 하면 됩니다.

```
export class PizzaMenuItem extends AbstractMenuItem {
  private readonly toppings: number;

  constructor(item: RemoteMenuItem, toppings: number) {
    super(item);
    this.toppings = toppings;
  }

  calculateDiscount(): number {
    return this.toppings >= 3 ? this.price * 0.1 : 0;
  }
}
```

`PizzaMenuItem` 클래스는 `AbstractMenuItem`을 확장하고 속성과 메서드를 상속받습니다. `readonly` 내부 속성인 `toppings`는 토핑의 개수를 가지게 됩니다. 생성자는 `RemoteMenu Item`과 `toppings`라는 2개의 인자를 전달받습니다. `AbstractMenuItem`의 생성자를 `super (item)`으로 호출하며, 인자로 전달받은 `toppings`로 `this.toppings`를 초기화합니다.

`calculateDiscount` 메서드는 토핑의 개수가 3개 이상이면 10%를 할인하도록 구현되었습니다. 이 메서드는 추상 클래스 `AbstractMenuItem`의 추상 메서드 `calculateDiscount`를 재정의하였습니다.

마찬가지로 `PastaMenuItem` 클래스를 구현합니다.

```
export class PastaItem extends AbstractMenuItem {
  private readonly servingSize: string;

  constructor(item: RemoteMenuItem, servingSize: string) {
    super(item);
```

```typescript
    this.servingSize = servingSize;
  }

  calculateDiscount(): number {
    return this.servingSize === "large" ? this.price * 0.15 : 0;
  }
}
```

클래스 간의 관계는 [그림 11.7]로 표현할 수 있습니다.

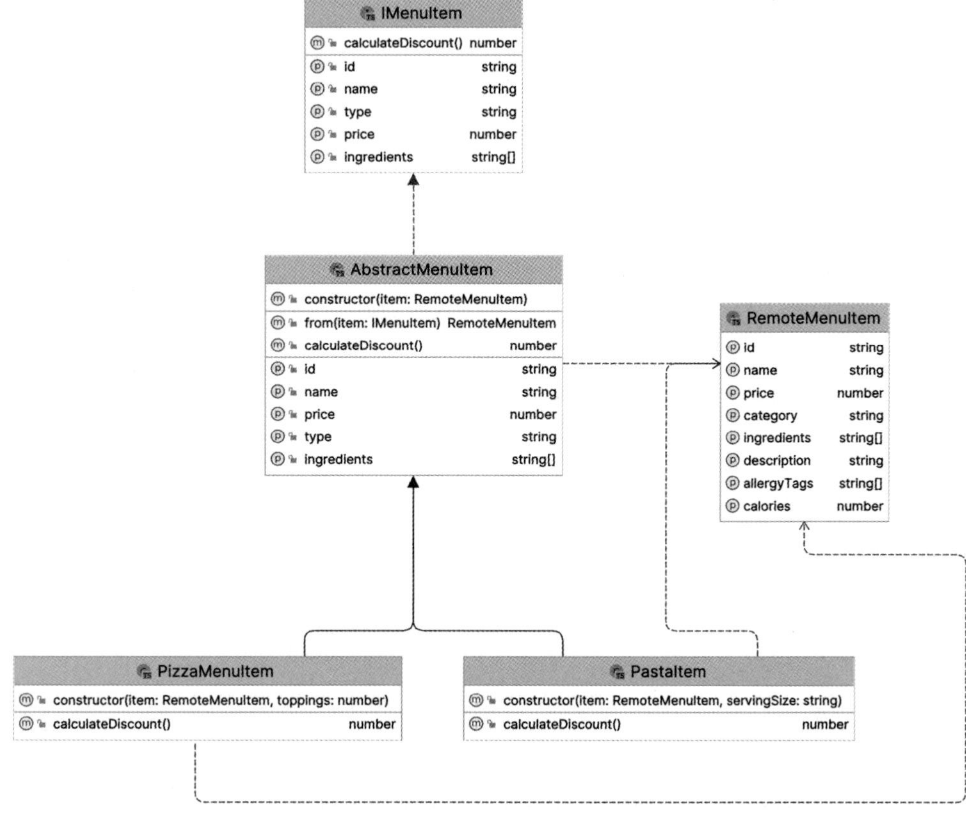

그림 11.7 모델 클래스

AbstractMenuItem 추상 클래스는 IMenuItem 인터페이스를 구현하고 RemoteMenuItem을
사용합니다. PizzaItem과 PastaItem은 AbstractMenuItem을 확장하고 고유의 할인 로직을
구현합니다.

다음으로 MenuList 컴포넌트는 장바구니에 아이템이 담기면 그 종류에 따라 알맞은 인스턴스를 생성합니다.

```
export const MenuList = ({}) => {
  //...
  const [toppings, setToppings] = useState([]);
  const [size, setSize] = useState<string>("small");

  const handleAddMenuItem = (item: IMenuItem) => {
    const remoteItem = AbstractMenuItem.from(item);
    if (item.type === "pizza") {
      onAddMenuItem(new PizzaMenuItem(remoteItem, toppings.length));
    } else if (item.type === "pasta") {
      onAddMenuItem(new PastaItem(remoteItem, size));
    } else {
      onAddMenuItem(item);
    }
  };

  return (
    //...
  );
};
```

handleAddMenuItem 함수는 AbstractMenuItem.form(item) 메서드를 이용하여 IMenuItem 객체 아이템을 RemoteMenuItem 객체 형태로 변환합니다. 이후에 아이템의 타입 속성으로 피자인지 파스타인지를 확인합니다. 피자라면 PizzaMenuItem 인스턴스를 remoteItem과 선택한 토핑의 수를 이용하여 만든 후, 이를 onAddMenuItem 함수를 통해 장바구니에 추가합니다. 피자도 파스타도 아닌 아이템이라면 장바구니에 onAddMenuItem 함수를 통해 곧바로 추가합니다.

마지막으로 ShoppingCart 컴포넌트에서 전체 할인 가격은 전체 가격을 계산한 것과 유사하게 계산하여 렌더링할 때 사용합니다.

```
export const ShoppingCart = ({ cartItems }: { cartItems: IMenuItem[] }) => {
  const totalPrice = cartItems.reduce((acc, item) => (acc += item.price), 0);
  const totalDiscount = cartItems.reduce(
    (acc, item) => (acc += item.calculateDiscount()),
```

```jsx
      0
  );

  return (
    <div data-testid="shopping-cart">
      {/* 목록을 렌더링 */}
      <div>Total Discount: ${totalDiscount}</div>
      <div>Total: ${totalPrice - totalDiscount}</div>
      <button disabled={cartItems.length === 0}>Place My Order</button>
    </div>
  );
};
```

ShoppingCart 컴포넌트는 cartItems 배열을 순회하며 각 아이템의 가격을 더하여 total
Price를 계산합니다. 마찬가지로 totalDiscount는 각 아이템의 할인 가격을 calculate
Discount() 함수를 호출하여 할인값을 더해 계산합니다. 반환되는 JSX는 아이템의 목록과
totalDiscount를 표시하고 totalPrice에서 totalDiscount를 뺀 최종 가격을 목록 하단
에 표시합니다.

기능은 잘 동작하지만, 여기서 고려해야 할 몇 가지 요소가 있습니다. 할인은 각각의 상품에 따
라 다르게 지정되어 있습니다. 예를 들면 피자와 파스타는 서로 다른 자체적인 할인 규칙이 있
습니다. 만약 공휴일일 때 매장 전체에 할인을 적용하고 싶다면 어떻게 해야 할까요?

11.3.2 전략 패턴 알아보기

분주한 금요일 밤에 모든 피자와 음료에 특별 할인을 제공한다고 가정해봅니다. 하지만 이미
할인이 적용된 아이템에 대해서는 추가 할인을 적용하지 않습니다. 예를 들어 토핑이 4개인 피
자는 중복할인 없이 금요일 밤의 특별 할인만 적용하고 싶습니다.

이렇게 여러 가지 할인을 처리하는 것은 꽤 복잡하므로, 아이템의 타입에서 계산 로직을 분리
해야 합니다. 또한 금요일 이후나 특정 기간이 지난 후에는 이러한 할인 혜택을 유연하게 제외
할 수 있어야 합니다.

이러한 유연함을 확보하기 위해 전략 패턴^{Strategy pattern}이라는 디자인 패턴을 고려해 볼 수 있습
니다. 전략 패턴은 코드의 런타임에 필요한 알고리즘 구현을 선택할 수 있는 행동 디자인 패턴

behavioral design pattern입니다. 알고리즘 그룹을 캡슐화하고 서로 갈아 끼우기 쉽게 하여, 사용자가 코드 수정 없이도 적합한 알고리즘을 선택할 수 있도록 합니다.

로직을 별도의 엔티티로 추출하기 위해 다음과 같이 전략 인터페이스를 정의합니다.

```typescript
export interface IDiscountStrategy {
  calculate(price: number): number;
}
```

이 인터페이스는 여러 가지 할인 전략을 위한 설계를 제공합니다. 예를 들어 할인이 없는 전략은 다음과 같이 구현할 수 있습니다.

```typescript
class NoDiscountStrategy implements IDiscountStrategy {
  calculate(price: number): number {
    return 0;
  }
}
```

NoDiscountStrategy 클래스는 IDiscountStrategy 인터페이스를 구현하며, calculate 메서드는 가격을 입력 받아 할인이 적용되지 않음을 뜻하는 0을 반환합니다.

그리고 SpecialDiscountStrategy 컴포넌트는 15%의 특별 할인을 적용하는 전략입니다.

```typescript
class SpecialDiscountStrategy implements IDiscountStrategy {
  calculate(price: number): number {
    return price * 0.15;
  }
}
```

이 전략들을 활용하기 위해 IMenuItem 인터페이스를 수정합니다.

```typescript
export interface IMenuItem {
  // ... 그 외 필드
  discountStrategy: IDiscountStrategy;
}
```

IMenuItem 인터페이스에 IDiscountStrategy 타입의 discountStrategy를 추가하였습

니다. 할인을 계산하는 로직을 전략으로 옮겼기 때문에, `AbstractMenuItem` 추상 클래스의 `calculateDiscount` 추상 메서드는 더이상 필요하지 않습니다. 그리고 클래스가 추상 메서드일 필요가 없기 때문에 `BaseMenuItem` 기본 메서드로 변경합니다. 대신에 할인 전략에 대한 세터setter를 통합하고 실제 할인을 계산합니다.

```
export class BaseMenuItem implements IMenuItem {
  // ... 그 외 필드
  private _discountStrategy: IDiscountStrategy;

  constructor(item: RemoteMenuItem) {
    // ... 그 외 필드
    this._discountStrategy = new NoDiscountStrategy();
  }

  // ... 그 외 게터 함수

  set discountStrategy(strategy: IDiscountStrategy) {
    this._discountStrategy = strategy;
  }

  calculateDiscount() {
    return this._discountStrategy.calculate(this.price);
  }
}
```

`BaseMenuItem` 클래스는 `IMenuItem` 인터페이스를 구현하고 할인 전략을 캡슐화하며, 초깃값으로 `NoDiscountStrategy`를 사용합니다. 정의해 둔 세터를 통해 할인 전략을 업데이트할 수 있으며, `calculateDiscount` 메서드는 할인 전략 안에 정의된 메서드를 통해 아이템 가격을 인자로 전달하여 할인율을 계산합니다.

[그림 11.8]을 보면 클래스들의 관계에 대해 명확히 파악할 수 있을 것입니다.

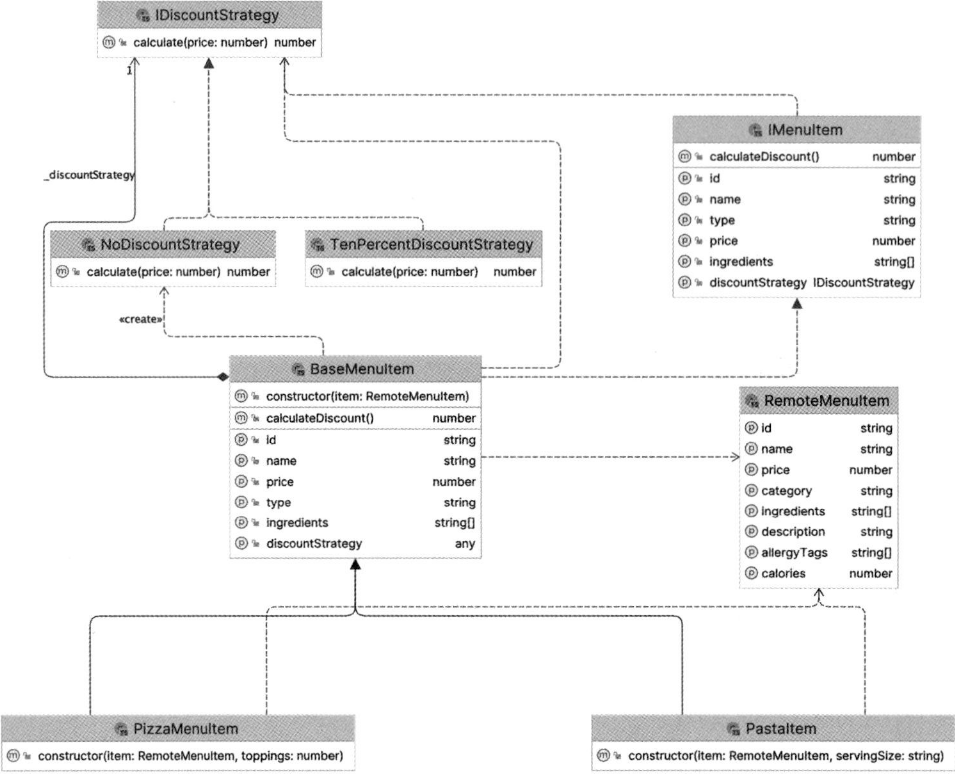

그림 11.8 모든 클래스에 대한 클래스 다이어그램

[그림 11.8]을 보면 BaseMenuItem은 IMenuItem 인터페이스를 구현하고 IDiscountStrate gy를 활용합니다. IDiscountStrategy 인터페이스를 통해 특정 할인 알고리즘을 적용하여 만든 여러 가지 구현체가 있으며, 어떤 클래스는 BaseMenuItem 클래스를 확장합니다.

RemoteMenuItem 타입은 IMenuItem 인터페이스를 구현하는 모든 클래스에서 사용되고 있음 을 주목합니다.

이제 특정 전략에 대한 적용이 필요할 때, 다음과 같이 손쉽게 할 수 있습니다.

```
export const MenuList = ({
  onAddMenuItem,
}: {
  onAddMenuItem: (item: IMenuItem) => void;
}) => {
```

```
  // ...
  const handleAddMenuItem = (item: IMenuItem) => {
    if (isTodayFriday()) {
      item.discountStrategy = new SpecialDiscountStrategy();
    }

    onAddMenuItem(item);
  };
};
```

MenuList 컴포넌트의 handleAddMenuItem 함수에서 오늘이 금요일인지를 isTodayFriday 함수를 통해 확인합니다. 금요일이면 onAddMenuItem 함수를 호출하여 아이템을 추가하기 전에 discountStrategy 속성에 SpecialDiscountStrategy 객체를 생성하여 추가합니다. 이런 방식으로 메뉴 아이템에 금요일 특별 할인을 적용할 수 있습니다.

이 설정을 통해 우리가 원했던 유연함을 확보할 수 있게 되었습니다. 예를 들어 handleAddMenuItem 함수에서 할인 요일이 금요일인지 아이템이 피자인지에 따라 쉽게 할인 전략을 바꿀 수 있습니다.

```
const handleAddMenuItem = (item: IMenuItem) => {
  if (isTodayFriday()) {
    item.discountStrategy = new SpecialDiscountStrategy();
  }

  if (item.type === 'pizza') {
    item.discountStrategy = new PizzaDiscountStrategy();
  }

  onAddMenuItem(item);
};
```

handleAddMenuItem 함수에서 특정 조건에 따른 할인 전략을 onAddMenuItem 함수에 전달하기 이전에 적용할 수 있습니다. 초기에 isTodayFriday()로 오늘이 금요일인지를 확인하고, 맞다면 SpecialDiscountStrategy 인스턴스를 생성하여 item.discountStrategy에 적용합니다. 하지만 아이템의 타입이 pizza라면, 날짜와 상관없이 item.discountStrategy에 PizzaDiscountStrategy 인스턴스를 생성하여 덮어씁니다.

이러한 방식을 통해 할인 로직을 모듈화하고 서로 다른 시나리오에도 최소한의 코드 변경만으로 쉽게 바꿀 수 있습니다. 훅, 데이터 모델, 도메인 로직(할인 전략), 뷰 등의 추가 로직 컴포넌트를 애플리케이션에서 별도로 추출함으로써 계층화된 프런트엔드 애플리케이션으로 진화하게 되었습니다.

11.4 계층 구조 알아보기

여기에서 더 나아가 ShoppingCart에 있는 로직을 사용자 정의 훅으로 다음과 같이 옮겨보겠습니다.

```
export const useShoppingCart = (items: IMenuItem[]) => {
  const totalPrice = useMemo(
    () => items.reduce((acc, item) => (acc += item.price), 0),
    [items]
  );

  const totalDiscount = useMemo(
    () => items.reduce((acc, item) => (acc += item.calculateDiscount()), 0),
    [items]
  );

  return {
    totalPrice,
    totalDiscount,
  };
};
```

useShoppingCart 훅은 IMenuItem 객체 배열을 받아 totalPrice와 totalDiscount 2개의 값을 계산합니다.

- totalPrice는 아이템 배열을 reduce 연산하여 price 속성을 더합니다.
- totalDiscount는 아이템 배열을 reduce 연산하여 item.calculateDiscount() 함수 호출로 얻은 아이템의 할인 가격을 더하여 계산합니다.

두 연산은 모두 useMemo 함수로 감싸 아이템 배열이 바뀔 때에만 다시 계산되도록 하였습니다.

이 수정을 통해 **ShoppingCart**는 깔끔하고 단순해졌고, 값들을 쉽게 활용할 수 있습니다.

```tsx
export const ShoppingCart = ({ cartItems }: { cartItems: IMenuItem[] }) => {
  const { totalPrice, totalDiscount } = useShoppingCart(cartItems);

  return (
    {/* JSX 렌더링 로직 */}
  );
};
```

또 다른 방법은 컨텍스트와 **useReducer** 훅을 사용하여 모든 로직을 컨텍스트와 훅에서 관리하는 것입니다. 이는 8장에서 이미 살펴본 내용이므로 8장과 11장의 예제 코드에 컨텍스트와 **useReducer**를 사용하여 **ShoppingCart**를 단순화해보세요.

11.4.1 애플리케이션 계층 구조

지금까지 컴포넌트와 모델을 별도 파일로 분리하여 정리하는 법을 알아보았습니다. 그런데 프로젝트의 구조를 개선하는 것 역시 중요합니다. 책임이 분명한 기능은 서로 다른 폴더에 위치해야 애플리케이션 탐색을 간결화하고 시간을 아낄 수 있습니다. 이제 다음처럼 애플리케이션은 깔끔한 구조로 정리되었습니다.

```
src
├── App.tsx
├── hooks
│   ├── useMenuItems.ts
│   └── useShoppingCart.ts
├── models
│   ├── BaseMenuItem.ts
│   ├── IMenuItem.ts
│   ├── PastaItem.ts
│   ├── PizzaMenuItem.ts
│   ├── RemoteMenuItem.ts
│   └── strategy
│   │   ├── IDiscountStrategy.ts
```

```
│   ├── NoDiscountStrategy.ts
│   ├── SpecialDiscountStrategy.ts
│   └── TenPercentageDiscountStrategy.ts
└── views
├── MenuList.tsx
└── ShoppingCart.tsx
```

이것이 바로 계층이 형성되는 방식입니다. 뷰 계층에서는 순수 TSX^{Typescript XML} 렌더링을 하는 간단한 태그들이 있습니다. 뷰 계층은 훅을 통해 상태와 부수 효과를 관리합니다. 반면에 모델 계층에서는 모델 객체가 비즈니스 로직, 여러 할인 전략을 전환하기 위한 알고리즘, 데이터 형태 변환 등 다양한 기능을 포함합니다. 이 구조는 관심사를 분리하여 코드를 체계적이고 재사용 가능하며 유지 관리하기 쉽게 만듭니다.

여기서 단방향 연결에 주목해야 합니다. 상위 계층은 하위 계층에 접근할 수 있지만, 그 반대는 불가능합니다. TSX는 훅을 상태 관리를 위해 사용하고 훅은 계산을 위해 모델을 사용합니다. 하지만 JSX나 훅을 모델 계층에서 사용할 수는 없습니다. 이런 계층 기술은 상위 계층에는 영향을 주지 않고 쉽게 기본 계층을 변경할 수 있게 하므로 깨끗하고 유지관리가 쉬운 구조를 만들어 줍니다.

[그림 11.9]에 표시된 것처럼 코드 오븐 애플리케이션의 레이아웃은 왼쪽에 메뉴 항목이 있고 오른쪽에는 장바구니가 있습니다. 장바구니 안에서 각 아이템은 자세한 할인 및 가격 정보가 표시됩니다.

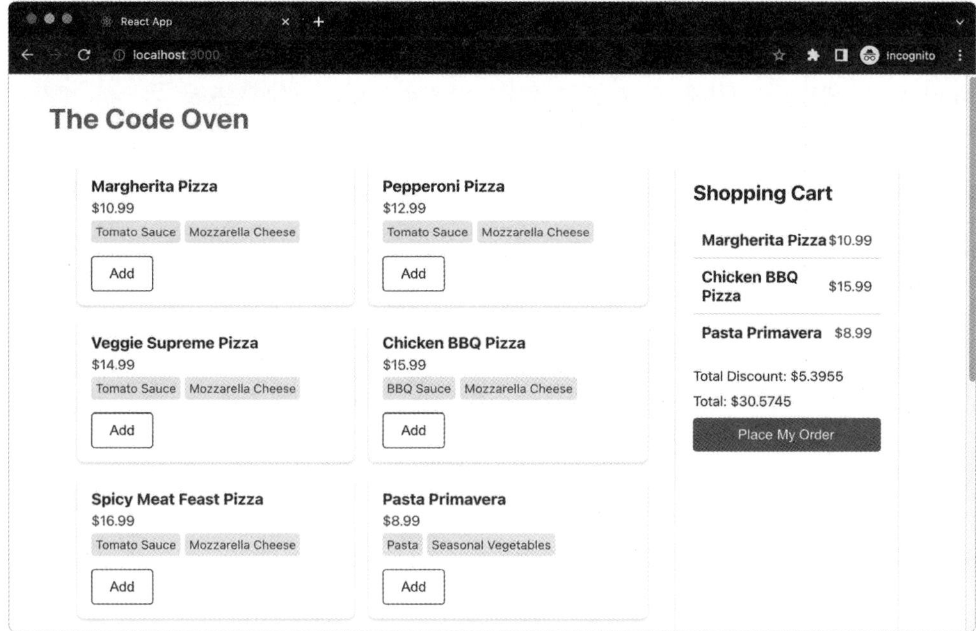

그림 11.9 애플리케이션의 최종 모습

11.4.2 계층 구조의 유리한 점

- **높은 유지보수성**: 컴포넌트를 여러 세그먼트로 나누면 특정 코드 영역의 결함을 쉽게 식별하고 수정할 수 있으므로, 소요 시간을 최소화하고 수정하는 동안 새로운 버그가 발생할 가능성을 줄여줍니다.

- **모듈성 향상**: 이 구조는 모듈화되어 코드 재사용을 촉진하고 새로운 기능을 간단히 추가할 수 있게 합니다. 뷰와 같은 각 계층 안에서도 코드를 더 쉽게 합성할 수 있습니다.

- **가독성 개선**: 코드 안에서 로직을 이해하기 편하고 찾기 쉽습니다. 이는 처음 코드를 작성한 개발자 본인뿐만 아니라 같은 코드베이스에서 작업하는 다른 이들에게도 큰 장점입니다.

- **발전된 확장성**: 모듈 간의 복잡도를 줄여 애플리케이션의 확장성이 향상되고 전체 시스템에 영향을 주지 않으면서도 새로운 기능이나 변경 사항을 쉽게 도입할 수 있습니다. 시간이 지나면서 크고 복잡하게 발전할 것으로 예상되는 애플리케이션 개발에는 매우 중요한 장점입니다.

- **쉬운 기술 스택 이전**: 대부분의 프로젝트는 그럴 가능성이 낮지만, 뷰의 존재를 인식하지 못하는 순수 자바스크립트 (또는 타입스크립트) 코드로 도메인 로직을 캡슐화한 덕분에 기본 모델과 로직을 변경하지 않고 뷰 계층을 교체할 수 있습니다.

이 장에서는 애플리케이션에 계층화된 구조를 구현하여 유지보수성과 모듈성, 가독성, 확장성 및 잠재적인 기술 스택 이전 가능성을 높였습니다. 로직을 분리하고 사용자 정의 훅을 통해 장바구니 컴포넌트를 개선하고 애플리케이션을 별도의 계층으로 구성하면서, 코드의 구조를 개선하고 관리 편의성을 높였습니다. 이 구조적 접근 방식은 현재의 코드베이스를 간소화할 뿐만 아니라 향후 확장 및 개선을 위한 확고한 기반을 마련해줍니다.

다음 장에서는 애플리케이션을 처음부터 구현하는 E2E 프로젝트를 진행해보겠습니다. 사용자 승인 테스트 중심 개발 접근 방식을 적용하고, 지속적인 리팩터링을 통해 코드를 항상 깔끔하게 유지하는 방법을 살펴봅니다.

E2E 프로젝트 구현하기

지금까지 테스팅과 테스트 주도 개발(TDD), 디자인 패턴과 설계 원칙 등 다양한 주제에 대해 다루었습니다. 이러한 개념들은 더욱 탄력성 있고 유지보수하기 쉬운 코드베이스로 나아가는 데 매우 중요합니다. 이제 애플리케이션을 구축하는 과정을 통해 지금까지 배운 내용을 적용하여 E2E 시나리오를 해결해 보고자 합니다.

요구사항을 실행 가능한 태스크로 나눈 후에 테스트 및 구현 방법을 설명할 것입니다. 또한 네트워크 요청을 스텁stub하여 개발 중 원격 시스템에 대한 종속성을 없애는 방법과 기존 기능을 깨뜨리지 않고 리팩터링하는 방법도 살펴봅니다.

이를 위해 실제 날씨 API 서버와 연동하여 날씨 데이터 목록을 표시하는 애플리케이션을 만들어 보겠습니다. 그 과정에서 키보드 상호작용과 같은 접근성 기능을 구현하고, ACL(오류 방지 계층)과 단일 책임 원칙 등에 대해 돌아볼 것입니다.

이번 장에서 가장 중요한 목표는 코드를 유지보수하기 편하고, 읽기 쉽고, 확장하기 쉬운 형태를 유지하면서도 제대로 동작하는 소프트웨어를 만드는 E2E 개발 과정을 경험해보는 것입니다.

이 장에서는 다음 주제를 다룹니다.

- 날씨 애플리케이션에 필요한 요구사항 확인
- 초기 승인 테스트 작성
- 도시 검색 기능 구현

- ACL(오류 방지 계층) 구현

- 즐겨찾기 추가 기능 구현

- 애플리케이션 재실행 시 이전 날씨 데이터 불러오기

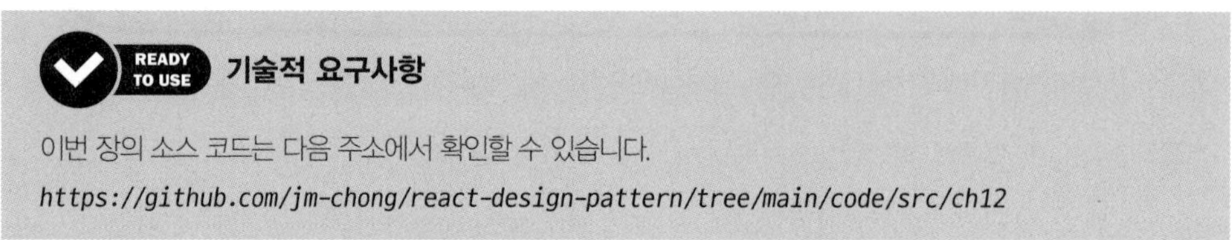

OpenWeatherMap API 키 만들기

OpenWeatherMap을 사용하려면 *https://openweathermap.org*에 계정을 생성해야 합니다. 사용 방식에 따라 다양한 플랜을 제공하지만 무료 플랜이면 충분합니다. [그림 12.1]과 같이 계정 등록 후에 [My API Keys]에서 API 키를 확인합니다.

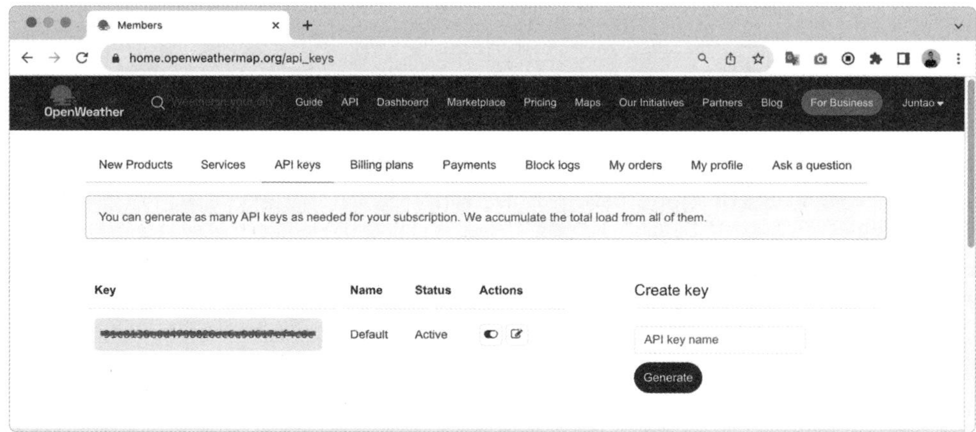

그림 12.1 OpenWeatherMap API 키

날씨 API를 호출하여 데이터를 가져올 때 이 키를 사용하므로, 이 키의 사본을 잘 보관해 두어야 합니다.

프로젝트 코드베이스 준비하기

이 책을 따라 프로젝트를 시작해 보고 싶다면 그 전에 몇 가지 패키지들을 설치해야 합니다. 최종 결과물만 확인하고 싶다면 앞서 언급한 깃허브 저장소에서 볼 수 있습니다. 다만, 진행 과정을 함께 따라 해보며 최종 상태로 어떻게 진화하는지 직접 확인해 보는 것을 추천합니다.

첫 시작으로 새로운 리액트 애플리케이션을 다음 명령어를 통해 생성합니다.

```
npx create-vite weather-app --template react-ts
cd weather-app
yarn add cypress jest-fetch-mock -D
yarn install
```

이 명령어들은 새로운 리액트 프로젝트를 타입스크립트와 Cypress로 구성합니다.

- `npx create-vite weather-app --template react-ts`: vite를 사용하여 weather-app이라는 이름의 새 리액트–타입스크립트 프로젝트를 생성합니다.
- `yarn add cypress jest-fetch-mock -D`: 이 명령어는 Cypress 테스트 프레임워크를 프로젝트의 개발 의존성으로 설치하며, `jest-fetch-mock`은 Jest에서 `fetch` 함수를 모킹합니다. `-D` 플래그는 개발 단계에서만 필요한 의존성으로 설치하며, 실제 배포되는 버전의 애플리케이션에서는 필요하지 않음을 의미합니다.
- `yarn install`: 이 명령어는 프로젝트의 `package.json` 파일에 나열된 모든 의존성을 설치하여 필요한 라이브러리와 도구들을 준비합니다.

마지막으로 템플릿 애플리케이션은 다음 명령어로 실행할 수 있습니다.

```
yarn dev --port 3000
```

이 명령은 애플리케이션을 3000 포트에 실행합니다. 3000 포트에 실행 중인 애플리케이션을 열어둔 채로 다른 터미널 창을 열어 테스트를 실행할 수 있습니다.

12.1 날씨 애플리케이션에 필요한 요구사항 확인

날씨 애플리케이션은 다음과 같은 기능을 갖춘 완전한 기능의 플랫폼으로 설계되었습니다.

- 고향이나 현재 거주지 또는 방문할 여행지 등 사용자가 관심 있는 도시들을 검색할 수 있습니다.

- 사용자가 도시들을 즐겨찾기 목록에 추가할 수 있고, 추가된 목록은 로컬에 유지되어 또 다시 페이지를 방문할 때 쉽게 접근할 수 있습니다.

- 사용자의 목록에 여러 도시를 추가할 수 있습니다.

- 사이트는 키보드를 통해 완전히 탐색할 수 있게 하여 모든 사용자가 쉽게 접근할 수 있습니다.

결과물은 [그림 12.2]와 같은 모습일 것입니다.

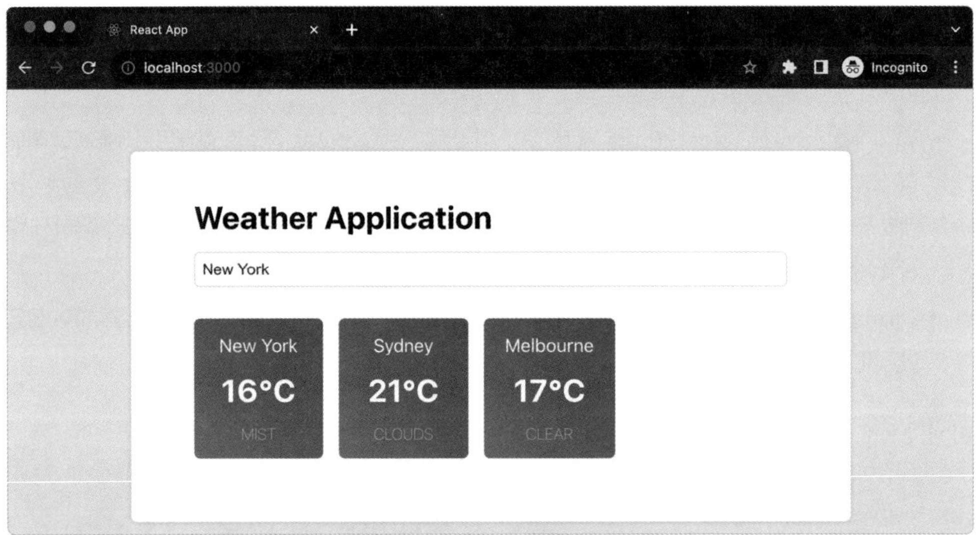

그림 12.2 날씨 애플리케이션

크게 복잡하지 않은 애플리케이션이지만, 몇몇 눈길을 끄는 부분들이 있습니다. 예를 들면 UI 애플리케이션에 TDD를 적용하거나, 훅을 테스트하고, 사용자 승인 테스트와 하위 수준의 테스트를 언제 사용할지 결정하는 등 다양한 고려 사항이 있습니다.

애플리케이션이 E2E 방식으로 동작하는지 확인하기 위해 초기 승인 테스트를 시작합니다. 단순하게 단일 텍스트 요소가 표시되는지를 확인하는 정도입니다.

12.2 초기 승인 테스트 작성

7장에서 승인 테스트부터 시작하는 개발 개념에 대해 다뤘습니다. 이는 개발자의 관점이 아닌 최종 사용자의 관점에서 접근하는 방식입니다. 기본적으로 이 테스트의 목표는 함수의 호출이나 클래스 초기화 같은 기술적인 부분보다는 사용자가 인지하고 상호작용하는 웹페이지의 여러 측면에 대해 확인하는 것입니다.

앞의 프로젝트 코드베이스 준비하기 절에서 생성한 weather-app 폴더 안에 cypress/e2e/weather.spec.cy.ts 파일을 생성합니다.

```
describe('weather application', () => {
  it('displays the application title', () => {
    cy.visit('http://localhost:3000/');
    cy.contains('Weather Application');
  });
});
```

여기에서 테스트 절차의 이름을 weather application으로 하고, Cypress 테스트 프레임워크의 describe 함수를 사용했습니다. 이 테스트는 *http://localhost:3000/* 로컬 개발 서버에 cy.visit을 통해 접근하고, 페이지에 cy.contains를 사용해 페이지가 Weather Application를 포함하고 있는지 확인합니다. 페이지에서 Weather Application을 찾으면 테스트를 통과하고, 찾지 못하면 실패합니다.

npx cypress open을 통해 테스트를 실행하면 애플리케이션을 아직 수정하지 않았으므로, 예상대로 콘솔에 오류가 표시됩니다.

```
1) weather application
    displays the application title:
  AssertionError: Timed out retrying after 4000ms: Expected to find
    content: 'Weather Application' but never did.
    at Context.eval (webpack://tdd-weather/./cypress/e2e/weather.
      spec.cy.ts:4:7)
```

이 오류는 Cypress에서 지정한 기본 시간 4초 안에 Weather Application 텍스트를 찾지 못해서 발생하였습니다. 문제를 해결하려면 App.tsx에 이 텍스트가 포함되도록 조정해야 합니다.

create-react-app으로 만든 App.tsx에 현재 들어 있는 내용을 제거하고, h1 태그를 넣어
텍스트를 표시할 것입니다.

```tsx
import React from 'react';

function App() {
  return (
    <div className="App">
      <h1>Weather Application</h1>
    </div>
  );
}
```

이 코드는 div 요소와 h1 요소 안에 Weather Application 텍스트를 포함한 리액트 함수 컴
포넌트 App을 정의합니다. 헤더를 정의한 후에 Cypress 테스트를 통과합니다.

이제 도시 이름을 검색하는 기능을 구현해보겠습니다.

12.3 도시 검색 기능 구현

첫 번째 기능인 도시 검색 기능을 개발해봅니다. 사용자는 검색 상자에 도시 이름을 입력하여
원격 서버로 요청을 보낼 수 있습니다. 데이터를 수신 받은 후에 사용자가 선택할 수 있는 목록
으로 표시합니다. 이번 장에서는 OpenWeatherMap API를 사용하여 도시 검색과 날씨 정보
를 가져오려고 합니다.

12.3.1 OpenWeatherMap API 소개

OpenWeatherMap은 날씨 데이터를 API로 제공하는 서비스입니다. 전 세계의 과거와 현재
날씨 정보 및 예보에 접근할 수 있습니다. 앱 또는 웹사이트에 날씨 정보를 실시간으로 업데이
트하기 좋습니다.

여기에서 만들 날씨 애플리케이션에는 이름으로 도시를 검색하는 API와 실시간 날씨 정보를
가져오는 API를 사용할 것입니다. API 사용을 위해서는 **기술적 요구사항**에서 설명한 방법으로

발급받은 API 키가 필요합니다.

브라우저 또는 curl, http(*https://httpie.io*)와 같은 커맨드라인 도구를 사용하여 Open WeatherMap으로 테스트 요청을 보낼 수 있습니다.

```
http https://api.openweathermap.org/geo/1.0/direct?q="Melbourne"&limit=5&appid=<yo
ur-app-key>
```

이 명령은 http 명령어를 사용하여 OpenWeatherMap API의 지오코딩[1] 엔드포인트geocoding endpoint(geo/1.0/direct)로 HTTP 요청을 보내서 Melborune 이름을 가진 도시 중 5개의 결과만을 가져옵니다. URL 뒤에 매개변수로 따라오는 appid에는 발급받은 OpenWeatherMap API 키를 입력하여 인증된 요청을 보냅니다.

이렇게 이 명령을 통해 Melbourne이라는 도시 이름으로 기본적인 지오코딩 정보를 가져오며, 나중에 이 결괏값을 가지고 해당 위치의 날씨 데이터를 가져옵니다. 다음과 같은 JSON 형태의 데이터를 얻게 됩니다.

```json
[
  {
        "country": "AU",
        "lat": -37.8142176,
        "local_names": {},
        "lon": 144.9631608,
        "name": "Melbourne",
        "state": "Victoria"
  },
  {
        "country": "US",
        "lat": 28.106471,
        "local_names": {
        },
        "lon": -80.6371513,
        "name": "Melbourne",
        "state": "Florida"
  }
]
```

---

1 지오코딩(geocoding)은 주소, 산, 호수 이름과 같은 고유명칭을 위도와 경도 좌표로 변환하는 것을 의미합니다. 출처: 위키피디아
   https://url.kr/d8hb7l

OpenWeatherMap 무료 플랜은 분당 60번, 한 달에 100만 번의 요청 수 제한이 있으므로 주의해야 합니다. 요청 수가 많아 보이지만, 실제 개발하면서 테스트와 디버깅을 수행하다 보면 금세 사용하게 됩니다. 요청이 차단되지 않기 위해, 실제 서버에게 요청을 보내지 않고 요청을 대신하여stub[2] 미리 정의한 값을 반환합니다. 스텁stub에 대해서는 5장을 참조하세요.

결과 데이터를 cypress/fixtures/search-result.json에 저장합니다.

12.3.2 검색 결과를 대신 처리

파일이 제 자리에 있으므로 이제 도시명 검색 기능에 대한 테스트 코드를 작성합니다. OpenWeatherMap으로 실제 데이터 요청을 보내지 않고, 네트워크 요청을 중간에 가로채서 이전에 만들어 둔 fixtures/search-result.json 파일의 내용을 반환합니다.

```
import searchResults from '../fixtures/search-result.json';

describe('weather application', () => {
  //...

  it('searches for a city', () => {
    cy.intercept("GET", "https://api.openweathermap.org/geo/1.0/direct?q=*", {
      statusCode: 200,
      body: searchResults,
    });

    cy.visit('http://localhost:3000/');

    cy.get('[data-testid="search-input"]').type('Melbourne');
    cy.get('[data-testid="search-input"]').type('{enter}');

    cy.get('[data-testid="search-results"] .search-result')
      .should('have.length', 5);
  });
});
```

---

2 다른 프로그래밍 기능을 대신하는 코드입니다. 스텁은 기존 코드(예를 들어 원격 머신의 프로시저)를 시뮬레이션하거나 아직 개발되지 않은 코드를 임시로 대치하는 역할을 수행합니다. 출처: *https://ko.wikipedia.org/wiki/메서드_스텁*

`'searches for a city'`라고 명명한 테스트 케이스는 다음을 수행합니다.

1. 먼저 OpenWeatherMap API로 가는 도시 검색 GET 요청을 가로채는 환경을 구성합니다. 조건과 일치하는 네트워크 요청이 있을 때, 미리 정의해둔 searchResults 파일 내용과 200 코드로 응답하여 API 응답을 모방합니다.

2. 이후에 `http://localhost:3000/`에서 동작하고 있는 애플리케이션으로 이동합니다.

3. 다음으로 search-input 입력 필드에 data-testid 값으로 접근하여 사용자가 Melbourne 텍스트를 입력하고 엔터 키를 누르는 것처럼 모방합니다.

4. 마지막으로 "search-results"의 data-testid 값을 가진 컨테이너에 접근하여 search-result 클래스를 가진 요소가 정확히 5개가 있는지 확인합니다. 이 검색 결과는 모방한 API 요청으로부터 받은 것입니다. 이를 통해 애플리케이션이 검색 결과를 올바르게 표시하는지를 검증합니다.

지금은 TDD에서 테스트가 실패하는 레드 단계에 있습니다. **App.tsx** 애플리케이션 코드를 수정하여 테스트를 통과하도록 합니다.

```tsx
function App() {
  const [query, setQuery] = useState<string>("");
  const [searchResults, setSearchResults] = useState<any[]>([]);

  const handleKeyDown = (e: KeyboardEvent<HTMLInputElement>) => {
    if (e.key === "Enter") {
      fetchCities();
    }
  };

  const handleChange = (e: ChangeEvent<HTMLInputElement>) => {
    setQuery(e.target.value);
  };

  const fetchCities = () => {
    fetch(
      `https://api.openweathermap.org/geo/1.0/direct?q=${query}&limit=
      5&appid=<app-key>`
    )
      .then((r) => r.json())
      .then((cities) => {
        setSearchResults(
          cities.map((city: any) => ({
            name: city.name,
```

```
      }))
    );
  });
};

return (
  <div className="app">
  <h1>Weather Application</h1>

  <div className="search-bar">
    <input
      type="text"
      data-testid="search-input"
      onKeyDown={handleKeyDown}
      onChange={handleChange}
      placeholder="Enter city name (e.g. Melbourne, New York)"
    />
  </div>

  <div className="search-results-popup">
    {searchResults.length > 0 && (
      <ul data-testid="search-results">
        {searchResults.map((city, index) => (
          <li key={index} className="search-result">
            {city.name}
          </li>
        ))}
      </ul>
    )}
  </div>
  </div>
);
}
```

App 함수에 간단한 날씨 리액트 애플리케이션을 구성했습니다. query와 searchResults 상태를 초기화하여 사용자 입력을 처리하고 검색 결과를 표시합니다. handleKeyDown과 handleChange 이벤트 핸들러를 통해 검색 쿼리를 업데이트하고 사용자가 엔터 키를 누를 때 도시를 검색할 수 있습니다. fetchCities 함수는 OpenWeatherMap API로 요청을 보내고, 일치하는 도시 이름의 데이터를 가져와서 searchResults를 업데이트합니다.

TSX 부분에서 사용자가 도시 이름을 입력할 수 있도록 입력 필드를 제공하며, 검색 결과가 있으면 표시합니다.

코드 변경을 통해 테스트를 통과하고 있으니, 브라우저를 실행하여 애플리케이션을 열어봅니다. [그림 12.3]에서 보듯이, 검색하면 도시 목록이 드롭다운으로 표시되도록 구현했습니다.

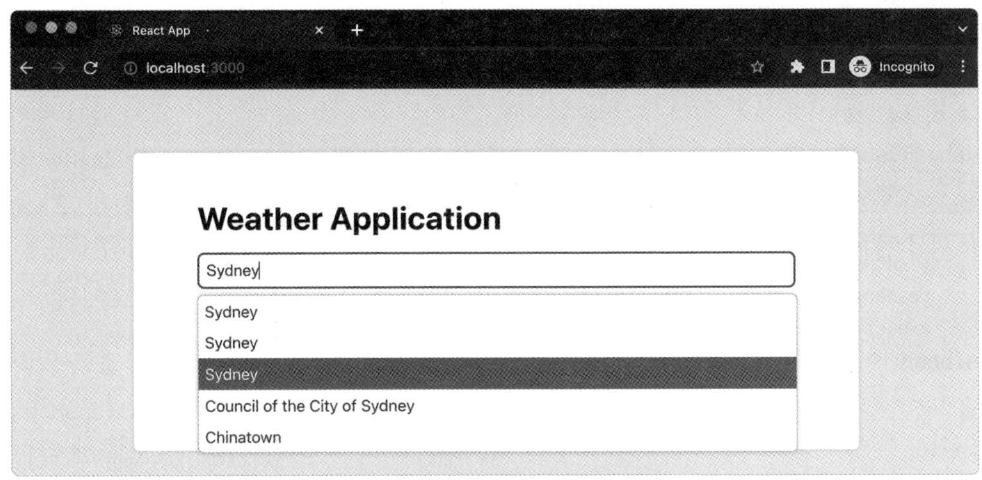

그림 12.3 검색 결과 드롭다운 목록

⚠️ 시각적인 요소를 위해 CSS를 몇 가지 사용하였지만, 이번 장의 핵심 내용에 집중할 수 있도록 예제 코드에는 CSS를 포함하지 않았습니다. CSS 요소를 포함한 자세한 내용은 **기술적 요구사항**에 언급된 리포지터리에서 확인할 수 있습니다.

12.3.3 검색 결과 목록 개선하기

도시 이름을 검색 쿼리로 사용하다 보면, 일치하는 검색 결과가 여러 개 표시되는 경우가 있습니다. 결과를 세분화하려면 각 항목에 주 또는 국가 이름, 좌표 정보 등을 추가해야 합니다. 그래야 명확한 결과를 보여줄 수 있습니다.

TDD 방법론에 따라 테스트 코드 작성부터 시작합니다. Cypress 테스트를 만들 수는 있지만, 이러한 세부 사항을 다루는 것은 단위 테스트와 같은 낮은 수준의 테스트가 더 적합합니다.

Cypress 테스트는 E2E 테스트로 페이지, (요청 가로채기를 포함한) 네트워크 등 모든 부분을 아우르며, 애플리케이션을 리액트 컴포넌트가 아니라 브라우저에 표시된 HTML, CSS, 자바스크립트로만 인식합니다. 이러한 테스트는 메모리 브라우저에서 제한된 영역에 집중해 실행하는 저수준의lower-level 테스트에 비해 수행하는 데 많은 리소스와 시간이 필요하며, 테스트 결과를 인지하기까지의 피드백 루프가 길어집니다.

이를 개선하기 위해 더 가볍고 빠르며 구체적인 테스트 케이스 작성이 가능한 Jest를 사용하도록 하겠습니다.

다음 코드 조각에서 아이템에 도시 이름이 표시되는지 테스트해보겠습니다.

```
it("shows a city name", () => {
  render(<SearchResultItem item={{ name: "Melbourne" }} />);
  expect(screen.getByText("Melbourne")).toBeInTheDocument();
});
```

여기서 리액트 테스팅 라이브러리의 render 메서드로 SearchResultItem 컴포넌트에 city prop을 추가해 호출했습니다. 이후에 Melbourne 텍스트가 문서에서 보인다고 가정했습니다.

이제 SearchResultItem 컴포넌트를 테스트할 준비가 되었습니다. (지금 이 시점에서는 테스트할 수 있는 SearchResultItem 컴포넌트가 없습니다.) 하지만 약간의 리팩터링으로 컴포넌트 추출이 가능합니다. SearchResultItem.tsx 파일을 만들고 다음과 같이 컴포넌트를 정의합니다.

```
export const SearchResultItem = ({ item }: { item: { name: string } })
=> {
  return <li className="search-result">{item.name}</li>;
};
```

이제 이 컴포넌트를 App.tsx에서 사용합니다.

```
function App() {
  //...
  <div className="search-results-popup">
    {searchResults.length > 0 && (
      <ul data-testid="search-results" className="search-results">
```

```jsx
      {searchResults.map((city, index) => (
        <SearchResultItem key={index} item={city} />
      ))}
    </ul>
  )}
</div>;
//...
}
```

위의 코드 부분은 searchResults 목록의 항목을 SearchResultItem으로 매핑하여 각 도시
데이터를 prop으로 전달합니다.

이제 도시 이름뿐만 아니라 주와 국가 이름을 확인하도록 테스트를 확장합니다.

```jsx
it('shows a city name, the state, and the country', () => {
  render(
    <SearchResultItem
      item={{ name: 'Melbourne', state: 'Victoria', country: 'Australia' }}
    />,
  );
  expect(screen.getByText('Melbourne')).toBeInTheDocument();
  expect(screen.getByText('Victoria')).toBeInTheDocument();
  expect(screen.getByText('Australia')).toBeInTheDocument();
});
```

다음으로 새로운 필드를 가져올 수 있도록 SearchResultItem의 타입을 수정하고 전달받은
prop을 렌더링합니다.

```jsx
type SearchResultItemProps = {
  name: string;
  state: string;
  country: string;
};

export const SearchResultItem = ({ item }: { item: SearchResultItemProps }) => {
  return (
    <li className="search-result">
      <span>{item.name}</span>
      <span>{item.state}</span>
      <span>{item.country}</span>
```

```
    </li>
  );
};
```

여기서는 SearchResultItemProps 타입에 city, state, country 등 아이템의 세부 필드들을 정의합니다. SearchResultItem 컴포넌트는 목록에서 이 필드들을 각각의 span 요소 안에 렌더링합니다.

이제 결과 목록에서 사용자가 각 항목을 구분할 수 있도록 더 자세한 정보를 제공합니다.

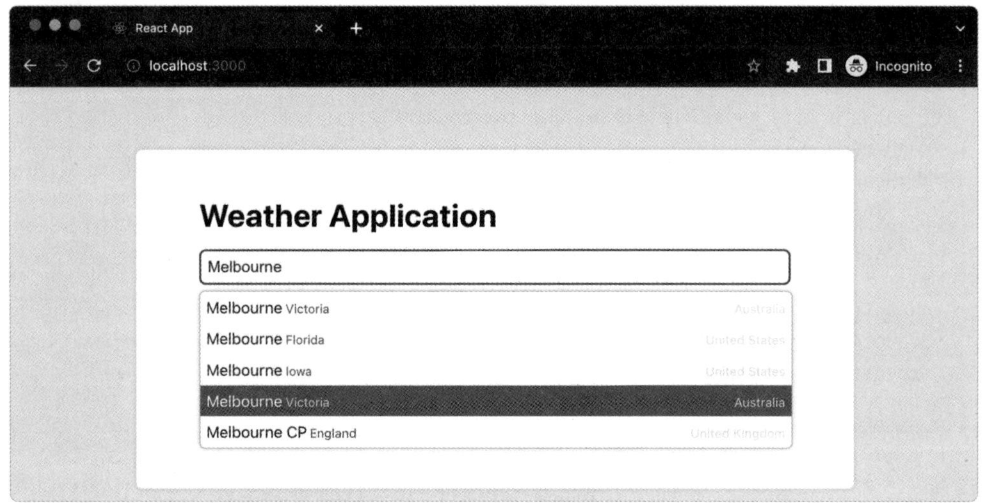

그림 12.4 개선된 도시 드롭다운 목록

지금까지는 기능을 구현하는 데 집중하느라 코드 품질 관리에는 다소 소홀했습니다. 다음 주요 기능으로 넘어가기 전에 코드 품질을 높이는 작업부터 해보겠습니다.

12.4 ACL 구현

애플리케이션 내에서 SearchResultItem 컴포넌트는 그 역할을 잘 수행하고 있습니다. 하지만 우리가 필요로 하는 데이터 형태와 원격 서버로부터 수신하는 데이터 형태가 일치하지 않을 수 있습니다.

서버 데이터 형태를 살펴봅니다.

```
[
  {
    "country":"US",
    "lat":28.106471,
    "local_names":{
      "en":"Melbourne",
      "ja":"メルボーン",
      "ru":"Мельбурн",
      "uk":"Мелборн"
    },
    "lon":-80.6371513,
    "name":"Melbourne",
    "state":"Florida"
  }
]
```

서버 응답은 필요 없는 다수의 요소를 포함하고 있으며, 서버 데이터 형태가 나중에 바뀌더라도 `SearchResultItem` 컴포넌트는 유지해야 합니다.

8장에서 이야기했듯이, ACL을 도입하여 이 문제를 다룰 수 있습니다. ACL을 이용하면 도시와 주의 이름은 곧바로 매핑할 수 있으며, 국가 이름의 경우 UI에서 모호하게 표시되지 않도록 전체 이름을 보여주어야 합니다.

우선 `RemoteSearchResultItem` 타입을 만들어 원격 데이터의 형태를 정의합니다.

```
interface RemoteSearchResultItem {
  name: string;
  state: string;
  country: string;

  lon: number;
  lat: number;

  local_names: {
    [key: string]: string;
  };
}
```

다음으로 SearchResultItemProps 타입을 클래스로 바꿔서 타입스크립트 코드 안에서 초기화할 수 있게 해야 합니다.

```typescript
const countryMap = {
  AU: 'Australia',
  US: 'United States',
  GB: 'United Kingdom',
  //...
};

class SearchResultItemType {
  private readonly _city: string;
  private readonly _state: string;
  private readonly _country: string;

  constructor(item: RemoteSearchResultItem) {
    this._city = item.name;
    this._state = item.state;
    this._country = item.country;
  }

  get city() {
    return this._city;
  }

  get state() {
    return this._state;
  }

  get country() {
    return countryMap[this._country] || this._country;
  }
}
```

이 코드에서는 RemoteSearchResultItem 객체를 constructor에서 전달받아서 속성을 적절히 초기화하는 SearchResultItemType 클래스를 정의합니다. 그리고 이러한 속성에 접근하는 게터 메서드를 제공하고, 국가 속성은 국가 코드를 전체 이름으로 변환해 주는 특별한 핸들러를 제공합니다.

이제 SearchResultItem 컴포넌트는 새롭게 정의한 클래스를 사용합니다.

```
import React from 'react';
import { SearchResultItemType } from './models/SearchResultItemType';

export const SearchResultItem = ({ item }: { item: SearchResultItemType }) => {
  return (
    <li className="search-result">
      <span>{item.city}</span>
      <span>{item.state}</span>
      <span>{item.country}</span>
    </li>
  );
};
```

item.city와 item.stage 게터 함수를 사용하는 코드를 살펴보면, 자바스크립트 객체를 쓰는 것과 동일합니다.

그리고 Jest 테스트에서 변환 로직이 올바르게 동작하는지 검증합니다.

```
it('converts the remote type to local', () => {
  const remote = {
    country: 'US',
    lat: 28.106471,
    local_names: {
      en: 'Melbourne',
      ja: 'メルボーン',
      ru: 'Мельбурн',
      uk: 'Мелборн',
    },
    lon: -80.6371513,
    name: 'Melbourne',
    state: 'Florida',
  };

  const model = new SearchResultItemType(remote);

  expect(model.city).toEqual('Melbourne');
  expect(model.state).toEqual('Florida');
  expect(model.country).toEqual('United States');
});
```

RemoteSearchResultItem 객체를 흉내 내어 SearchResultItemType 인스턴스를 만들고,

변환 로직이 의도한 대로 동작하는지 확인합니다. 각 필드는 올바르게 매핑되는지, 국가 이름은 전체 이름을 노출하는지 검증할 수 있습니다.

테스트가 예상한 대로 동작하면, 새로운 클래스를 애플리케이션 코드에 적용합니다.

```
const fetchCities = () => {
  fetch(
    `https://api.openweathermap.org/geo/1.0/direct?q=${query}&limit=5&
    appid=<api-key>`,
  )
    .then((r) => r.json())
    .then((cities) => {
      setSearchResults(
        cities.map(
          (item: RemoteSearchResultItem) => new SearchResultItemType(item),
        ),
      );
    });
};
```

이 함수는 도시 데이터를 원격 서버에서 가져와서 SearchResultItemType으로 변환한 다음, searchResults 상태를 업데이트합니다.

다양해진 드롭다운 세부 사항 덕분에 사용자는 원하는 도시를 쉽게 찾을 수 있게 되었습니다. 다음으로, 사용자가 도시를 즐겨찾기 목록에 추가할 수 있게 하여 선택한 도시의 날씨 정보를 간편하게 확인할 수 있도록 할 것입니다.

Cypress 기능 테스트는 실수로 기능이 망가지는 것을 방지하기 위한 안전장치입니다. 그리고 새로 통합된 단위 테스트를 통해 원격 데이터와 로컬 데이터 사이에 불일치를 자동으로 감지할 수 있게 됩니다. 이제 다음 기능으로 넘어갈 준비가 완료되었습니다.

12.5 즐겨찾기 추가 기능 구현

날씨 애플리케이션에서는 매우 중요한 기능인 즐겨찾기 목록에 도시 추가 기능을 구현해봅니다. 사용자가 추가된 도시를 확인할 수 있어야 하고, 추가된 후에 드롭다운이 닫히는지 확인해야 합니다.

우선 Cypress 테스트부터 시작합니다.

```javascript
it('adds city to favorite list', () => {
  cy.intercept('GET', 'https://api.openweathermap.org/geo/1.0/direct?q=*', {
    statusCode: 200,
    body: searchResults,
  });
  cy.visit('http://localhost:3000/');

  cy.get('[data-testid="search-input"]').type('Melbourne');
  cy.get('[data-testid="search-input"]').type('{enter}');

  cy.get('[data-testid="search-results"] .search-result').first().click();

  cy.get('[data-testid="favorite-cities"] .city').should('have.length', 1);

  cy.get('[data-testid="favorite-cities"] .city:contains("Melbourne")').should(
    'exist',
  );
  cy.get('[data-testid="favorite-cities"] .city:contains("20°C")').should(
    'exist',
  );
});
```

테스트에서 OpenWeatherMap API에 대한 **GET** 요청을 가로채서 모방하도록 구성한 다음 로컬에서 동작 중인 애플리케이션 페이지를 방문합니다. 여기서부터 사용자가 **Melbourne**을 검색 입력창에 타이핑하고 엔터 키를 누르는 것처럼 모방합니다. 그 후 첫 번째 검색 결과를 클릭하고 즐겨찾기 목록에 추가한 도시를 포함하고 있는지를 확인합니다. 마지막으로 즐겨 찾는 도시 목록에 **Melbourne**과 **20°C**가 표시되는지를 확인합니다.

마지막 두 줄의 코드는 좀 더 설명이 필요합니다.

- `cy.get(selector)`: Cypress 명령어로 `document.querySelector`와 유사하며, 필요한 DOM 요소를 찾아옵니다. 여기서는 특정 텍스트 내용을 포함하는 요소를 선택하는 데 사용됩니다. Cypress는 클래스와 ID 기반의 기본적인 CSS 선택자뿐만 아니라 `.city:contains("Melbourne")`과 같은 복잡한 형태의 선택자도 지원하므로 좀 세밀하게 선택자를 활용할 수 있습니다.

- `.city:contains(text)`: Cypress에서 지원하는 선택자로, 제이쿼리와 유사한 형식입니다. 특정 텍

스트를 포함하는 요소를 선택할 수 있습니다. 이 코드에서는 [data-testid="favorite-cities"]
요소 중에 city 클래스가 있고 Melbourne 또는 20°C 텍스트를 포함하는 것을 찾습니다.

- .should('exist'): 선택한 요소들이 DOM에 존재해야 함을 확인하는 Cypress 명령어입니다. 요소
  가 없다면 테스트는 실패합니다.

이제 도시의 날씨 정보를 가져오기 위한 또 다른 API 엔드포인트가 필요합니다.

```
https://api.openweathermap.org/data/2.5/weather?lat=-
37.8142176&lon=144.9631608&appid=<api-key>&units=metric
```

API는 위도와 경도, 이 2개의 매개변수가 필요합니다.

요청하면 다음과 같은 형태로 현재 날씨 정보를 보내줍니다.

```
{
  //...
  "main": {
    "feels_like": 20.75,
    "humidity": 56,
    "pressure": 1009,
    "temp": 20.00,
    "temp_max": 23.46,
    "temp_min": 18.71
  },
  "name": "Melbourne",
  "timezone": 39600,
  "visibility": 10000,
  "weather": [
    {
      "description": "clear sky",
      "icon": "01d",
      "id": 800,
      "main": "Clear"
    }
  ],
  //...
}
```

응답에는 많은 필드들이 있지만 지금은 몇 가지만 필요합니다. 도시 검색 API에서 한 것처럼,
요청을 가로채서 응답을 Cypress 테스트에 제공합니다.

```
cy.intercept('GET', 'https://api.openweathermap.org/data/2.5/weather*', {
  fixture: 'melbourne.json'
}).as('getWeather')
```

구현으로 넘어가서, `onClick` 이벤트 핸들러를 `SearchResultItem`과 연결해보겠습니다. 아이템을 클릭하면 API 요청이 발생하고, 렌더링을 위해 지정된 목록에 도시가 추가됩니다.

```
export function SearchResultItem({
  item,
  onItemClick,
}: {
  item: SearchResultItemType;
  onItemClick: (item: SearchResultItemType) => void;
}) {
  return (
    <li className="search-result" onClick={() => onItemClick(item)}>
      {/* 아이템 세부 정보를 렌더링하기 위한 JSX */}
    </li>
  );
}
```

이제 애플리케이션 코드와 데이터 fetch 로직을 연결합니다.

```
const onItemClick = (item: SearchResultItemType) => {
  fetch(
    'https://api.openweathermap.org/data/2.5/weather?lat=${item.
latitude}&lon=${item.longitude}&appid=<api-key>&units=metric',
  )
    .then((r) => r.json())
    .then((cityWeather) => {
      setCity({
        name: cityWeather.name,
        degree: cityWeather.main.temp,
      });
    });
};
```

도시 아이템을 클릭하면 `onItemClick` 함수가 호출됩니다. 위도, 경도 정보와 함께 Open WeatherMap API로 네트워크 요청을 보내고, 선택한 도시에 대한 현재 날씨 정보를 가져옵니다. 그 다음, 응답을 JSON 형태로 파싱parsing하고 도시 이름과 기온 정보를 가져온 후에 setCity 함수를 통해 도시 상태를 업데이트합니다. 그러면 컴포넌트를 다시 렌더링하여 선택된 도시 이름과 현재 기온 정보를 표시합니다.

앞의 코드에서 SearchResultItemType 매개변수에 위도와 경도를 포함하도록 확장해야 합니다. 다시 ACL 계층의 SearchResultItemType 클래스로 돌아가서 이 작업을 합니다.

```
class SearchResultItemType {
  //... 이전 코드의 city, state, country
  private readonly _lat: number;
  private readonly _long: number;

  constructor(item: RemoteSearchResultItem) {
    //... 이전 코드의 city, state, country
    this._lat = item.lat;
    this._long = item.lon;
  }

  get latitude() {
    return this._lat;
  }

  get longitude() {
    return this._long;
  }
}
```

이를 통해 SearchResultItemType에 2개의 새로운 필드인 위도와 경도가 추가되어 API 요청에 사용됩니다.

마지막으로 도시 데이터를 성공적으로 검색했으면 이제 렌더링합니다.

```
function App() {
  const [city, setCity] = useState<>();

  const onItemClick = (item: SearchResultItemType) => {
    //...
  };

  return (
```

```jsx
    <>
      <div className="search-results-popup">
        {searchResults.length > 0 && (
          <ul data-testid="search-results">
            {searchResults.map((item, index) => (
              <SearchResultItem
                key={index}
                item={item}
                onItemClick={onItemClick}
              />
            ))}
          </ul>
        )}
      </div>

      <div data-testid="favorite-cities">
        {city && (
          <div className="city">
            <span>{city.name}</span>
            <span>{city.degree}°C</span>
          </div>
        )}
      </div>
    </>
  );
}
```

이 코드 블록에서 onItemClick 함수는 각 SearchResultItem 요소의 onClick 이벤트 핸들러로 연결되었습니다. 도시를 클릭하면 onItemClick 함수가 실행되어, 선택한 도시의 날씨 데이터를 가져옵니다. 데이터를 가져오면 setCity 함수가 도시 상태를 업데이트하여, '즐겨찾는 도시' 영역에 선택한 도시 정보로 다시 렌더링이 이뤄집니다.

모든 테스트를 통과했으므로 구현한 내용이 기대치에 부합한다는 의미입니다. 하지만 다음 개선 사항을 진행하기 전에 리팩터링을 수행해서 코드베이스를 견고하게 유지하고 관리할 수 있도록 합니다.

12.5.1 날씨 데이터 모델링

도시 검색 결과를 모델링한 것과 마찬가지로, 날씨 데이터 또한 모델링이 필요합니다. 구현한 코드와 원격 데이터 형태를 분리하고, 데이터 형태 변환과 실패 시 대응 로직을 한 곳에 집중시켜야 하기 때문입니다.

다음의 순서로 진행합니다.

- 모든 관련된 데이터의 타입을 정의합니다.

- 날씨에 대한 데이터 모델을 만들어 모든 규격화된 로직을 한 곳에 모읍니다.

- 데이터를 사용할 수 없을 경우를 대비한 대체하는 값을 활용합니다.

RemoteCityWeather 원격 데이터 타입부터 시작해보겠습니다.

```
interface RemoteCityWeather {
  name: string;
  main: {
    temp: number;
    humidity: number;
  };
  weather: [
    {
      main: string;
      description: string;
    },
  ];
  wind: {
    deg: number;
    speed: number;
  };
}

export type { RemoteCityWeather };
```

RemoteCityWeather 타입을 정의하여 원격 데이터의 형태를 정의하고 몇몇 사용하지 않는 필드는 제거했습니다.

다음으로, UI 컴포넌트에서 CityWeather 속성으로 사용할 CityWeather 타입을 정의합니다.

```typescript
import { RemoteCityWeather } from './RemoteCityWeather';

export class CityWeather {
  private readonly _name: string;
  private readonly _main: string;
  private readonly _temp: number;

  constructor(weather: RemoteCityWeather) {
    this._name = weather.name;
    this._temp = weather.main.temp;
    this._main = weather.weather[0].main;
  }

  get name() {
    return this._name;
  }

  get degree() {
    return Math.ceil(this._temp);
  }

  get temperature() {
    if (this._temp == null) {
      return '-/-';
    }
    return `${Math.ceil(this._temp)}°C`;
  }

  get main() {
    return this._main.toLowerCase();
  }
}
```

이 코드는 도시 날씨 데이터를 모델링하는 CityWeather 클래스를 정의합니다. RemoteCity
Weather 객체를 생성자의 인자로 전달받아 내부 필드 _name, _temp와 _main을 초기화합니
다. 클래스는 도시의 이름, 문자 형태로 반올림한 온도 텍스트, 소문자로 된 날씨 설명을 제공
하는 게터 메서드를 제공합니다.

온도의 게터 메서드는 _temp가 없으면 -/- 문자를 반환합니다. 그렇지 않으면 Math.ceil
(this._temp)를 사용하여 온도의 최고점을 소수점 자리를 버리고 단위 기호를 붙여 문자 형

태로 반환합니다. 이런 방법으로 _temp가 설정되어 있지 않아 기온 값을 계산하는 로직을 수행할 수 없을 때도 이를 대체하는 -/- 기본값을 제공합니다.

App에서 계산된 로직을 사용할 수 있습니다.

```
const onItemClick = (item: SearchResultItemType) => {
  fetch(
    'https://api.openweathermap.org/data/2.5/weather?
      lat=${item.latitude}&
      lon=${item.longitude}&
      appid=<api-key>&
      units=metric',
  )
    .then((r) => r.json())
    .then((cityWeather: RemoteCityWeather) => {
      setCity(new CityWeather(cityWeather));
      setDropdownOpen(false);
    });
};
```

onItemClick 함수는 도시 아이템을 선택하면 호출됩니다. 위도, 경도 정보를 포함하여 fetch 요청을 OpenWeatherMap API로 보냅니다. 응답을 받으면 JSON 형태로 변환하고 수신 받은 데이터로 새로운 CityWeather 인스턴스를 생성한 후에, 도시 상태를 setCity를 통해 업데이트합니다.

그리고 setDropdownOpen의 상태를 false로 설정하여 드롭다운 메뉴를 닫습니다. 드롭다운 메뉴를 닫지 않으면 Cypress 테스트는 하단의 날씨 정보를 볼 수 없어서 다음의 스크린샷처럼 테스트가 실패하게 됩니다.

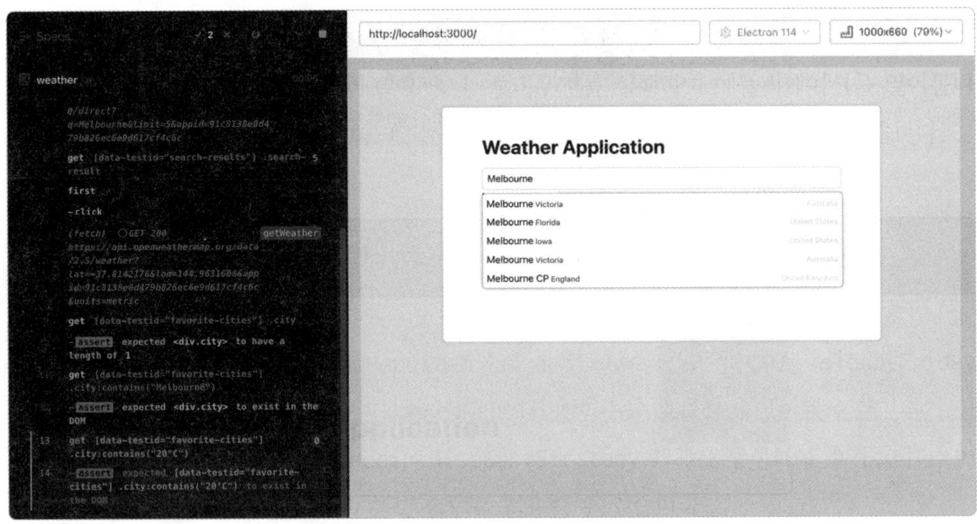

그림 12.5 날씨 정보가 가려져서 실패한 Cypress 테스트

이제 선택한 도시의 세부 정보를 렌더링해야 합니다.

```
<div data-testid="favorite-cities">
  {city && (
    <div className="city">
      <span>{city.name}</span>
      <span>{city.temperature}</span>
    </div>
  )}
</div>
```

도시 상태가 정의되어 있다면, div 요소에 클래스 명을 city로 하여 표시합니다. div 요소 안에 도시 이름과 기온을 city.name, city.temperature 속성을 사용하여 각각 표시합니다.

이제 몇 가지 스타일을 추가하면 다음처럼 표시됩니다.

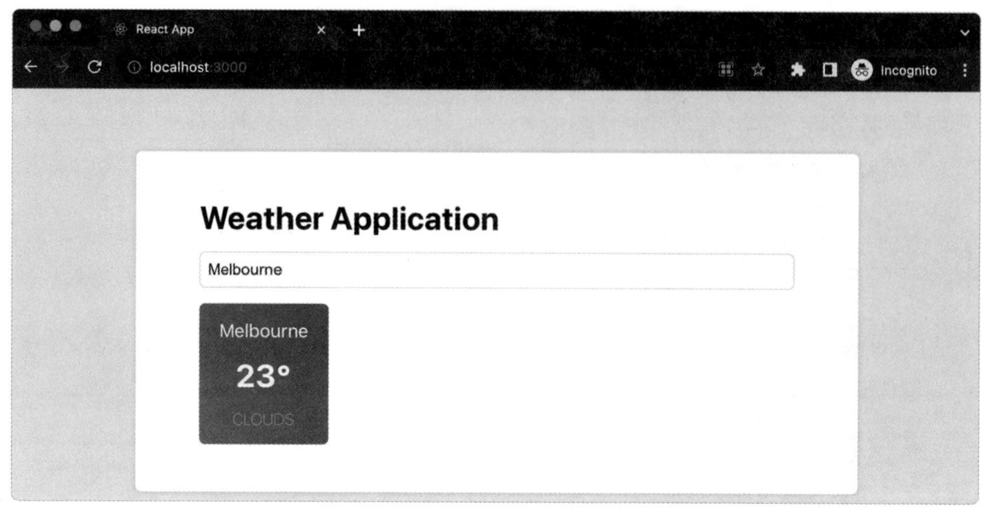

그림 12.6 즐겨찾기 목록에 도시 추가하기

데이터 모델링을 완성하였고, 견고한 ACL을 설정해서 UI를 강화하고 유지보수성 또한 개선했습니다. 그렇지만 최상위의 **App** 컴포넌트를 살펴보면 좀 더 개선해야 할 부분을 발견할 수 있습니다.

12.5.2 현재 구현된 내용 리팩터링하기

현재 **App** 컴포넌트는 가독성이 떨어지고 기능을 추가하기엔 너무 길어졌습니다. 도시 검색 및 날씨에 대한 네트워크 요청을 처리하고, 드롭다운을 열고 닫기 위한 상태를 관리하며, 여러 이벤트까지 다룹니다. 이렇게 많은 기능을 맡고 있다 보니, 단일 책임 원칙이 지켜지지 않습니다. 이를 깔끔하게 정리하기 위한 리팩터링이 필요합니다.

설계 원칙을 더 철저히 준수하기 위한 방법은 UI를 더 작은 컴포넌트로 나누는 것입니다. 또 다른 방법은 상태 관리를 위해 사용자 정의 훅을 활용하는 것입니다. 여기서 대부분의 로직이 도시 검색 드롭다운의 상태를 관리하는 데 집중되어 있으므로, 이 부분을 별도로 분리하는 것이 좋습니다.

모든 도시 검색과 관련된 로직을 사용자 정의 훅으로 분리하는 것부터 시작합니다.

```typescript
const useSearchCity = () => {
  const [query, setQuery] = useState<string>('');
  const [searchResults, setSearchResults] = useState<SearchResultItemType[]>(
    [],
  );
  const [isDropdownOpen, setDropdownOpen] = useState<boolean>(false);

  const fetchCities = () => {
    fetch(
      `https://api.openweathermap.org/geo/1.0/direct?q=${query}&limit=5&appid=<a
pi-key>`,
    )
      .then((r) => r.json())
      .then((cities) => {
        setSearchResults(
          cities.map(
            (item: RemoteSearchResultItem) => new SearchResultItemType(item),
          ),
        );
        openDropdownList();
      });
  };
  const openDropdownList = () => setDropdownOpen(true);
  const closeDropdownList = () => setDropdownOpen(false);

  return {
    fetchCities,
    setQuery,
    searchResults,
    isDropdownOpen,
    openDropdownList,
    closeDropdownList,
  };
};
export { useSearchCity };
```

useSearchCity 훅은 도시 검색 기능을 담당하는데, 요청 질의와 검색 결과, 드롭다운의 열림 상태를 useState를 통해 초기화합니다. fetchCities 함수는 요청 질의에 따라 도시 정보를 네트워크 요청을 통해 가져오고, 응답을 처리하여 SearchResultItemType 인스턴스를 만들고, 검색 결과 상태를 업데이트하며, 드롭다운 목록을 엽니다. openDropdownList와 closeDropdownList 함수는 드롭다운을 열고 닫습니다. 훅은 이러한 함수들을 모은 객체를 반환하며, 이는 useSearchCity 훅을 호출한 컴포넌트에서 사용됩니다.

다음으로, SearchCityInput 컴포넌트를 분리하여 검색 입력과 관련된 모든 작업을 다루게 합니다. 엔터 키를 눌렀을 때 검색을 수행하고, 드롭다운 목록을 열고, 사용자가 아이템을 클릭했을 때 필요한 작업을 맡습니다.

```
export function SearchCityInput({
  onItemClick,
}: {
  onItemClick: (item: SearchResultItemType) => void;
}) {
  const {
    fetchCities,
    setQuery,
    isDropdownOpen,
    closeDropdownList,
    searchResults,
  } = useSearchCity();

  const handleKeyDown = (e: KeyboardEvent<HTMLInputElement>) => {
    if (e.key === 'Enter') {
      fetchCities();
    }
  };

  const handleChange = (e: ChangeEvent<HTMLInputElement>) =>
    setQuery(e.target.value);

  const handleItemClick = (item: SearchResultItemType) => {
    onItemClick(item);
    closeDropdownList();
  };

  return (
    <>
      <div className="search-bar">
        <input
          data-testid="search-input"
          placeholder="Enter city name (e.g. Melbourne, New York)"
          type="text"
          onChange={handleChange}
          onKeyDown={handleKeyDown}
```

```
      />
    </div>
    {isDropdownOpen && (
      // ... 드롭다운 영역 렌더링
    )}
  </>
  );
}
```

SearchCityInput 컴포넌트는 렌더링과 더불어 도시 검색에서의 사용자 입력을 책임지며, useSearchCity 훅을 활용하여 검색 관련된 기능들에 접근합니다.

handleKeyDown과 handleChange 함수는 각각 엔터 키를 누르면 검색을 시작하고 입력값이 바뀌면 쿼리를 업데이트하는 사용자 상호작용을 위해 정의되었습니다. handleItemClick은 검색 결과 아이템을 클릭했을 때 onItemClick을 호출하고 드롭다운 목록을 닫기 위해 정의된 함수입니다.

render 메서드에서는 사용자가 검색 쿼리를 입력할 수 있도록 입력 필드를 제공하고, 드롭다운 목록은 isDropdownOpen 상태에 따라 렌더링 여부가 결정됩니다. 드롭다운이 열려 있고 검색 결과가 있다면 SearchResultItem 컴포넌트 목록이 렌더링 되며, 현재 아이템 데이터와 handleItemClick 함수가 전달됩니다.

도시의 날씨와 관련된 모든 로직은 useFetchCityWeather 훅으로 분리할 수 있습니다.

```
const useFetchCityWeather = () => {
  const [cityWeather, setCityWeather] = useState<CityWeather | undefined>(
    undefined,
  );
  const fetchCityWeather = (item: SearchResultItemType) => {
    fetch(
      `https://api.openweathermap.org/data/2.5/weather?
        lat=${item.latitude}&
        lon=${item.longitude}&
        appid=<api-key>&
        units=metric`,
    )
      .then((r) => r.json())
      .then((cityWeather: RemoteCityWeather) => {
        setCityWeather(new CityWeather(cityWeather));
```

```
      });
    };

    return {
      cityWeather,
      fetchCityWeather,
    };
  };
```

useFetchCityWeather 사용자 정의 혹은 특정 도시의 날씨 데이터를 불러오고 저장하는 역할을 합니다. cityWeather 상태에 날씨 정보를 관리합니다. 혹은 API 요청을 위해 latitude 와 longitude 값을 포함한 SearchResultItemType 객체를 인자로 전달받는 fetchCity Weather 함수를 제공합니다.

응답을 받으면 JSON 데이터를 처리해서 CityWeather 객체를 RemoteCityWeather 데이터를 통해 만들고, cityWeather 상태를 업데이트합니다. 혹은 cityWeather 상태와 fetch CityWeather 함수를 반환하는데, 이는 Weather와 같은 다른 컴포넌트에서도 사용할 수 있습니다.

cityWeather를 전달받아 렌더링하는 Weather 컴포넌트를 분리합니다.

```
function Weather({ cityWeather }: { cityWeather: CityWeather | undefined }) {
  if (cityWeather) {
    return (
      <div className="city">
        <span>{cityWeather.name}</span>
        <span>{cityWeather.degree}°C</span>
      </div>
    );
  }
  return null;
}
```

Weather 컴포넌트는 cityWeather prop을 전달받습니다. cityWeather가 정의되면 컴포넌트는 div 요소를 city 클래스 명으로 렌더링하고, 도시의 이름과 기온을 섭씨온도로 표시합니다. cityWeather가 정의되어 있지 않으면 null을 반환합니다.

분리된 훅과 컴포넌트로 App.tsx는 다음처럼 단순해졌습니다.

```tsx
function App() {
  const { cityWeather, fetchCityWeather } = useFetchCityWeather();

  const onItemClick = (item: SearchResultItemType) => fetchCityWeather(item);

  return (
    <div className="app">
      <h1>Weather Application</h1>

      <SearchCityInput onItemClick={onItemClick} />

      <div data-testid="favorite-cities">
        <Weather cityWeather={cityWeather} />
      </div>
    </div>
  );
}
```

App 함수에서 useFetchCityWeather 훅을 통해 cityWeather와 fetchCityWeather 값을 얻습니다. onItemClick 함수는 SearchResultItemType 타입의 아이템을 인자로 fetchCityWeather를 호출합니다. 렌더링 부분에서는 분리해 둔 컴포넌트와 함수를 간편하게 사용합니다.

프로젝트 폴더를 열어 구조를 살펴보면, 다른 요소들이 각기 다른 모듈로 분리되어 있음을 알 수 있습니다.

```
src
├── App.tsx
├── index.tsx
├── models
│   ├── CityWeather.ts
│   ├── RemoteCityWeather.ts
│   ├── RemoteSearchResultItem.ts
│   ├── SearchResultItemType.test.ts
│   └── SearchResultItemType.ts
├── search
│   ├── SearchCityInput.tsx
│   ├── SearchResultItem.test.tsx
│   ├── SearchResultItem.tsx
```

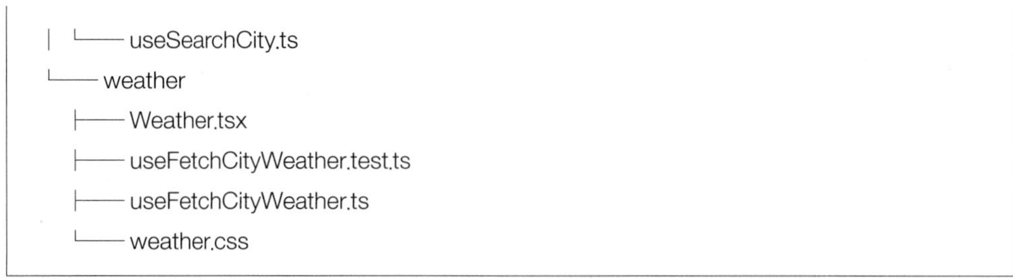

이 모든 작업이 완료되면, 각 모듈은 명확하게 정의된 경계와 책임을 갖게 됩니다. 검색 기능을 더 다듬고자 한다면 SearchCityInput부터 시작하면 되고, 실제 검색 동작에 대해 파악하고 싶다면 useSearchCity 훅을 살펴보면 됩니다. 각 계층은 고유의 추상화와 뚜렷하게 구분된 책임을 가지고 있으므로, 코드가 단순하고 이해와 유지보수가 쉽습니다.

코드가 정리되었고 그 위에 더 많은 기능을 추가할 준비가 되었으므로, 현재 기능 중에 개선이 필요한 부분을 살펴보겠습니다.

12.5.3 즐겨 찾는 도시 목록에 여러 도시 추가하기

현재의 코드를 확장해서 기능 업그레이드를 간단하게 하는 방법에 대한 예제를 살펴봅니다. 사용자는 여러 도시에 관심이 있을 수 있지만, 지금의 기능으로는 하나의 도시만 표시됩니다.

여러 도시를 즐겨찾기 목록에서 보여주려면 useFetchCityWeather 훅을 수정해야 합니다. 도시 목록을 다룰 수 있도록 이 훅을 활성화하려면 App에서 목록을 표시해야 합니다. 도시 검색과 관련된 파일들을 자세히 들춰볼 필요가 없으므로 검색에 소요되는 시간이 절반으로 줄었습니다.

TDD를 수행하기 위해 훅에 대한 테스트부터 작성해보겠습니다.

```
const weatherAPIResponse = JSON.stringify({
  main: {
    temp: 20.0,
  },
  name: 'Melbourne',
  weather: [
    {
      description: 'clear sky',
```

```
      main: 'Clear',
    },
  ],
});

const searchResultItem = new SearchResultItemType({
  country: 'AU',
  lat: -37.8141705,
  lon: 144.9655616,
  name: 'Melbourne',
  state: 'Victoria',
});
```

먼저 테스트를 위한 데이터를 만들어 보겠습니다. weatherAPIResponse와 searchResult Item으로 데이터를 초기화합니다. weatherAPIResponse에는 JSON 문자열 형식의 날씨 API 모의 응답이 포함되어 있고, searchResultItem은 위치 세부 정보가 포함된 SearchResult ItemType의 인스턴스를 가지고 있습니다.

실제 테스트 케이스의 경우, **기술적 요구사항**에서 설치했던 jest-fetch-mock의 fetchMock 을 사용해야 합니다.

```
describe('fetchCityWeather function', () => {
  beforeEach(() => {
    fetchMock.resetMocks();
  });

  it('returns a list of cities', async () => {
    fetchMock.mockResponseOnce(weatherAPIResponse);

    const { result } = renderHook(() => useFetchCityWeather());

    await act(async () => {
      await result.current.fetchCityWeather(searchResultItem);
    });

    await waitFor(() => {
      expect(result.current.cities.length).toEqual(1);
      expect(result.current.cities[0].name).toEqual('Melbourne');
    });
  });
});
```

앞의 코드는 fetchCityWeather 함수에 대한 테스트 스위트를 설정합니다. 각 테스트 전에 모든 모의 페치^{fetch} 호출을 초기화합니다. 테스트 케이스는 함수가 도시 목록을 반환하는지를 확인하는 것이 목표입니다. fetchMock을 이용하여 API 응답을 모킹한 다음에, useFetchCityWeather 사용자 정의 훅을 호출합니다. fetchCityWeather 함수는 act 블록 안에서 호출되어 상태 업데이트를 처리합니다. 마지막으로, 테스트는 반환된 도시 목록에 Melbourne 도시가 포함되어 있다고 간주합니다.

이 설정은 fetchCityWeather 함수를 격리하여 개별적으로 테스트할 수 있게 합니다. 특정 입력이 제공될 때, 그리고 특정 API 응답을 받았을 때 예상한 대로 동작하는지를 확인할 수 있습니다.

또한, useFetchCityWeather 훅을 여러 개의 아이템을 받을 수 있도록 업데이트해야 합니다.

```
const useFetchCityWeather = () => {
  const [cities, setCities] = useState<CityWeather[]>([]);

  const fetchCityWeather = (item: SearchResultItemType) => {
  //... fetch
    .then((cityWeather: RemoteCityWeather) => {
      setCities([new CityWeather(cityWeather), ...cities]);
    });
  };

  return {
    cities,
    fetchCityWeather,
  };
};
```

useFetchCityWeather 훅은 CityWeather 객체의 배열을 cities 상태로 관리합니다. 여전히 OpenWeatherMap API로 요청을 보내며, 응답이 오면 새로운 아이템이 목록의 첫 줄에 추가됩니다. 훅을 호출한 곳에 cities 배열을 반환합니다.

마지막으로 App에서 cities를 순회하며 Weather 컴포넌트를 각각 만듭니다.

```
function App() {
  //...
  const { cities, fetchCityWeather } = useFetchCityWeather();
```

```jsx
  return (
    <div className="app">
      {/* other jsx */}
      <div data-testid="favorite-cities">
        {cities.map((city) => (
          <Weather key={city.name} cityWeather={city} />
        ))}
      </div>
    </div>
  );
}
```

cities 배열을 순회하면서 각각의 CityWeather 객체를 통해 Weather 컴포넌트를 렌더링합니다. Weather 컴포넌트의 키 prop은 도시 이름으로 설정하였고, cityWeather prop은 각 도시의 날씨 정보를 담고 있는 CityWeather 객체 자체로 설정했습니다.

이제 다음과 같은 UI를 확인할 수 있습니다.

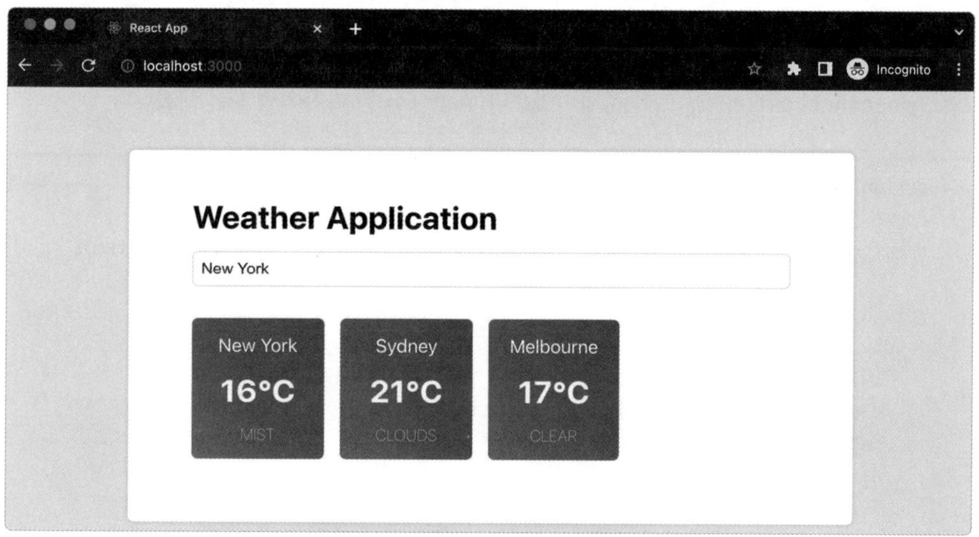

그림 12.7 즐겨찾기 목록에 여러 도시 표시

마지막 기능으로 넘어가기에 앞서, 현재 코드에서 추가로 간단한 개선이 필요합니다. 단일 책임 원칙을 준수하는지 확인해봅니다.

12.5.4 날씨 목록 리팩터링

기능이 잘 동작하고 모든 테스트를 통과했으니, 이제 코드 품질을 높이는 데 집중합니다. 한 번에 하나의 작업을 해결하고 점진적으로 개선해 나가는 TDD 접근 방식을 염두에 두고 리팩터링을 진행합니다. 그 다음에 전체 도시 목록을 렌더링하는 WeatherList 컴포넌트를 분리할 수 있습니다.

```
function WeatherList({ cities }: { cities: CityWeather[] }) {
  return (
    <div className="favorite-cities" data-testid="favorite-cities">
      {cities.map((city) => (
        <Weather key={city.name} cityWeather={city} />
      ))}
    </div>
  );
}
```

WeatherList 컴포넌트는 CityWeather 객체 배열인 cities prop을 전달받습니다. map을 이용하여 배열을 순회하면서, 도시마다 Weather 컴포넌트를 렌더링합니다.

새로운 WeatherList 컴포넌트가 준비되었으니, App.tsx는 다음처럼 단순해집니다.

```
function App() {
  const { cities, fetchCityWeather } = useFetchCityWeather();
  const onItemClick = (item: SearchResultItemType) => fetchCityWeather(item);

  return (
    <div className="app">
      <h1>Weather Application</h1>
      <SearchCityInput onItemClick={onItemClick} />
      <WeatherList cities={cities} />
    </div>
  );
}
```

이제 애플리케이션의 구조는 깔끔하고 각 컴포넌트는 하나의 역할을 가집니다. 드디어 마지막 기능을 구현할 차례입니다.

12.6 애플리케이션 재실행 시 이전 날씨 데이터 불러오기

사용자의 선택을 기억해서 다음에 애플리케이션 페이지를 방문했을 때 빈 목록을 보여주는 대신, 이전에 선택했던 도시들을 보여주려 합니다. 이 기능은 활용도가 높을 것입니다. 사용자는 처음에 몇 개의 도시만 추가하면 되고, 이후에는 애플리케이션을 열기만 하면 해당 도시들의 날씨가 자동으로 뜨게 됩니다.

Cypress를 통해 사용자 승인 테스트로 시작해보겠습니다.

```
const items = [
  {
    name: 'Melbourne',
    lat: -37.8142,
    lon: 144.9632,
  },
];

it('fetches data when initializing when possible', () => {
  cy.window().then((window: any) => {
    window.localStorage.setItem(
      'favoriteItems',
      JSON.stringify(items, null, 2),
    );
  });

  cy.intercept('GET', 'https://api.openweathermap.org/data/2.5/weather*', {
    fixture: 'melbourne.json',
  }).as('getWeather');

  cy.visit('http://localhost:3000/');

  cy.get('[data-testid="favorite-cities"] .city').should('have.length', 1);

  cy.get('[data-testid="favorite-cities"] .city:contains("Melbourne")').should(
    'exist',
  );

  cy.get('[data-testid="favorite-cities"] .city:contains("20°C")').should(
    'exist',
  );
});
```

cy.window() 명령어는 전역 window 객체에 접근하여 favoriteItems 아이템을 local Storage에 배열로 저장합니다. 이후에 cy.intercept()를 통해 OpenWeatherMap API 로의 네트워크 요청을 모방하여 melbourne.json 파일의 내용을 모의 응답으로 사용합니다. cy.visit() 명령은 http://localhost:3000/ 페이지를 방문합니다. 페이지에서 테스트는 Melbourne이 즐겨 찾는 도시 목록에 표시되는지 확인하고 기온이 20°C가 표시되는지를 확인 합니다.

즉, localStorage에 하나의 아이템을 설정하고, 페이지가 로드될 때 이를 읽고 원격 서버에 요청을 보내도록 하는 것입니다. 이는 onItemClick을 눌렀을 때와 동일합니다.

다음으로, useFetchCityWeather에서 사용하는 데이터 요청 함수를 분리해야 합니다. fetch CityWeather 함수는 데이터를 가져오고 도시 상태를 업데이트하는 2개의 역할을 수행합니 다. 여기에 단일 책임 원칙을 적용하여, 데이터를 가져오는 역할만 수행하는 하나의 함수를 새 로 만들고 상태를 업데이트하는 기능은 fetchCityWeather에 남겨둡니다.

```
export const fetchCityWeatherData = async (item: SearchResultItemType) => {
  const response = await fetch(
    `https://api.openweathermap.org/data/2.5/weather?
      lat=${item.latitude}&
      lon=${item.longitude}&
      appid=<api-key>&
      units=metric`,
  );
  const json = await response.json();
  return new CityWeather(json);
};
```

fetchCityWeatherData 함수는 SearchResultItemType 객체를 인자로 받아, 아이템의 위 도와 경도가 포함된 URL을 만들고 fetch 요청을 OpenWeatherMap API로 보냅니다. 응답 을 받으면 JSON으로 변환하고, 새로운 CityWeather 객체를 JSON 데이터를 통해 만들어 반 환합니다.

이제 fetchCityWeather를 다음과 같이 업데이트할 수 있습니다.

```
const useFetchCityWeather = () => {
  //...
```

```
const fetchCityWeather = (item: SearchResultItemType) => {
  return fetchCityWeatherData(item).then((cityWeather) => {
    setCities([cityWeather, ...cities]);
  });
};
//...
};
```

useFetchCityWeather 훅은 이제 주어진 SearchResultItemType 아이템을 사용하여 fetch
CityWeatherData를 호출하는 fetchCityWeather 함수를 포함합니다. 프로미스가 해결되
면, CityWeather 객체를 받아 새로운 CityWeather 객체를 기존 도시 배열의 시작 부분에 추
가합니다.

다음으로, App 컴포넌트에서 useEffect를 사용하여 localStorage의 데이터를 연결해 수화
hydrate[3]하고 실제 데이터를 요청합니다.

```
useEffect(() => {
  const hydrate = async () => {
    const items = JSON.parse(localStorage.getItem('favoriteItems') || '[]');

    const promises = items.map((item: any) => {
      const searchResultItem = new SearchResultItemType(item);
      return fetchCityWeatherData(searchResultItem);
    });

    const cities = await Promise.all(promises);
    setCities(cities);
  };

  hydrate();
}, []);
```

여기에서 useEffect 혹은 컴포넌트가 마운트되었을 때 hydrate 함수를 호출합니다.

hydrate 함수는 localStorage에서 favoriteItems 키에 보관된 문자 배열을 가져와 파싱
하여 다시 자바스크립트 배열로 변환합니다. 이때 키에 해당하는 값이 없으면 빈 배열을 반환

---

3 hydrate는 수화(水化)시키다, 적시다의 의미로 리액트 코드에 사용자와 상호작용할 수 있도록 데이터를 추가하는 것을 뜻합니다.
참고: *https://react.dev/reference/react-dom/hydrate*

합니다. 그 후에 배열을 순회하며 새로운 SearchResultItemType 인스턴스를 아이템마다 새로 만든 후에, fetchCityWeatherData 함수에 인자로 호출합니다. 이 함수는 프로미스 배열을 반환합니다.

setCities로 상태를 업데이트하기 전에 Promise.all을 통해 모든 프로미스가 해결될 때까지 기다린 후, 불러온 도시들의 날씨 데이터를 업데이트합니다. 그리고 컴포넌트가 마운트되었을 때 useEffect에서 hydrate를 호출하여 이 로직을 실행합니다.

마지막으로, 사용자가 아이템을 클릭했을 때 localStorage로 저장하기 위해 코드가 좀 더 필요합니다.

```
const onItemClick = (item: SearchResultItemType) => {
  setTimeout(() => {
    const items = JSON.parse(localStorage.getItem('favoriteItems') || '[]');

    const newItem = {
      name: item.city,
      lon: item.longitude,
      lat: item.latitude,
    };

    localStorage.setItem(
      'favoriteItems',
      JSON.stringify([newItem, ...items], null, 2),
    );
  }, 0);

  return fetchCityWeather(item);
};
```

onItemClick 함수는 SearchResultItemType 타입의 아이템을 인자로 받습니다. 이 함수에서는 setTimeout을 사용하되 지연 시간을 0ms로 설정했습니다. 이는 콜백 함수의 실행을 현재 콜 스택이 비워진 이후로 미루어, UI 렌더링이 중단되지 않도록 합니다.

이 지연시킨 함수 안에서 localStorage에서 favoriteItems 키를 가진 문자 배열을 가져와 자바스크립트 배열로 파싱하며, 키에 해당하는 값이 없으면 빈 배열을 가져옵니다. 그 다음, 새로운 newItem 객체를 생성자에 아이템의 속성을 인자로 전달합니다. 이때 일부는 그 이름을 바꿉니다.

그 후에 `localStorage`의 `favoriteItems` 키에 해당하는 값을 `newItem`을 가진 문자 배열로 업데이트한 후에 이전에 저장된 항목을 추가합니다.

`setTimeout` 외부에서 아이템 인수를 사용해 `fetchCityWeather`를 호출하여 클릭한 도시의 날씨 데이터를 가져오고 `onItemClick`에서 이 호출의 결과를 반환합니다.

이제 브라우저에서 `localStorage`를 확인하면, 객체가 JSON 형식으로 나열되어 있으며 사용자가 명시적으로 지우기 전까지는 데이터가 유지된다는 것을 알 수 있습니다.

그림 12.8 로컬 스토리지 데이터 사용

이제 모든 기능이 잘 동작하며, 코드베이스가 견고하여 쉽게 확장할 수 있습니다. 또한 프로젝트 구조가 직관적이어서 코드 변경이 필요할 때마다 적절한 파일의 위치를 쉽게 찾을 수 있습니다.

이번 장에서는 상당히 방대한 양의 정보를 다뤘으며, 지금까지 배운 지식을 종합적으로 정리해 보는 좋은 시간이 되었을 것입니다. 이제 여러분 스스로 이 책에서 습득한 개념과 기술을 실무에 적용하여 개선 작업을 진행해 볼 수 있습니다.

요약

이 장에서는 TDD 방법론을 준수하면서 날씨 애플리케이션을 만들어보았습니다. 사용자 승인 테스트는 Cypress를, 단위 테스트는 Jest를 사용하여 애플리케이션의 기능을 점진적으로 구축했습니다. 또한 도메인 객체를 모델링하고, 네트워크 요청을 모방하며, 리팩터링 과정에서 단일 책임 원칙을 적용하는 방법도 다루었습니다.

이전에 배운 모든 기법을 다루지는 않았으나, 개발 단계에서 적절한 속도의 중요성을 강조하고 코드 스멜을 식별하여 해결하는 방법을 설명했습니다. 더불어 테스트 커버리지가 견고한 코드베이스 구축에 미치는 영향을 분석하고, 지금까지 습득한 지식을 종합적으로 활용해 애플리케이션을 발전시키는 실용적인 내용을 제공했습니다.

다음 장에서는 이 책을 마무리하며, 주요 안티패턴과 설계 원칙을 요약하고 추가 학습을 위한 자료를 소개하겠습니다.

CHAPTER 13 리액트 안티패턴 원칙 돌아보기

마지막 장에서는 이 책에서 강조한 개발 원칙들을 간략하게 정리하고 리액트와 소프트웨어 설계 영역을 더 깊이 공부할 수 있도록 추가 자료를 제공합니다.

이 책에서 강조하고 싶은 주된 내용은 특히 규모가 큰 리액트 애플리케이션 내의 코드베이스에서 종종 마주하는 일반적인 안티패턴을 밝히는 것이었습니다. 그리고 이 문제들을 다루기 위한 여러 가지 해결책과 기술도 소개했습니다. 함께 설명하는 예제 코드는 저자가 진행했던 프로젝트에서 가져왔거나 쇼핑사이트 장바구니와 사용자 프로필, 네트워크 요청 등 개발자들이 일반적으로 다룰만한 영역과 관련되어 있습니다.

리액트 애플리케이션의 체계적인 구성 방법에서 시작하여, 테스트 주도개발(TDD)을 활용한 프런트엔드 테스트와 일반적인 리팩터링 기법을 순서대로 다루었습니다. 이어서 리액트에서 데이터와 상태를 효과적으로 관리하는 방법을 탐구하고, 설계 원칙과 합성을 통한 설계 전략을 명확하고 이해하기 쉽게 설명했습니다. 나아가 드롭다운 리스트, 쇼핑 장바구니, 날씨 애플리케이션 등 다양한 실전 예제를 처음부터 완성까지 단계별로 구현하며 실습을 진행했습니다. 각 과정은 초기 프로토타이핑 구현부터 출발하여 점진적으로 개선해 나가며 최종적으로 완성도 높은 결과물로 만들어 나가는 방식으로 구성했습니다.

이렇게 방대한 내용을 아우르면서도 중간중간 도움되는 팁도 함께 소개했습니다. Cypress와 Jest 양쪽에서 네트워크 요청을 스텁stub하는 방법, 전략 패턴을 자바스크립트 모델에 적용하는 방법, 실제 코드 시나리오에서 ACL(오류 방지 계층)을 사용하는 방법 등을 살펴보았습니다.

이 책에서 다룬 기술들은 혁신적이거나 새로운 것이 아닙니다. 오히려 널리 알려진 내용 중에 리액트를 실제 활용하는 실무에서 폭넓게 사용되고 있지 못한 기술들을 주목해서 다루었습니다. 이 책을 통해 근본적인 설계 원칙과 패턴을 리액트에 다시금 확고히 적용하여, 개발자들이 더 원활한 코딩 경험을 할 수 있기를 바랍니다.

이 장에서는 다음 주제를 다룹니다.

- 일반적인 안티패턴 돌아보기
- 디자인 패턴 훑어보기
- 기본 설계 원칙 복습하기
- 기법과 실무 예제 정리

13.1 일반적인 안티패턴 돌아보기

앞서 여러 장을 통해 다양한 안티패턴을 살펴보았습니다. 안티패턴을 식별하는 것은 이를 바로 잡기 위한 첫 번째 단계입니다. 그간 다룬 것들을 짧게 요약해보겠습니다.

13.1.1 Prop Drilling

Prop Drilling은 prop이 더 깊은 계층의 컴포넌트에 쓰이기 위해 여러 컴포넌트 계층을 통과할 때 나타나며, 이 prop을 직접 사용하지 않고 전달만 하는 중간 컴포넌트들의 불필요하게 렌더링을 유발합니다. 이는 복잡하고 유지하기 어려운 코드로 이어질 수 있습니다.

해결책

Context API를 사용하여 중앙 저장소를 만들고 이에 접근하는 기능을 사용하면, 컴포넌트 트리가 Prop Drilling 없이 필요할 때 prop에 액세스할 수 있습니다.

13.1.2 긴 prop 목록과 너무 많은 기능을 가진 컴포넌트

긴 prop 목록과 많은 양의 로직을 품고 있는 거대한 컴포넌트는 이해하기 쉽지 않고 재사용과 유지보수가 어려운 괴물이 될 수 있습니다. 이 안티패턴은 컴포넌트 또는 모듈은 변경해야 할 이유가 하나만 있어야 한다는 단일 책임 원칙(SRP)을 위반합니다.

해결책

컴포넌트를 더 작고 다루기 쉬운 컴포넌트로 나누고 관심사를 분리하면 이 문제를 개선할 수 있습니다. 각 컴포넌트는 명확한 단 하나의 책임을 구현해야 합니다. 사용자 정의 훅 또한 컴포넌트 코드를 단순하게 하고 크기를 줄이는 강력한 수단입니다.

13.1.3 비즈니스 로직 누수

비즈니스 로직 누수는 순수한 렌더링만 담당해야 할 컴포넌트에 비즈니스 로직이 추가될 때 발생합니다. 이는 애플리케이션 관리를 복잡하게 만들고 컴포넌트 재사용 가능성을 낮춥니다.

해결책

사용자 정의 훅을 사용하여 프레젠테이션 로직에서 비즈니스 로직을 분리하거나, 비즈니스 로직을 별도의 모듈 또는 계층으로 재배치하면 이 문제를 해결할 수 있습니다. 또한 ACL을 적용하는 방법도 효과적입니다.

13.1.4 뷰 영역의 복잡한 로직

뷰 컴포넌트 내에 복잡한 로직을 삽입하면 코드가 뒤죽박죽되면서 이해하기 어렵고 유지보수가 힘들어집니다. 뷰는 가능한 한 깔끔하게 유지되어야 하며, 오직 데이터 렌더링에 대한 책임만 있어야 합니다.

해결책

복잡한 로직을 사용자 정의 훅, 유틸리티 기능 또는 별도의 비즈니스 로직 계층으로 재배치하면 뷰 컴포넌트를 깔끔하고 관리하기 쉽게 유지할 수 있습니다. 일단 컴포넌트를 더 작게 분해한 다음, 점차 로직을 적절한 곳으로 분리하는 것이 좋습니다.

13.1.5 단계별 테스트 부족

애플리케이션 기능을 확인하기 위한 적절한 단위, 통합, E2E 테스트가 없다면, 버그 발생으로 이어지고 리팩터링과 확장이 어려운 코드가 될 수 있습니다.

해결책

TDD와 함께 단위, 통합, E2E 테스트를 포함하는 강력한 테스팅 전략을 적용하면 코드 정확도 가 높아지며 유지보수가 쉬워집니다.

13.1.6 중복된 코드

애플리케이션의 여러 컴포넌트 또는 영역에 걸쳐 유사한 코드가 반복되면 코드베이스 유지보 수가 복잡해지고 버그 발생 가능성이 높아집니다.

해결책

중복 배제 원칙(DRY)을 준수하고 공통의 기능을 유틸리티 함수, 컴포넌트 또는 훅으로 추상 화하여 공유하면 코드 중복을 줄이고 유지보수성을 높일 수 있습니다.

일반적인 안티패턴을 세세하게 살펴보았으니, 이제 이를 해결하기 위해 설계 원칙을 탐구하는 단계로 넘어갑니다. 설계 원칙은 해결책을 제공할 뿐만 아니라 더 깔끔하고 효율적인 코드를 작성하도록 안내합니다.

13.2 디자인 패턴 훑어보기

리액트에는 안티패턴에 대응하는 효과적인 패턴이 있으며, 흥미롭게도 이러한 패턴 중 일부는 리액트 컨텍스트를 넘어 더 다양한 시나리오에서 유용합니다. 이러한 패턴들을 빠르게 다시 살 펴봅시다.

13.2.1 고차 컴포넌트

고차 컴포넌트(HOC)는 컴포넌트 로직을 재사용하기 위한 유용한 패턴입니다. HOC는 컴포넌트를 전달받고 추가 속성 또는 동작이 추가된 새로운 컴포넌트를 반환하는 함수입니다. HOC를 활용하면 컴포넌트 간에 공통된 동작을 추출하고 공유할 수 있으며, Prop Drilling 및 코드 중복과 같은 문제를 완화하는 데 도움이 됩니다.

13.2.2 render prop

render prop 패턴은 값이 함수인 prop을 사용하여 리액트 컴포넌트 간에 코드를 공유하는 기술입니다. 이는 함수를 컴포넌트에 prop으로 전달하는 방법이며, 그 함수는 리액트 요소를 반환합니다. 이 패턴은 재사용과 합성을 적극 활용함으로써 긴 prop 목록과 거대해지는 컴포넌트와 같은 문제를 해결합니다.

13.2.3 헤드리스 컴포넌트

헤드리스 컴포넌트는 동작과 로직을 관리하지만 UI를 렌더링하지 않는 컴포넌트로, 사용자에게 렌더링에 대한 제어권을 넘깁니다. 동작 로직을 프레젠테이션 로직에서 분리하며, 비즈니스 로직 누수 및 복잡한 뷰 로직에 대한 해결책이 될 수 있습니다. 이를 통해 컴포넌트를 더욱 유연하고 유지보수가 가능하게 만듭니다.

13.2.4 데이터 모델링

데이터 모델링은 데이터를 구성하고 정의하는 것을 수반하며, 애플리케이션 내의 데이터를 이해하고 관리하는 데 도움이 되므로 이를 통해 컴포넌트 내의 로직을 단순화할 수 있습니다. 이 원칙은 뷰의 복잡한 로직과 비즈니스 로직 누수를 해결하는 데 사용될 수 있습니다.

13.2.5 계층화된 아키텍처

계층화된 아키텍처는 각 계층이 특정 책임을 지게 하도록 관심사를 분리하고 코드를 구성하는 것을 말합니다. 이는 더 체계적이고 관리하기 쉬운 코드베이스로 이어지며, 비즈니스 로직 누수 및 뷰에서의 복잡한 로직과 같은 문제를 해결할 수 있습니다.

[그림 13.1]로 다시 계층화된 아키텍처를 살펴보겠습니다. 각 계층에는 수많은 모듈이 포함되어 있으며, 각 모듈은 전체 애플리케이션 내에서 특정 작업을 맡습니다. 데이터 검색을 담당하는 Fetcher 모듈, 소셜 미디어 로그인 및 결제 게이트웨이(그림 13.1에 표시된 Adaptor 게이트웨이)와 같은 외부 서비스와 연결하는 역할을 하는 어댑터, 분석 및 보안 관련 기능을 위한 컴포넌트 등으로 역할을 나누어 구성됩니다.

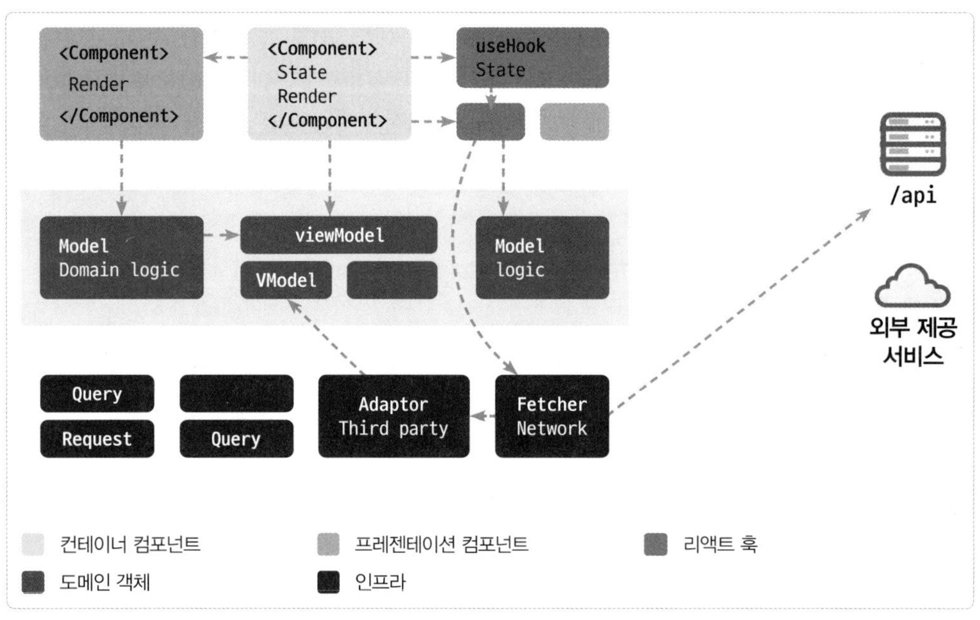

그림 13.1 리액트 애플리케이션의 계층화된 아키텍처

11장에서 계층화된 아키텍처와 관련된 예제를 통해 시스템의 진화를 깊이 배우고 이러한 아키텍처를 적용하기 위한 적절한 상황을 살펴보았습니다.

13.2.6 인터페이스로서의 컨텍스트

컨텍스트를 인터페이스로 활용하면 컴포넌트가 여러 계층을 거쳐 prop을 전달할 필요 없이 데이터와 상호작용할 수 있습니다. 이 전략은 Prop Drilling과 prop 목록이 많아지는 문제를 완화하여 컴포넌트 트리를 더 읽기 쉽고 유지보수가 가능하게 만들 수 있습니다.

이제 설계 원칙에 대한 확실한 이해와 함께 이러한 원칙을 실용적으로 구현할 수 있는 기술을 알아보겠습니다.

13.3 기본 설계 원칙 복습하기

리액트에서 사용하는 패턴 외에도, 여러 장에 걸쳐 상위 레벨의 설계 원칙에 대해 논의했습니다. 이는 리액트, 데이터 모델링, 이벤트 테스팅 또는 통합을 용이하게 하는 스크립트 등 다양한 작업에 두루 적용할 수 있는 가이드라인입니다. 이 기본적인 원칙들은 특정 컨텍스트에 국한되지 않으며 다양한 영역에서 코딩 접근 방식을 크게 향상시킬 수 있습니다.

13.3.1 단일 책임 원칙(SRP)

단일 책임 원칙은 클래스 또는 컴포넌트가 변경되어야 할 이유는 단 하나만 있어야 한다는 의미입니다. 단일 책임 원칙을 준수하면 유지보수가 가능하고 이해하기 쉬운 코드로 이어질 수 있으며, 거대한 컴포넌트나 복잡한 로직을 가진 뷰 컴포넌트와 같은 문제를 완화할 수 있습니다.

거대한 컴포넌트를 더 작은 컴포넌트로 나누고, 새로운 훅을 만들며, 날씨 애플리케이션에 ACL(오류 방지 계층)을 추가하는 리팩터링 작업에 이르기까지, 다양한 수준에서 이 원칙을 적용하고 살펴보았습니다. 특히 거대한 컴포넌트에 복잡하게 얽힌 로직을 다룰 때, 이 원칙을 가장 우선해서 고려해야 합니다.

13.3.2 의존관계 역전 원칙(DIP)

의존관계 역전 원칙은 구체화가 아닌 추상화에 의존하는 것을 강조합니다. 이를 통해 상위 추상 레벨과 하위 구현 레벨을 분리할 수 있습니다. 이 원칙은 비즈니스 로직 누수를 관리하고 관심사를 분리하는 데에 활용될 수 있습니다.

13.3.3 중복 배제 원칙(DRY)

중복 배제 원칙은 코드 내에서 반복을 최소화하는 것입니다. 이 원칙을 준수함으로써 코드 중복을 최소화하고 코드베이스를 더 쉽게 유지하고 확장할 수 있습니다.

13.3.4 ACL(오류 방지 계층)

ACL은 애플리케이션의 여러 영역 또는 계층 간의 장벽 역할을 하며, 안정적인 인터페이스를 만듭니다. ACL의 구현은 비즈니스 로직 누수를 관리하고 관심사를 깔끔하게 분리하기 위한 강력한 전략입니다.

ACL은 코드가 다른 시스템과 상호작용해야 할 때 특히 유용합니다. 특히 여러 팀과 협업할 때 흔히 나타납니다. ACL을 통해 명확한 시스템 경계를 설정하면 다른 시스템에서 일어나는 변경의 영향을 줄일 수 있습니다. 애플리케이션을 더 쉽게 제어하고 여러 시스템을 통합하여 운영할 때 생기는 잠재적인 문제를 완화할 수 있습니다. [그림 13.2]는 리액트에서 ACL이 어떻게 적용되는지 보여줍니다.

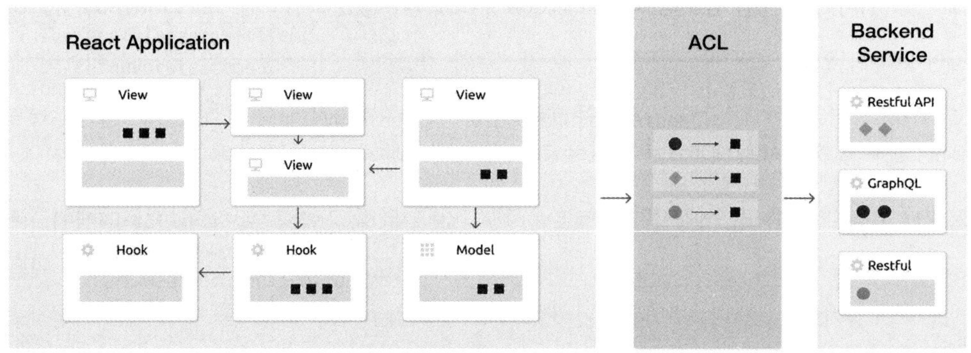

그림 **13.2** 리액트에서 ACL 적용하기

13.3.5 합성

합성은 다른 컴포넌트를 활용하여 또 다른 컴포넌트를 만들 수 있음을 의미하며, 재사용성과 단순성을 향상시키는 리액트의 핵심 원칙입니다. 합성을 사용하면 긴 prop 목록, 거대한 컴포넌트, 코드 중복 등 다양한 문제를 해결할 수 있습니다. 이는 더욱 유지보수 가능하고 정리된 코드베이스를 만들 수 있게 해줍니다.

지금까지 알아본 안티패턴, 디자인 패턴 및 원칙을 이해하는 것은 프런트엔드 코드베이스의 복잡성을 관리하는 데 매우 중요합니다. 그러나 개발자가 매일매일 업무를 하며 마주하는 실전 기술 경험 역시 똑같이 중요합니다.

13.4 기법과 실무 예제 정리

이 책에서는 테스트와 점진적인 개선의 중요성을 강조하였습니다. 이 방식은 코드의 품질을 높여줄 뿐만 아니라 비판적 사고 능력, 한 번에 하나씩 문제를 해결하는 데 집중할 수 있는 능력을 키워줍니다.

13.4.1 사용자 승인 테스트

사용자 승인 테스트User acceptance testing(UAT)는 애플리케이션이 원하는 사양과 기능에 부합하도록 보장하는 개발 과정의 중추적인 부분입니다. UAT를 구현하면 개발 초기에 문제를 식별하는 데 도움이 될 수 있으며, 애플리케이션이 올바르게 동작하고 있는지 확인할 수 있습니다.

[그림 13.3]에 묘사된 바와 같이, 테스트는 사용자의 관점에서 작성되어야 하며 구현 세부 사항보다는 사용자에게 가치를 제공하는 데 중점을 두어야 합니다. 이는 상위 레벨에서 기능을 구현하기 시작할 때 특히 중요합니다.

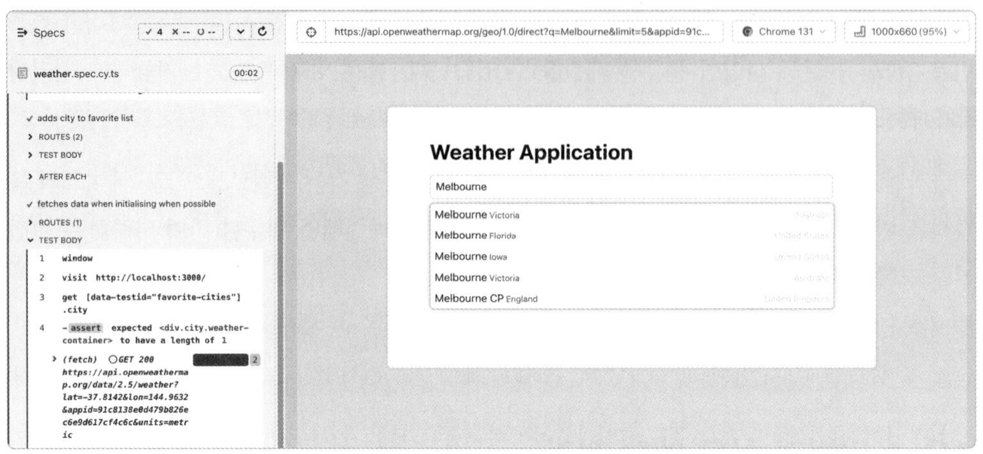

그림 13.3 사용자 승인 테스트

13.4.2 TDD

TDD는 코드보다 테스트를 먼저 작성하는 소프트웨어 엔지니어링 기술입니다. 이는 테스트 코드를 작성한 다음에 실제 코드를 구현하여 먼저 작성한 테스트 코드를 통과시키고 리팩터링을 하는 반복적 개발 주기로 세분화됩니다. 코드베이스 기능이 잘 동작하고 버그가 없는지 확인하는 데에 TDD가 크게 도움이 될 수 있으며, 각 개발 단계에서 테스트 코드의 누락을 방지해 줍니다.

13.4.3 리팩터링과 코드 스멜

리팩터링은 외부 동작을 변경하지 않고 기존 코드의 설계를 개선합니다. 코드 스멜을 인지하고 코드를 지속적으로 리팩터링하면 더 건강하고 유지보수 가능한 코드베이스가 될 수 있습니다. 리팩터링은 코드 중복, 뷰의 복잡한 로직 및 비즈니스 로직 누수와 같은 문제를 해결하는 데 중요한 역할을 합니다.

여기까지 안티패턴과 설계 원칙을 분석하고 여러 가지 기법을 알아봤습니다. 이제 이 책에서 다루지 못했던 리액트, 타입스크립트 및 소프트웨어 설계 원칙에 대한 이해를 더욱 심화시키고 기술을 배울 수 있는 추가 자료를 제공합니다.

13.5 추가 자료

이 책의 내용은 여기서 마무리 짓지만, 리액트를 완전히 익히기 위한 학습 과정은 아직 끝나지 않았습니다. 웹 개발 환경, 특히 리액트와 같은 프레임워크는 끊임없이 진화하고 있습니다. 새로운 기술에 대한 지속적인 학습은 숙련도를 유지하는 초석이 될 것입니다.

다음의 추천 도서는 독자 여러분의 추가적인 학습과 탐구에 큰 도움이 될 것입니다. 이 책들은 소프트웨어 개발의 광범위한 개념을 소개하기 위해 선정하였습니다.

특히 리액트와 타입스크립트에 중점을 두고 웹 애플리케이션 영역에서 좋은 설계, 아키텍처 및 개발 관행에 대한 이해를 더욱 심화시킬 수 있는 몇 권의 책을 추천합니다.

- 『리팩터링 2판』(한빛미디어, 2020) (마틴 파울러 저)[1]: 리팩터링에 대한 초석을 다진 책으로, 기능을 유지하면서도 버그 없이 코드 구조를 향상시키는 방법을 알려주는 필독서

- 『클린 코드』(인사이트, 2013) (로버트 마틴 저)[2]: 복잡한 프로젝트에서 장기적인 성공을 위해 중요한 깨끗하고 유지 가능한 코드를 만드는 다양한 관행과 원칙을 탐구하는 책

- 『엔터프라이즈 애플리케이션 아키텍처 패턴』(위키북스, 2015) (마틴 파울러 저)[3]: 견고하고 확장 가능한 엔터프라이즈 애플리케이션을 설계하는 데 중요한 다양한 패턴을 탐구하는 책입니다. 프런트엔드 영역을 넘어 애플리케이션 아키텍처의 더 큰 그림을 파악하기 위한 중요한 읽을거리입니다.

- 『Test-Driven Development with React and TypeScript: Building Maintainable React Applications』(Apress, 2023): 리액트와 타입스크립트에 중점을 둔 TDD를 다룹니다. TDD의 원칙과 이를 통해 코드의 품질 및 유지보수성과 견고성을 현저하게 향상할 수 있는 방법을 안내합니다.

---

[1] 『Refactoring: Improving the Design of Existing Code』(Addison-Wesley, 2018)
[2] 『Clean Code: A Handbook of Agile Software Craftsmanship』(Prentice Hall, 2008)
[3] 『Patterns of Enterprise Application Architecture』(Addison-Wesley, 2002)

요약

기술적 성장을 위해 노력하는 여러분의 헌신과 열정에 진심으로 감사드립니다. 끊임없이 지식을 탐구하고 개선을 목표로 하는 여러분과 같은 개개인들이 이 산업을 발전시키는 원동력입니다. 이 책의 마지막 페이지를 넘기고 나면 이제 실제 프로젝트에서의 탐구와 응용이라는 새로운 개발의 장이 시작될 것입니다.

성장의 본질은 틀에 박힌 관행에 도전하고 더 나은 해결책을 찾기 위하여 배운 것을 적용하려는 지속적인 노력에 있습니다. 이 책으로 견고한 기초를 다졌으니 여기서 배운 지식을 여러분의 일상 업무에 적용할 때 진정한 성장을 해낼 수 있다고 생각합니다.

수많은 페이지를 넘나들며 리액트 세계에 대해 탐구하는 데 긴 시간을 함께해 주셔서 진심으로 감사드립니다. 여러분의 활발한 활동과 기여로 리액트 커뮤니티가 계속해서 발전하고 풍성해지는 것이 저의 작은 바람입니다. 다음 단계로 이어질 여러분의 리액트 개발은 깨끗한 코드와 혁신적인 솔루션으로 보람찬 여정이 될 수 있기를 기원합니다.

INDEX

ㄱ

계층 구조   266
고차 컴포넌트   237, 347
고차 함수   235
그린   159
기능 기반 구조   77

ㄷ

단위 테스트   118
단일 책임 원칙   93, 209, 211, 349
단일 컴포넌트 애플리케이션   268
데이터 모델링   347
동시성 모드   209

ㄹ

레드   159
레드-그린-리팩터 루프   158
렌더링   57
리스트럭처링   143
리액트 정적 컴포넌트   49
리액트 컴포넌트   92
리액트 훅   243
리팩터   159
리팩터링   142, 352

ㅁ

명령과 조회 책임 분리 원칙   224
모킹   116

ㅂ

변수 추출하기   148
복합 컴포넌트 애플리케이션   269
비즈니스 로직 누수   189, 345
비즈니스 모델 분리   271

ㅅ

사용자 승인 테스트   351

ㅅ

상태 관리   29
설계 원칙   209
스텁   116
시각적 회귀 테스트   119

ㅇ

아토믹 디자인 구조   80
안티패턴   26, 344
예외 상황 대응   196
예외 흐름   34
오류 방지 계층   192, 350
의존관계 역전 원칙   217, 349
인터페이스 분리 원칙   209

ㅈ

정상 흐름   34
정적 검사   119
중복 배제 원칙   96, 350

ㅋ

컴포넌트 기반 구조   78
코드 스멜   72, 352

ㅌ

태스킹   163
테스트 주도 개발   157
테스팅   116
통합 테스트   118, 126

ㅎ

함수 이동   154
함수 추출   150
합성   101, 350
헤드리스 컴포넌트   347
헤드리스 컴포넌트 패턴   260
헬퍼 함수   189
훅   209

INDEX

A

Acceptance Test Driven Development **160**

ACL **192, 312, 350**

ATDD **160**

B

BDD **161**

Behavior-Driven-Development **161**

C

code smell **72**

Command and Query Responsibility Segregation **224**

composition **101**

concurrent mode **209**

Context API **67, 205**

CQRS **224**

Cypress **130**

D

DIP **349**

Don't repeat yourself **96**

Downshift **262**

DRY **96, 350**

E

E2E 테스트 **118**

H

happy path **34**

Headless UI **262**

helper function **189**

higher-order function **235**

I

interface segregation principle **209**

L

Layered Architecture **266**

M

mocking **116**

MVVM 구조 **82**

P

Prop Drilling **38, 198, 344**

R

React Aria **262**

React Table **262**

Red-Green-Refactor loop **158**

reducer 함수 **229**

render prop **347**

restructuring **143**

S

single responsibility principle **93, 209**

SRP **93, 349**

stubbing **116**

T

Tasking **163**

TDD **157, 352**

test-driven development **157**

U

UAT **351**

unhappy path **34**

useCallback **65**

useEffect **60**

User acceptance testing **351**

useReducer 훅 **227**

useState **58**